대우고전총서
Daewoo Classical Library
056

도덕 원리에 관한 탐구

An Enquiry Concerning the Principles of Morals

데이비드 흄 | 강준호 옮김

아카넷

이 책은 데이비드 흄(David Hume)의 *An Enquiry Concerning the Principles of Morals*를 번역한 것이다. 나는 셀비비기(L. A. Selby-Biggie)의 1777년 판에 대한 니디치(P. H. Nidditch)의 개정판(Oxford University Press, 1975)과 구텐베르크 프로젝트(Project Gutenberg)의 전자책을 주로 활용했다. 책의 여백에는 셀비비기 판의 쪽 번호를 새겼다.

17~18세기의 영국은 여러 사상적 영웅들을 낳았다. 토머스 홉스(T. Hobbes)와 존 로크(J. Locke)는 오늘날에도 정치철학의 주류를 차지하는 사회계약론의 원형을 주조했고, 애덤 스미스(A. Smith)와 데이비드 리카도(D. Ricardo)는 지금 우리의 현실적 삶을 지배하는 시장경제론의 토대를 수립했다. 그리고 이 책의

저자인 흄은 선대의 섀프츠베리(Shaftesbury)와 프랜시스 허치슨 (F. Hutcheson)의 도덕감 이론(moral sense theory)을 비판적으로 계승해, 뿌리 깊은 도덕 합리주의의 대세에 저항하는 정서주의 (emotivism)의 범례를 제시했다.

자유롭고 독창적인 사상가들의 첫발이 대개 그러하듯이, 흄 의 저술도 단박에 대중의 주목과 환호를 받지는 못했다. 서서 히 학자들과 문인들에게 관심과 호평을 얻어갔으나, 당시의 도 덕과 종교의 지배적 관념들을 향한―『인간 본성에 관한 논고 (*A Treatise of Human Nature*)』(1739~1740) 등에서 드러난―그의 다분히 공격적인 논조는 교회와 합리주의자의 격렬한 반발을 불러일으켰다. 이러한 반발의 여파로 교수직에 대한 그의 열망 이 좌절되기도 했다. 하지만 19세기 말에서 20세기로 접어들면 서 그의 저술에 대한 평가에는 현저한 변화가 일어났다. 철학사 에서의 위상은 갈수록 높아져 이제 그는 가장 위대한 근대 사상 가 중 한 명으로 꼽히기에 이르렀다.

이렇게 높아진 위상에 상응해 지난 세기 해외는 물론 국내에 서도 흄의 사상 전반에 관한 정치한 연구들이 배출되었다. 국내 의 빼어난 전문학자들이 그의 주저(主著)들을 차례로 우리말로 번역했다. 특히 그의 『인간 본성에 관한 논고』는 여러 사람에 의 해 조금씩 다른 우리말 제목으로 여러 차례 번역되었다. 그런데 아이러니하게도 자서전 『나의 생애(*My Own LIfe*)』(1776)에서 그가 자신의 저술 중 단연 '최고'라고 일컬은 『도덕 원리에 관한 탐구』에는 아직 누구의 손길도 닿지 않았다. 역자인 나에게 이것은 한편으로 행운일 수도 있지만, 다른 한편으로 무지막지한 부담이 아닐 수 없었다.

흄의 도덕철학에 관한 국내외의 전반적인 연구는 이 책보다 『인간 본성에 관한 논고』에 확실히 치중되어 있다. 실로 그의 도덕철학은 인간 지성과 정념 일반에 관한 종합적 이해에 바탕을 두기에, 이러한 현상은 어쩌면 당연하고도 충분히 납득할 만하다. 그러나 이 책이 '도덕'이라는 특수한 주제와 관련해 그가 자신의 저술 중 최고로 꼽을 만큼 더 성숙하거나 최종적인 견해를 밝힌 것이라면, 아니 적어도 『인간 본성에 관한 논고』에서 주목할 만한 변화를 담고 있다면, 그 변화에 대한 합당한 관심에서 이 책은 이미 나보다 더 탁월한 전문학자에 의해 번역되었어야 했다. 왜 여태 아무도 손대지 않은 것일까라는 의문과 불안이 아직도 머릿속을 어지럽힌다.

이러한 의문과 어쩌면 첫 번역서가 될지도 모른다는 막대한 부담은 번역 작업의 방향에 적잖은 영향을 미쳤다. 나는 다른 사상가들의 저술에 관한 몇몇 번역서들에서 가독성을 높인다는 취지로 다소 자유분방하게 우리말로 풀어쓴 문장들이 본래의 의미를 ─ 때로는 심각하게 ─ 왜곡하는 경우를 심심찮게 보았다. 그리고 이러한 왜곡이 국내 이차연구에서 재생산되어 근본적인 오해의 원천이 되는 경우도 보았다. 어쩌면 번역의 가독성과 정확성은 영원한 평행선을 달릴 듯하다. 여기서 나는 너무 어색하지 않을 정도의 직역을 통해 정확성을 기하는 편을 택했다.

이 책은 『인간 본성에 관한 논고』 제3권과 같은 주제, 즉 '도덕'을 주제로 삼고 있으나, 구성과 어조에서 그것과는 차별된 지향성을 다소 분명하게 드러낸다. 요컨대 이 책은─내 소견으로는─대중성을 지향한다. 물론 같은 주제를 다룬 책을 10여 년 뒤에 개작해 내놓은 만큼, 어쩌면 이 책은 더 엄중한 철학적 분석의 대상일 수도 있다. 그러나 나는 저자의 의도를 반영해 일반 독자가 이 책을 좀 더 편하게 받아들일 만한 장치를 고민하게 되었다. 이 책에서 흄은 신화적, 역사적 인물들에 관한 지식을 뽐내고 있다. 그들의 말과 업적에 관한 언급들이 상당하고, 실로 이러한 언급들은 맥락의 이해에 적잖이 중요해 보인다. 그래서 나는 이러한 언급들이 해당 맥락에서 어떤 역할을 하는지를 이해하는 데 도움이 될 만한 주석을 제공하려 한다.

이 책 끝의 해제에서는, 이미 널리 알려진 흄의 도덕철학의 근본 명제에 대한 해설을 다소 요약하여 정리하고, 순전히 개인적인 학문적 관심에서 흄의 이론과 제러미 벤담(J. Bentham)의 공리주의 이론 사이의 연관성에 관한 나의 다소 부족한 견해를 실었다. 이 견해는 그저 그 연관성에 대한 더 엄밀한 분석을 촉구하기 위한 실마리 정도로만 삼아주기를 바란다.

마지막으로 이 번역 작업을 지원해준 대우재단에 깊은 감사를 드린다.

회기동 연구실에서

강 준 호

차례

제1절

도덕의 일반적 원리에 대하여

자기 원리를 끈질기게 고집하는 사람들과의 논쟁은 제일 짜증 나는 일이다. 아마도 전혀 솔직하지 않은 사람들, 즉 자신이 지지하는 의견을 믿지도 않으면서 가식적으로, 그저 반발심으로, 혹은 남보다 더 뛰어난 재치나 재주를 자랑하고 싶은 욕심으로 논쟁에 뛰어든 사람들과의 논쟁을 제외하면 그러할 것이다. 양자의 사람들한테서 기대할 수 있는 것은 똑같이 자신의 논변에 맹목적으로 집착하고, 똑같이 자신의 반대자를 멸시하고, 똑같이 궤변과 거짓말을 열렬히 늘어놓는 것뿐이다. 그리고 그 두 논쟁자 중 누구도 추론을 통해 자신의 신조를 끌어내는 것이 아니기에, 그가 언제고 감정(affections)[1]에 호소하지 않는 논리를

---

1) (역주) 이 책 전체에서 흄은 sentiment와 affection을 엄밀하게 구별해 사용

통해 더 건전한 원리를 받아들일 것이라고 기대하는 것은 헛된 일이다.

도덕적 구별(moral distinctions)의 실재를 부정해온 사람들은 솔직하지 않은 논쟁자에 속할 것이다. 지금껏 모든 성품과 행동이 모든 사람의 애정과 존경을 똑같이 받을 만한 자격이 있다고 진심으로 믿었던 사람이 있으리라고는 상상할 수도 없다. 자연이 사람들 사이에 놓은 차이는 아주 크고, 이 차이는 교육과 본보기와 습관으로 인해 훨씬 더 커진다. 그래서 우리가 양극단에 있는 사람들을 동시에 판단할 때, [우리에게는] 그들 사이의 모든 차이를 완전하게 부정할 만큼 그렇게 철저한 의심도 없고 그렇게 결연한 확신도 없다. 어떤 사람의 심각한 무신경을 그냥 내버려두면, 필시 그는 자주 옳음과 그름의 영상(image)에[2] 끌릴

하지 않는다. 오히려 이 둘을 마치 동의어처럼 사용하는 경우가 허다하다. 따라서 역자는 sentiment를 일관적으로 '감정'으로 번역하는 동시에, affection도 대부분 '감정'으로 번역할 것이다. 그러나 적잖은 경우에는 affection을 '애정' 혹은 '애착'으로 옮겼다. 그런데 베넷(Jonathan Bennett)의 견해에 따르면, 흄이 살았던 시대에 'sentiment'는 '감정'이나 '느낌'만이 아니라 '견해(view)', '믿음(belief)', '의견(opinion)' 등을 의미할 수도 있었다. 흄의 견해에 따르면, 사람들이 믿음으로 보는 것들이 실은 느낌 혹은 감정이다. 베넷의 주석서, *An Enquiry into the Sources of Morals*(2017), 1쪽을 참조하시오.

2) (역주) 흄은 『인간 본성에 관한 논고(*A Treatise of Human Nature*)』(edited by P. H. Nidditch, 2nd edition, Clarendon Press, 1978. 이하 THN)에서 관념(idea)을 인상(impression)의 "사본(copy)" 또는 "희미한 영상(faint

것이다. 그리고 그의 완고한 편견을 그냥 내버려두면, 필시 그는 다른 사람들도 [자신과] 비슷한 인상을 받는다고 알 것이다. 따라서 이러한 종류의 상대를 변화시킬 수 있는 유일한 방법은 그를 혼자 내버려두는 것이다. 왜냐하면 아무도 자신과 더는 논쟁하려 하지 않는다는 사실을 깨달으면, 단지 무료함을 느껴서라도 그는 결국 스스로 상식과 이성의 편으로 넘어올지도 모르기 때문이다.

도덕의 일반적인 토대와 관련해 최근에 시작된 훨씬 더 검토할 만한 가치를 지닌 논쟁은 다음과 같다. 도덕은 이성에서 나오는가, 아니면 감정(sentiment)에서 나오는가. 우리는 도덕에 관한 지식을 일련의 논증과 귀납을 통해 얻는가, 아니면 즉각적인 느낌과 섬세한 내감(internal sense)을 통해 얻는가. 참과 거짓에 관한 모든 건전한 판단처럼, 도덕은 이성을 지닌 모든 지적 존재에게 같아야 하는가, 아니면 아름다움과 추함에 관한 지각처럼, 도덕은 철저히 인간 종(human species)의 특수한 구조와 구성에 바탕을 둔 것인가.

---

image)"이라고 부른다(THN, 1쪽과 8쪽). 따라서 영상은 곧 인상이 남긴 사본, 즉 관념을 의미할 수도 있지만, 이 책 전반에서 '영상'은 별도의 엄밀한 정의 없이 광의의 비유적인 개념으로 사용되는 듯하다.

고대 철학자들은 흔히 덕은 그저 이성을 따르는 것일 뿐이라고 단언하면서도, 일반적으로 도덕의 존재를 취미(taste)[3]와 감정에서 유래한 것으로 생각한 것처럼 보인다. 반면에 근대 연구자들은 덕의 아름다움과 악덕의 추함에 관해 많은 이야기를 하지만, 그들은 보통 이러한 구별을 형이상학적인 추론을 통해, 또한 지성(understanding)의 가장 추상적인 원리로부터의 연역

을 통해 설명하려고 했다. 이 주제들에는 혼란이 널리 퍼져, 개별 학설들 사이뿐만 아니라 거의 모든 개별 학설의 부분들에까지 아주 중대한 대립이 만연하였다. 그런데도 최근까지 누구도 그것을 전혀 감지하지 못했다. 처음으로 이러한 구별에 주목했던 명쾌한 섀프츠베리(Shaftesbury)[4] 경은 대체로 고대인들의 원

---

3) (역주) 흄은 인간의 타고난 취미의 역량을 도덕적 판단과 심미적 판단을 내릴 수 있는 능력의 토대가 되는 것으로 본다. 그는 아름다움에 대한 내감과 음식이나 음료에 대한 미각에서 유사성을 발견한다. 양자는 모두 일반적인 자연법칙을 따른다. 양자는 교육과 세밀한 구별을 통해 개선될 여지가 있고, 모두 승인과 불승인의 감정을 일으킨다. 다만 도덕적 판단과 심미적 판단에서 발휘되는 정신적 취미만이 반성적 인상들(reflective impressions)처럼 관념들의 "간섭(interposition)"을 통해 더 세련될 수 있다.(THN, 275쪽) T. Gracyk, "Hume's Aesthetics", in *Stanford Encyclopedia of Philosophy* (2020)를 참조하시오.

4) (역주) 제3대 섀프츠베리 백작, 앤서니 애슐리 쿠퍼(Anthony Ashley Cooper, 3rd Earl of Shaftesbury, 1671~1713). 흄은 아마 고대 철학자들처럼 도덕의 기원을 취미와 감정에서 찾으려 시도한 도덕감 이론의 선구자로서 섀프츠베리를 언급하는 듯하다. 그런데 섀프츠베리는 흔히 합리주의와 감정주의

16

리를 고수했지만, 그도 이 같은 혼란에서 완전히 자유로운 것은 아니다.

이 문제에 대해 양측은 모두 그럴듯한 논증을 내놓을 수 있다는 점을 인정해야 한다. 도덕적 구별은 순수 **이성**에 의해 식별될 수 있다고 말할 수 있다. 아니면 이 주제와 관련해 철학만이 아니라 평범한 삶에 널리 퍼져 있는 여러 논쟁을 살펴보자. 흔히 [논쟁의] 양측은 긴 증명의 사슬을 만든다. 사례를 인용하고, 권위에 호소하고, 비유를 이용하고, 오류를 발견하고, 추론을 끌어내고, 각각의 결론을 자신들의 고유한 원리에 맞춘다.[5] 진리는 논쟁의 여지가 있지만, 취미는 그렇지 않다. 사물의 본성에 존재하는 것이 우리의 판단의 기준이다. 각자가 자신 안에서 느

에 양다리를 걸치고 있었다고 평가된다. 한편으로 도덕은 인간의 반응과 무관하게 항구적인 불변의 내용을 가지고 있다고 믿었던 점에서 그는 합리주의에 동의했고, 인간 행위는 감정에 기초하고 오직 감정에 의해서만 인간을 선하거나 악하다고 평할 수 있다고 주장한 점에서 그는 감정주의의 편에 섰다. 여기서 그가 "혼란에서 완전히 벗어나지 못했다"라는 흄의 지적은 아마 그의 견해의 이러한 이중성, 말하자면 도덕의 내용에서는 합리주의자이고 행동의 동기부여에서는 감정주의자인 점을 가리키는 듯하다. Shaftesbury, *Characteristics of Men, Manners, Opinions, Times*, vol. 2, Liberty Fund, Inc(2001).

5) (역주) 어느 측에서든 이 모든 과정, 즉 '증명의 사슬'은 도덕이 이성의 영역에 있다고 가정할 때만 가능하다는 말을 덧붙일 수 있다.

끼는 것은 감정의 기준이다. 기하학 명제는 증명될 수 있고, 물리학 학설은 반박될 수 있다. 그러나 조화로운 운문과 다정한 정념(passion)[6]과 뛰어난 재치는 필시 즉각적인 쾌락을 준다. 누구도 다른 사람의 아름다움에 관해서는 추론하지 않는다. 흔히 그의 행동의 정의나 부정의에 관해서는 추론한다. 모든 범죄 재판에서 죄수의 첫 번째 목적은 자신에게 혐의를 제기하는 사실을 반박하고 자신이 했다고 생각되는 행동을 부인하는 것이다. 그의 두 번째 목적은, 설령 이러한 행동이 실제로 일어났더라도, 그것이 결백한 합법적 행동으로 정당화될 수 있음을 증명하는 것이다. 첫 번째 논점은 명백히 지성의 연역을 통해 확인된다. 그런데 어떻게 우리는 [두 번째] 논점의 해결에는 마음의 다른 기능이 이용된다고 가정할 수 있겠는가?

---

6) (역주) 『인간 본성에 관한 논고』에서 흄은 정념을 '직접적(direct)' 정념과 '간접적(indirect)' 정념으로 구분한다. 전자에는 "욕망, 반감, 슬픔, 기쁨, 희망, 공포, 절망, 안심" 등이 포함되고, 후자에는 "자부심, 굴욕감, 야망, 허영심, 사랑, 증오, 질투, 연민, 악의, 관대함" 등이 포함된다(THN, 276~277쪽). 직접적 정념은 우리가 경험하는 "좋음 혹은 악에서, 즉 쾌락과 고통에서 즉각적으로 생겨난다." 이에 비해 간접적 정념은 더 복잡한 방식으로 생겨나지만, 여전히 고통과 쾌락에 대한 생각이나 경험을 포함하는 방식으로 생겨난다. 요컨대 직접적이든 간접적이든 정념들은 "쾌락과 고통에 토대를 두고 있다"(THN, 438쪽).

반면에 모든 도덕적 결정을 **감정**으로 분석하려는 사람들은 이성이 결코 이러한 성질의 결론을 끌어낼 수 없다는 것을 증명하려고 애쓸 것이다. 그들은 **사랑스러운**(amiable) 것은 덕에 속하고 **밉살스러운**(odious) 것은 악덕에 속한다고 말한다. 이것이 바로 덕과 악덕의 본성 내지는 본질이다. 그러나 이성이나 논증이 이렇게 판이한 형용사들을 어떤 대상에 부여하고, 이것은 필시 사랑을 낳을 것이고 저것은 필시 혐오를 낳을 것이라고 미리 선고할 수 있을까? 아니면 우리는 이러한 감정들에 대해 자연적으로 그것들을 받아들이도록 맞춰진 인간 마음의 본래 구조와 형태 말고 과연 다른 어떤 근거를 부여할 수 있을까?

　모든 도덕적 사변의 목적은 우리에게 우리의 의무를 가르쳐주는 것이다. 그리고 악덕의 추함과 덕의 아름다움에 관한 올바른 표상을 통해, 상응하는 습관을 지니게 하고 우리가 전자를 피하고 후자를 받아들이게 하는 것이다.[7] 그러나 그 자체로는 전혀 감정을 좌우하지 못하고 사람들의 활동력(active powers)을 작동

---

7) (역주) 『도덕 원리에 대한 탐구』(이하 『탐구』)에서 흄은 우리가 이성만으로 행동할 수 없음을 증명하는 거의 모든 논증을 생략한다. 이성은 (또한 그것이 발견하는 진리는) 정념과 반대되거나 모순될 수 없다는, 즉 정념과 이성의 무관련성에 대한 이른바 '표상 논증(representation argument)'은 나오지 않는다. 애초에 이 논증을 정념과 관련해 전개하지만, 그것을 의지(volition)와 행동(action)으로까지 확장한다.(THN, 458쪽)

시키지 못하는 지성의 추론과 결론에서 이러한 역할을 기대할 수 있을까? 그것들은 진리를 발견한다. 그러나 만약 그것들이 발견한 진리가 냉정해서 욕망이나 감정을 전혀 일으키지 못한다면, 그것들은 행위나 행태에 전혀 영향을 미칠 수 없을 것이다. 명예롭거나 공정하거나 알맞거나 고귀하거나 관대한 것은 우리의 마음을 사로잡아 우리가 그것을 기꺼이 받아들이고 지키게 한다. 이해할 수 있거나 명백하거나 그럴듯하거나 참인 것은 그저 지성의 냉철한 동의를 얻을 뿐이다. 그리고 사변적 호기심의 만족에서 우리의 탐구는 끝난다.

덕에 대한 따뜻한 느낌과 호감을, 또한 악덕에 대한 혐오감이나 반감을 모두 없애보라. 사람들이 이러한 구별에 전혀 무관심하게 해보라. 그러면 도덕은 더는 실천적 학문이 아닐 것이고, 우리의 삶과 행동을 규제하는 경향도 지니지 못할 것이다.

각 측의 이러한 논증들은 (또한 더 많은 논증을 만들 수 있다) 아주 그럴듯해서, 양측의 논증들이 모두 탄탄하고 만족스럽지는 않을까, 또한 **이성**과 **감정**은 거의 모든 도덕적 결정과 결론에서 일치하지 않을까 하는 의문을 품을 수 있다. 성품과 행동에 대해 사랑스럽거나 밉살스럽다고 칭찬할 만하거나 비난할 만하다고 선언하는, 성품과 행동에 대해 명예나 불명예, 즉 승인이나 비난의 낙인을 찍는, 또한 도덕을 활동적 원리로 만들고 덕을 우리의 행복이 되는 것으로 악덕을 우리의 불행이 되는 것으로 여기는, 이러한 최종 판결은 자연히 인간 종 전체에 보편적으로 존재하는 모종의 내감이나 느낌에 의존할 것 같다. 달리 무엇이 이러한 성질의 영향을 미칠 수 있을까? 그러나 이러한 감정을 촉진하고 그것의 대상을 올바르게 식별하려면, 우리가 알아낸 바로는, 흔히 많은 추론을 선행해야 하고, 세밀한 구별을 지어야 하고, 정당한 결론을 도출해야 하고, 멀리까지 비교해야 하고, 복잡한 관계를 검토해야 하고, 일반적인 사실을 결정하고 확인해야 할 필요가 있다. 어떤 종류의 아름다움, 특히 자연 종들의 아름다움은 첫눈에 우리의 애정과 승인을 얻는다. 만약 그것들이 이러한 효과를 내지 못한다면, 어떤 추론도 그것들의 영향력을 되찾아주거나 그것들을 우리의 취미와 감정에 더 적합하게 만들어줄 수 없다. 하지만 여러 종류의 아름다움, 특히 섬세한 미술품의 아름다움에 대해서는 올바른 감정을 느끼기 위해 많은 추론을 사용할 필요가 있다. 종종 거짓 흥미(relish)는 논증과 반성으로 교정될 수 있다. 도덕적 아름다움은 후자의 종류의 아름다움과 많은 것을 공유할 뿐만 아니라, 그것이 인간의 마음에 적절한 영향력을 발휘하려면 우리의 지적인 기능의 도움이 필요하다는 결론을 내릴 정당한 근거가 있다.

그런데 도덕의 일반적인 원리에 관한 이러한 물음이 호기심을 끌고 중요할지라도, 당장은 그것에 관한 탐구에 더 이상의 주의를 기울일 필요가 없다. 왜냐하면 우리가 이러한 탐구 과정에서 아주 운 좋게 도덕의 참된 근원을 발견할 수 있다면, 감정이든 이성이든 그것이 이러한 성질의 모든 결정에 얼마만큼 들어있는지를 쉽게 밝힐 것이기 때문이다.[8] 이 목적을 달성하기 위해 우리는 매우 단순한 방법을 따를 것이다. 우리는 일상생활에서 개인의 장점(merit)[9]이라는 것을 구성하는 복잡한 정신적 성질들을 분석할 것이다. 우리는 한 사람을 존경과 애정의 대상이나 증오와 경멸의 대상으로 만드는 마음의 속성을 모두 고찰할 것이다. 어떤 사람이 가지고 있다고 한다면 칭찬이나 비난을 수반하고, 그의 성품과 처신에 대한 찬사나 풍자에 들어갈 수 있는 모든 습관이나 감정이나 능력을 고찰할 것이다. 이 논점과 관련해 인간에게 거의 보편적으로 존재하는 예리한 감성은 철학자에게 자신이 숙고하는 대상들의 목록을 만들면서 절대 크게 실수하지 않을 수 있다는, 혹은 그 대상들을 잘못 배치하는 위험에 빠지지 않을 수 있다는 충분한 확신을 제공한다. 그는 단지 자신의 심중으로 잠시 들어가 자신에게 있다고 하는 이러

SB 174

---

8) 부록 1을 보시오.

9) (역주) merit는 긍정적 가치평가를 끌어내는 특수한 성질을 의미한다는 점에서 일관적으로 '장점'으로, value는 '가치'로 번역한다. 다만 맥락에 따라서 merit를 우리말 '가치'로 이해해도 무방할 듯하다.

저러한 성질을 가지길 바랄 것인지 바라지 않을 것인지, 그리고 자신에게 이러이러한 성질이 있다고 하는 자가 친구인지 적인지를 살펴보기만 하면 된다. 바로 언어의 본성이 우리가 이러한 성질에 대해 거의 확실한 판단을 내릴 수 있도록 인도한다. 모든 언어에는 좋은 의미로 받아들여지는 낱말들의 집합과 그 반대 의미로 받아들여지는 낱말들의 집합이 있어서, 아무런 추론 없이도 그 언어에 관한 최소한의 지식은 우리가 사람들의 존경할 만한 성질과 비난할 만한 성질을 수집하고 배열할 방법을 안내하는 데 충분하다. 추론의 유일한 목적은 양측에서 이러한 성질들에 공통적인 여건들을 발견하는 것이다. 한편으로 존경할 만한 성질들이 일치하는 특수한 여건과 다른 한편으로 비난할 만한 성질들이 일치하는 특수한 여건을 관찰하는 것이다. 그런 다음 윤리학의 토대에 도달해, 궁극적으로 모든 비난과 승인을 도출하는 보편적 원리를 발견하는 것이다. 이것은 추상적인 과학(abstract science)이 아니라 사실의 문제이므로, 오직 실험적인 방법을 따름으로써, 또한 특수한 사례들의 비교로부터 일반적인 준칙을 연역함으로써만, 성공을 기대할 수 있다. 일반적인 추상적 원리를 우선 정립하고 그 원리를 갖가지 추론과 결론을 통해 확장하는 다른 과학적 방법은 그 자체로는 더 완전할지 모르나 불완전한 인간 본성에는 덜 적합하고, 이 주제뿐만 아니라 다른 주제에서도 착각과 실수를 일으키는 통상적 근원이다. SB 175

사람들은 이제 자연철학(natural philosophy)의 가설과 학설에 대한 그들의 정념을 바로잡고, 오직 경험에서 나온 논증에만 귀를 기울일 것이다. 마침내 사람들은 모든 도덕적 탐구에서도 이와 비슷한 개혁을 시도해야 한다. 그리고 아무리 교묘하고 정교하더라도, 사실과 관찰에 기초하지 않은 모든 윤리학설을 거부해야 한다.

우리는 이 논점과 관련된 탐구를 사회적 덕들, 즉 자비심(Benevolence)[10]과 정의(Justice)에 대한 고찰에서 시작할 것이다. 그것들에 대한 해명은 우리에게 다른 덕들을 설명할 수 있는 통로를 제공한다.

---

10) (역주) 이 책에서 역자는 'benevolence'를 거의 일관적으로 '자비심'으로 번역한다. '자애심'이나 '자비로움' 등의 다른 번역어들도 있으나, 전자의 경우에는 우리말 사전에 따른 의미가 benevolence와 부합하지 않고, 후자의 경우에는 그것과 '자비심' 사이의 구분이 불명확하다.

제2절

자비심에 대하여[1)]

1부

자비로운 혹은 상냥한 감정은 존경할 만한 것이고, 그것이 나   SB 176
타나는 경우마다 사람들의 승인과 호의를 끌어냄을 증명하는 것

---

1) (역주) 『인간 본성에 관한 논고』, 3권, 3부, 3절을 참고하시오. 『인간 본성에 관한 논고』에서 자연적 덕과 인위적 덕의 구분은 흄의 도덕 이론의 구성에서 중대한 역할을 담당하는데, 이 구분에서 자비심은 전적으로 자연적이고 정의는 인간의 "기술이나 장치에" 의존한다(THN, 477). 『인간 본성에 관한 논고』에서 자비심은 "우리의 본성에 원래부터 심어진 본능들"로 묘사된다(THN, 417). 그런데 『인간 본성에 관한 논고』에서 정의와 뚜렷이 구별되었던 자비심이 『탐구』에서는 정의와 더불어 사회적 주덕(主德)으로 다루어진다. 『인간 본성에 관한 논고』에서 자비심을 자연적 덕으로 간주할 때 그것은 사랑(love) 같은 특수한 정념과 동일시된 데 비해, 『탐구』에서 그것은 사교적인, 착한, 인도적인, 자비로운, 고마운, 친화적인, 관대한, 자선적인 등의 형용

25

은 불필요하다고 생각될 수 있다. **사교적인, 착한, 인도적인, 자비로운, 고마운, 친화적인, 관대한, 자선적인** 등의 형용사나 이에 상당하는 어구는 어느 언어에나 있고, 어디서나 **인간 본성**이 도달할 수 있는 최고의 장점을 표현한다. 이렇게 사랑스러운 성질들에 출신과 권력과 걸출한 능력이 더해지고, 그것들을 사람들을 위한 좋은 통치나 유용한 가르침에서 드러낸다면, 그 성질들은 그것들을 지닌 사람들을 **인간 본성**보다 더 높은 지위로 끌어올려 다소는 신의 지위에 다가가게 하는 것으로 보인다. 높은 능력과 의연한 용기와 순조로운 성공은 영웅이나 정치가를 대중의 질투와 악의에 노출할 뿐이다. 그러나 인도적이고 자선적이라는 칭찬이 더해지고 관대함이나 다정함이나 우정을 베푼 사례들이 밝혀지면, 이러한 질투 자체는 침묵하거나 [그 사례들을] 승인하고 칭찬하는 대중의 목소리에 합쳐진다.

아테네의 위대한 정치가이자 장군인 페리클레스(Pericles)가 죽음에 이르렀을 때, 그를 둘러싼 친구들은 그가 지금 인사불성이라 여기고 그의 훌륭한 성질과 성공, 정복과 승리, 드물게 길

SB 177

사로 표현될 수 있는 감정들의 집합을 가리킨다. 그래서 자비심과 관련해 『탐구』에서의 초점은 우리가 사랑하는 어떤 특정한 개인에 대한 특수한 정념이 아니라 사회에서 우리와 함께 사는 다른 사람들에 대한 일반적 감정으로서의 자비심, 즉 "일반적인 자비심(general benevolence)"에 있는 듯하다. 뒤의 「부록 2」를 참고하시오.

었던 집권 기간과 공화국의 적들 위에 세워진 아홉 개의 전승 기념비에 관한 이야기를 늘어놓으면서, 이승을 하직하는 자신들의 후원자에 대한 슬픔을 달래기 시작했다. 이 모든 이야기를 듣고 있던 죽어가는 영웅은 이렇게 외쳤다. **너희는 잊어버렸구나. 너희는 주로 운으로 얻어진 평범한 장점만을 곱씹다가 나의 칭찬할 만한 점 가운데 가장 훌륭한 것을 잊어버렸구나. 너희는 이제까지 어떤 시민도 나 때문에 상복을 입은 적이 없다는 것을 보지 못했구나.**[2][3]

평범한 재주와 능력을 지닌 사람들한테는, 가능하면 사회적 덕들이 기본적으로 한층 더 필요하다. 이들의 경우에는 이러한 덕들의 결핍을 벌충하거나 [이러한 덕들의 결핍으로 인해] 우리에게 아주 혹독한 경멸과 증오를 당하지 않을 뛰어난 무언가가 전

---

2) 플루타르코스, 『페리클레스』.

3) (역주) 페리클레스(Pericles, 기원전 495~429)는 페르시아 전쟁(기원전 499~449)과 펠레폰네소스 전쟁(기원전 431~404) 사이에 아테네의 황금기를 이끌었던 정치가이자 군인이다. 오랜 세월 원정 활동을 벌였지만, 그는 항상 조심스러웠고 시민들의 충동적 요구에는 잘 응하지 않았다. 펠레폰네소스 전쟁 발발 2년 만에 사망했지만, 그 전쟁에서 그의 전략은 자신이 해군을 지휘하면서 어떻게든 스파르타 육군과의 충돌을 피하고 현상을 유지하는 것이었다. 아마 여기서 그가 하려던 말은 전쟁에서 자신이 그만큼 아군 사상자를 내지 않기 위해 신중했다는 뜻인 듯하다. 그런데 여기서 인용된 페리클레스의 말을 전한 플루타르코스를 비롯한 고대 역사가들은 이 전쟁의 원인이 페리클레스와 아테네인들에게 있다고 지적한다.

혀 없기 때문이다. 키케로는 큰 야망과 높은 용기가 덜 완전한 인물들에게서는 난폭한 잔인성으로 변질하기 쉽다고 말한다. 거기서는 [즉 이러한 인물들의 경우에는] 더 사회적이고 더 상냥한 덕들이 특히 중요시될 것이다. 이것들은 항상 좋은 것이고 존경받을 만한 것들이다.[4]

인간 종의 광범위한 능력 가운데서 유베날리스(Juvenalis)[5]가 발견한 주된 이점은 그것이 우리의 자비심을 확장하고, 열등한 생물보다 우리의 친절한 영향력을 펼칠 더 많은 기회를 제공한다는 점이다.[6] 사실 좋은 일을 행함으로써만 사람은 진실로 탁월함의 이점들을 누릴 수 있음을 인정해야 한다. 그의 높은 지위는 자연히 그를 더 많은 위험과 폭풍우에 노출할 뿐이다. 그의 유일한 특권은 자신의 엄폐와 보호를 받으며 쉬고 있는 열등한 자들에게 피난처를 제공하는 것뿐이다.

그러나 분명히 말해두지만 지금 내가 하려는 일은 관대함과 자비심을 권하거나 사회적 덕들의 모든 진짜 매력들의 본색을

---

4) 키케로, 『의무론』, 1권.
5) (역주) 데키무스 유니우스 유베날리스(Decimus Junius Juvenalis, 50?~130?)는 고대 로마의 시인으로, 당시 로마의 황제와 귀족, 사회상에 대한 풍자시로 유명하다.
6) 유베날리스, 『풍자(Satires)』, 15번, 139행 이하.

드러내려는 것이 아니다. 사실 이 덕들은 [사람들이] 그것들을 지각하자마자 모두의 마음을 사로잡는다. 그리고 그것들이 담론이나 추론에서 나올 때마다, 어쩔 수 없이 찬사가 솟구친다. 하지만 여기서 우리의 목적은 도덕의 실천적인 부분보다는 사변적인 부분이기에, (내가 기꺼이 용납되리라고 믿는 바에 따르면) 선 행과 인간애, 우정과 감사, 자연적 애정과 공공심, 혹은 다른 사람들에 대한 다정한 공감과 우리 종족에 대한 아낌없는 관심에서 나오는 모든 것만큼 일반적인 호의와 승인을 받을 만한 것은 없다는 말로 충분할 것이다. 어디서 나타나든 이러한 성질들은 어느 정도는 [그것들을] 바라보는 각자에게 주입되고, [그에게] 그것들이 사방으로 발휘하는 것과 똑같은 호의적이고 다정한 감정들을 불러일으키는 듯하다.

2부

우리는 인정 많고 선행을 베푸는 사람을 칭찬하면서 반드시 크게 강조되는 여건이 그의 교류와 도움으로 사회가 얻는 행복과 만족이라는 점을 관찰할 수 있다. 우리는 그가 [단지] 혈연관계에 의해서가 아니라 그의 효심과 성실한 보살핌으로 그의 부모에게 훨씬 더 많은 사랑을 받을 것이라고 말할 것이다. 그의 자녀들은 그가 그들의 이익을 위해 권위를 내세울 때를 제외하고는 전혀 그를 권위주의적이라고 느끼지 않을 것이다. 그와의 사랑의 유대관계는 선행과 우정을 통해 단단해진다. 우정의 유대관계는 각자에게 의무로 부과된 임무를 기꺼이 준수하는 가운데 사랑과 경향성의 유대관계에 가까워진다. 그의 하인들과 식솔들은 그에게서 안전한 재원을 얻을 것이다. 그가 운명의 힘에 휘둘리지 않는 한, 그들도 더는 운명을 두려워하지 않을 것이다. 그에게서 배고픈 자는 음식을 얻고, 헐벗은 자는 옷을 얻고, 무식하고 나태한 자는 기술과 근면성을 얻을 것이다. 신의 섭리의 하위 대행자로서, 그는 마치 태양처럼 주변 세상을 격려하고 활기차게 하고 지탱할 것이다.

사생활에 갇혀 지낸다면, 그의 활동 영역은 더 좁을 것이다. 그러나 그의 영향력은 아주 인자하고 온화할 것이다. 더 높은 지위로 올라간다면, 인류와 그 자손이 그의 노동의 결실을 거둘 것이다.

SB 179 우리가 누구에게든 존경심을 불어넣으려는 경우에는 이러한 칭찬의 화제들이 반드시 그리고 성공적으로 사용되므로, 이로부터 사회적 덕들에서 발생하는 효용(utility)[7]이 적어도 그것들

---

7) (역주) 'utility'는 벤담의 사상과 관련해 흔히 '공리'로 번역된다. 벤담의 'utility'는 실로 흄의 그것을 계승한 것이고 상당한 유사성을 가지지만 정확히 같은 개념으로 규정하기는 어렵고, 흄의 다른 저서의 우리말 번역에서의 일반적인 용례를 반영해 여기서는 '효용'으로 번역한다. 의미상의 구분은

의 장점의 한 **부분**이고, 보편적으로 그것들에 대해 표하는 승인과 존경의 한 원천이라는 결론을 내릴 수 있지 않을까?

심지어 어떤 동물이나 식물을 **유용하고 유익하다**고 추천할 때, 우리는 그것의 본성에 어울리는 칭찬이나 추천을 한다. 그러나 이 열등한 존재 중 어느 것의 해로운 영향에 관한 감상은 우리에게 항상 반감을 불러일으킨다. 옥수수밭과 주렁주렁 열매 맺은 포도원, 그리고 말과 양이 떼로 풀을 뜯는 풍경은 눈을 즐겁게 한다. 그러나 눈은 늑대와 뱀의 은신처가 되는 가시덤불의 광경은 순식간에 지나친다.

사용과 편의를 위해 잘 만들어진 기계나 가구나 겉옷이나 집은 그만큼 아름답고 쾌락과 승인의 마음으로 바라보게 된다. 여기서 경험자의 눈은 무식하거나 훈련받지 않은 사람의 눈에는 보이지 않는 탁월성들을 알아차릴 수 있다.

판매나 생산 직종에 대한 칭찬에서 그것이 사회에 제공하는 이익을 말하는 것보다 더 설득력 있는 말이 있겠는가? 우리가 그의 교단을 사람들에게 무익하거나 유해하다고 간주할 때, 승려나 종교재판관은 격분하지 않겠는가?

거의 없으나 'usefulness'와 'utility'를 구분하기 위해, 'usefulness'는 '유용성'으로 번역한다.

역사가는 자신의 노고에서 나온 혜택을 보여주면서 뛸 듯이 기뻐할 것이다. 연애 소설가는 자신의 창작 방식의 탓으로 생각되는 나쁜 결과를 축소하거나 부정할 것이다.

칭찬하는 것은 일반적으로 단순한 형용사 **유용한**(useful)에 함축되어 있다! 비난하는 것은 그 반대말에 함축되어 있다!

SB 180

에피쿠로스주의자들에 반대해 키케로가 말하기를,[8] 너희가 너희 신들이 어떤 상상적 완전성을 가지고 있다고 가정하든, 너희 신들은 아무런 숭배나 흠모도 정당하게 요구할 수 없다. 그들은 전혀 유용하지도 않고 움직이지도 않는다. 너희가 그렇게 비웃는 이집트인들조차 단지 그것의 효용을 이유로 어떤 동물도 제물로 바치지 않았다.

비록 어리석지만, 회의론자들은 모든 종교적 숭배의 기원이 인간의 생계와 복리에 미치는 해와 달 같은 무생물 대상들의 효용에서 나온다고 주장한다.[9] 또한 이것은 걸출한 영웅과 입법자를 신격화하기 위해 역사가들이 제시하는 일반적 근거이다.[10]

조로아스터교에 따르면, 나무를 심는 것과 들판을 경작하는 것과 자녀를 낳는 것이 칭찬할 만한 행위들이다.

---

8) 키케로, 『신들의 본성에 관하여(*De Natura Deorum*)』, 1권.
9) 섹스투스 엠피리쿠스, 『수학자들에 반대하여(*Adversus Mathematicos*)』, 8권.
10) 디오도로스 시켈로스(Diodorus Sikelos), 『비블리오테카 히스토리카 (*Bibliotheca historica*)』, 여기저기에.

모든 도덕적 결정에서 항상 중요하게 고려하는 것은 바로 공적 효용(public utility)이라는 여건이다. 철학에서든 일상생활에서든 의무의 경계에 관한 논쟁이 일어난다면, 어떤 관점에서든 인간의 참된 이익을 알아내는 것만이 문제를 가장 확실하게 해결할 수 있다. 만약 겉모습을 보고 받아들인 거짓 의견이 널리 퍼져 있음을 알게 된다면, 더 많은 경험과 더 건전한 추론을 통해 인간사에 대한 더 정확한 이해를 얻자마자, 우리는 애초의 감정을 철회하고 도덕적 선악의 경계를 새롭게 조정할 것이다.

흔히 마주치는 걸인들에게 적선하는 것은 자연히 칭찬을 받는다. 왜냐하면 그것이 고통받는 가난한 사람을 돕는 것으로 보이기 때문이다. 그러나 이러한 적선이 게으름과 방탕을 조장한다는 것을 관찰하면, 우리는 이러한 종류의 자선을 덕보다는 결점으로 간주할 것이다.

고대에는 **폭군살해** 혹은 왕위찬탈자와 억압적 군주의 암살은 높은 칭송을 받았다. 왜냐하면 그것이 이 많은 괴물로부터 인류를 해방했고, 칼이나 비수가 닿을 수 없는 다른 자들도 항상 두려움을 느끼게 하는 것처럼 보였기 때문이다. 그러나 이후의 역사와 경험은 이러한 행위가 군주의 경계심과 잔인성을 더욱 키운다는 사실을 우리에게 확인시켜주었다. 당시의 선입견 때문에 관대한 처분을 받았지만, 티몰레온(Timoleon)과 브루투스

(Brutus)는 이제 매우 부적절한 모방의 전범으로 간주된다.[11]

군주의 후함(liberality)은 선행의 표시로 간주된다. 그러나 정직하고 근면한 자의 담백한 빵이 종종 게으른 자와 방탕한 자를 위한 진미로 바뀌는 일이 생기면, 우리는 곧장 우리의 경솔한 칭찬을 철회한다. 하는 일 없이 하루를 보낸 것에 대한 군주의 뉘우침은 고귀하고 관대하다. 그러나 그가 탐욕스러운 아첨꾼들에게 아량을 베풀면서 하루를 보내려 했다면, 그렇게 잘못 쓰이느니 차라리 그 하루를 잃는 편이 더 나을 것이다.

사치 혹은 삶의 쾌락과 편의에 대한 세련된 취미는 통치에서 모든 부패의 원천이자, 파벌과 반란과 내란 그리고 자유의 완전한 상실의 직접적인 원인으로 오랫동안 추정되었다. 따라서 그것은 보편적으로 악덕으로 여겨졌고, 모든 풍자가와 엄격한 윤리학자가 성토한 대상이었다. 이러한 세련된 취미들이 오히려

---

11) (역주) 티몰레온(Timoleon, 기원전 411~337)은 고대 코린토스 출신의 정치가이자 장군으로, 시라쿠사의 폭군 디오니시우스 2세와 카르타고 군대를 물리친 전쟁 영웅이다. 기원전 360년대 중반 코린토스의 폭군이었던 자신의 형제 티모파네스(Timophanes)를 살해했는데, 그의 행위에 대해 여론은 호의적이었지만 스스로 20년 동안 은둔생활을 했다고 전해진다. 마르쿠스 유니우스 브루투스(Marcus Junius Brutus, 기원전 85~42)는 로마 공화정 말기의 정치인으로, 율리우스 카이사르의 암살에서 중요한 역할을 담당했다. 당시 암살자들은 의회로부터 사면을 받았지만, 군중의 소동으로 로마를 떠나야만 했다.

근면함과 정중함과 예술을 증진하는 경향을 가진다는 점을 증명하거나 증명하려고 시도하는 사람들은 우리의 **정치적** 감정뿐만 아니라 **도덕적** 감정을 새롭게 조정하고, 전에는 유해하고 비난할 만한 것으로 생각되던 것을 칭찬할 만하거나 결백한 것으로 표현한다.

그렇다면 인간에게 높은 수준의 자비심의 감정보다 더 높은 장점을 부여할 만한 것이 아무것도 없다는 **점은** 대체로 부정할 수 없을 듯하다. 적어도 그 장점의 **일부**는 그것이 인간 종의 이익을 증진하고 인간 사회에 행복을 가져다주는 경향에서 나온다는 **점도** 부정할 수 없을 듯하다. 우리는 이러한 성품과 성향의 유익한 결과로 눈을 돌린다. 그리고 우리는 무엇이든 이렇게 양성(陽性)의 영향을 미치는 것, 또한 이렇게 바람직한 목적을 촉진하는 것을 흐뭇하고 기쁘게 바라본다. 사회적 덕들은 항상 그것들의 유익한 경향들과 함께 생각되며, 결코 비생산적이고 무익한 것으로 보이지 않는다. 인류의 행복, 사회의 질서, 가족의 화합, 친구들의 상부상조는 항상 사회적 덕들이 사람들의 마음을 온화하게 다스린 결과로 생각된다. SB 182

사회적 덕들의 장점의 얼마만큼 큰 부분이 그것들의 효용에서 나온다고 간주해야 할지는 앞으로의 논고들에서 더 잘 드러날 것이다.[12] 이 여건이 우리의 존경과 승인에 그토록 지대한 지

배력을 지니는 이유도 앞으로의 논고들에서 더욱 잘 드러날 것
이다.[13]

---

12) 3절과 4절을 보시오.
13) 5절을 보시오.

제3절

정의에 대하여[1]

1부

정의가 사회에 유용하고, 따라서 그 장점의 **일부는** 적어도 이 러한 [즉 사회에 유용하다는] 고려에서 나온다는 것을 증명하는 것

---

1) (역주) 『인간 본성에 관한 논고』 3권, 2부, 1~6절을 참고하시오. 『인간 본성 에 관한 논고』 3권에서는 인위적 덕인 정의에 관한 장이 자연적 덕인 자비심에 관한 장보다 앞에 오는데, 『탐구』에서는 그 반대이다. 『탐구』에서 양자는 '사회 적 효용' 혹은 '공적 효용' 개념을 매개로 사회적 덕들로 함께 엮이고, 자연적 덕 과 인위적 덕의 구분에 대한 명시적 언급은 사라진다. T. L. Beauchamp은 자 비심과 정의의 덕과 사회적 효용 사이의 관계를 다음과 같이 요약한다. "우리 는 자비로운 행동들을 **주로** 그것들의 사회적 효용 때문에 승인하는 반면에, 정의 로운 체제들을 **전적으로** 그것들의 사회적 효용 때문에 승인한다." David Hume, *An Enquiry Concerning the Principle of Morals: A Critical Edition*, edited by T. L. Beauchamp(Oxford University Press, 2000), p. 209.

은 불필요한 작업일 것이다. 공적 효용은 정의의 **유일한** 근원이라는 것, 또한 이 덕의 유익한 결과에 대한 반성은 그것의 장점의 **유일한** 토대라는 것, 이 명제는 더욱 호기심을 자극하고 중요하며, 더 자세히 검토하고 탐구할 가치를 지닐 것이다.

자연이 인류에게 모든 **외적** 편의를 아주 **풍족**하게 부여했다고 가정해보자. 정작 아무 불확실성 없이, 우리가 전혀 걱정하거나 노력할 필요 없이, 모든 개인이 자신의 가장 탐욕스러운 욕구로부터 원할 만한 것이나 자신의 가장 사치스러운 상상으로부터 바라거나 욕망할 만한 것을 충분히 받는다고 가정해보자. 그리고 다음과 같이 가정할 것이다. 그의 타고난 아름다움이 후천적으로 획득한 모든 장신구의 [아름다움을] 능가한다. 계절이 끊임없이 온화해 옷이나 덮을 것이 전혀 필요 없다. 날것의 식물이 그에게 가장 맛있는 요리를 제공한다. 깨끗한 분수가 가장 영양가 풍부한 음료를 제공한다. 힘든 일을 할 필요가 없다. 경작도 할 필요가 없다. 항해도 할 필요가 없다. 그가 할 일은 오직 음악과 시와 사색뿐이다. 그는 그저 대화와 웃음과 교제를 즐길 뿐이다.

이렇게 행복한 상태에서는 다른 모든 사회적 덕이 번성해 열 배로 늘어날 것이다. 그러나 정의처럼 조심하고 경계하는 덕은 상상도 하지 못할 것이다. 모든 사람이 이미 차고 넘칠 만큼 가졌는데, 무슨 목적으로 재화를 나누겠는가? 침해를 당할 일이

SB 184

없는데, 재산권(property)²⁾을 주장할 이유가 있는가? 다른 사람이 이 대상을 움켜쥐어도 손만 뻗으면 같은 가치를 지닌 것을 취할 수 있는데, 그것을 **내 것**이라고 말할 이유가 있는가? 이러한 경우에 정의는 전혀 쓸모가 없어서, 그것은 쓸데없는 의례일 뿐 결코 덕의 목록에 들어갈 수 없을 것이다.

현재 인간의 곤궁한 여건에서도 자연이 무한정 풍족하게 베풀어준 혜택의 경우에는, 우리는 모든 인류가 그것을 항상 공유하게 하고 권리나 재산으로 나누지 않는다. 우리는 모든 대상 중 가장 필요한 것인 물과 공기를 개인의 재산이라고 주장하지 않는다. 이러한 축복들은 아무리 아낌없이 사용하고 누리더라도 부정의를 행한 것일 수 없다. 소수의 주민만 사는 비옥하고 광활한 나라에서는, 땅은 [모든 주민이] 대등한 권리를 가진 것으로 여겨진다. 바다의 자유를 옹호하는 사람들에게는 항해에서 바다를 무한정 이용하는 것만큼 강조할 주제가 없다. 만약 항해를 통해 얻는 이익이 무진장이라면, 이 논자들은 자신들을 논박할 적수를 만나지 못할 것이고, 바다에 대한 단독 지배권을 주장하는 사람도 없을 것이다.

어떤 시기의 어떤 나라에서는 땅은 아니나 물에 대해서는 재

---

2) (역주) 'property'는 대체로 '재산', 또는 문맥에 따라 '재산권'으로 번역한다. 그리고 'possession'은 대체로 '소유' 혹은 '소유물'로 번역한다.

산권을 설정할 수도 있다.[3] 땅은 주민이 다 쓰지도 못할 만큼 넓은데 물은 찾기도 어렵게 아주 적은 양만 발견할 수 있는 경우이다.

다시 인간의 필요는 계속 지금과 같지만, 마음이 아주 넓고 우정과 관대함으로 충만해, 모든 사람이 모든 사람에게 더없이 상냥하고 나 자신의 이익만큼 동료의 이익에 관심을 느낀다고 가정해보자. 이러한 경우에 분명 정의의 쓸모는 이렇게 넓은 자비심 때문에 정지될 것이고, 재산권과 책무의 분할과 장벽은 생각지도 못할 듯하다. 만약 어떤 사람이 이미 나의 행복을 구해주려는 아주 강한 의향을 지니고 있고, 그가 스스로 내가 바라던 봉사를 제공해줄 것을 내가 알고 있다면, 증서나 약속으로 나에게 도움을 주도록 그를 구속할 이유가 있겠는가? 그러나 그렇게 함으로써 그가 입을 손해가 내가 얻을 이익보다 더 큰 경우는 제외된다. 이러한 경우에는 타고난 인간애와 우정으로 내가 먼저 그의 경솔한 관대함에 반대하리라는 것을 그도 알고 있다. 만약 나의 마음이 우리의 이익을 구분하지 않고, 이웃의 기쁨과 슬픔을 마치 본래 나의 것처럼 똑같은 힘과 활기로 공유한다면, 왜 이웃의 들판과 나의 들판 사이에 경계표를 세우겠는가? 이러

---

3) 『창세기』, 13장과 21장.

한 가정에서, 다른 사람의 또 하나의 자아로서 모든 사람은 시샘 없이, 분할 없이, 구분 없이 자신의 모든 이익을 [다른] 모든 사람의 재량에 맡길 것이다. 그리고 인류는 하나의 가족을 이룰 것이다. 여기서 우리는 모든 것을 공유하고, 재산권을 따지지 않고 자유롭게 사용할 것이다. 그러나 마치 우리 자신의 이익이 밀접하게 연관된 것처럼, 각 개인의 필요를 전적으로 존중하면서 조심해서 사용할 것이다.

인간 마음의 현재 성향에서 이렇게 확대된 감정의 완벽한 사례를 발견하는 것은 아마 어려울 것이다. 그래도 여전히 가족의 경우는 이러한 감정에 근접한다는 것을 관찰할 수 있다. 그리고 개인들 사이의 상호 자비심이 더 강해질수록, 개인들 사이의 모든 재산권의 구분이 대부분 사라지고 혼란해질 정도로, [가족의 경우는] 이러한 감정에 더욱더 근접할 것이다. 법은 결혼한 사람들 사이의 우정의 유대가 모든 소유물의 분할을 없앨 만큼 강력하다고 가정한다. 그 유대는 흔히 실제로 그것에 속한다고 여겨지는 힘을 지닌다. 새로운 종교적 열광이 뜨겁게 타오르는 동안, 모든 원리가 지나치게 격앙되면서 종종 재화의 공유를 시도하였다. 그러나 사람들의 되돌아온 혹은 숨겨진 이기심으로 인해 공유의 불편함에 대한 경험은 무분별한 광신도들조차 정의와 개별재산(separate property)에 대한 새로운 관념을 택하게 했다는 사실을 관찰할 수 있다. 정의의 존재 기반은 전적으로 인간의 교류와 사회상태에 필수적인 그것의 **쓸모**에 있다는 것이 진실이다.

이 진실을 더 분명하게 볼 수 있도록, 앞의 가정을 뒤집어보자. 모든 것을 정반대로 뒤집어, 이 새로운 상황에서 어떤 결과가 나올지를 살펴보자. 어떤 사회가 공통의 생활필수품이 아주 부족한 상태에 빠져서, 아무리 근면 검소해도 많은 사람이 죽고 전체가 극심한 고통에 빠지는 것을 막을 수 없다고 가정해보자. 내가 생각하기에, 이렇게 절박한 긴급 상황에서는 엄격한 정의의 법은 정지되고, 필요와 자기보존(self-preservation)이라는 더 강력한 동기로 대체되리라는 것을 기꺼이 인정할 것이다. 난파를 당한 사람이 이전 재산권의 제약을 무시하고 무엇이든 자신이 취할 수 있는 안전 수단이나 도구를 차지하는 것이 범죄인가? 혹은 도시가 포위당해 사람들이 굶주림으로 죽어갈 때, 그들이 자기 앞에 놓인 생존 수단을 보고도 이와 다른 상황에서 형평과 정의의 규칙이었던 것을 양심적으로 존중해 스스로 목숨을 버릴 것이라고 상상할 수 있는가? 이 덕의 효용과 경향은 사회 질서를 지킴으로써 행복과 안전을 얻는 것이다. 그러나 만약 사회가 극도의 궁핍으로 파멸 직전에 있다면, 사람들은 폭력과 부정의로부터 이보다 더 큰 악이 나오리라고 두려워하지 않는다. 이제 모든 사람은 사려(prudence)가 명령할 수 있거나 인간애가 허용할 수 있는 모든 수단을 동원해 스스로 자신의 식량을 구할 수 있다.[4] 이보다 덜 절박한 궁핍의 상황에서도, 형평법에 부합하는 행정관의 권한이 이 정도까지는 허락할 수 있다고 바르게 가정하면서, 대중은 주인의 허락 없이 곡물창고를 열 것이다. 그러나 만약 법이나 민사재판권에 구속받지 않는 많은 사람이 모인다면, 완력이나 심지어 폭력으로 얻었더라도 기아(飢餓)의 상황에서 빵을 평등하게 나눈 것을 범죄나 침해라고 간주하겠는가?

마찬가지로 어떤 유덕한 사람이 운명적으로 법과 정부의 보호로부터 멀리 떨어진 악당들의 사회에 떨어졌다고 가정해보자. 이렇게 암울한 상황에서 그는 어떻게 처신해야 하는가? 그는 지독한 탐욕, 형평에 대한 무시, 질서에 대한 경멸, 미래의 결과에 대한 어리석은 무지가 만연해, 곧 아주 비극적인 결말을 맞이할 것이고, 필시 더 많은 수의 사람들에게는 파멸이, 또한 나머지 사람들에게는 사회의 완전한 붕괴가 올 것임을 알고 있다.

---

4) (역주) 흔히 benevolence와 대비해, prudence는 자신에게 이익이 되는지를 신중하게 헤아리는 것을 의미하고, 그래서 '타산'이나 '신중함' 정도로 번역할 수도 있다. 그러나 이 책에서 그것은 자신에게 이익이 되는지보다는 여러 가지 일을 두루 살피는 신중함에 가까운 것을 의미해, 일관적으로 '사려'로 번역한다.

한편 그는 누구의 것이든 자신이 움켜쥔 칼이나 방패로 무장하는 것, 방어와 안전을 위한 모든 수단을 준비하는 것 말고는 다른 방도가 없다. 그리고 정의에 관한 그의 특별한 관심은 자신의 안전을 위해서나 다른 사람들의 안전을 위해서 아무런 쓸모가 없기에, 그는 자신이 염려하고 주목할 가치가 없는 사람들에게는 더는 관심을 가지지 말고 자기보존의 명령만을 염두에 두어야 한다.

정치사회(political society)에서도 누구든 자신의 범죄로 대중에게 미움을 받게 되었을 때, 그는 자신의 재화와 몸에 법의 처벌을 받는다. 즉 그에게 정의의 통상적인 규칙들을 잠시 정지하고, 잘못이나 침해를 범하지 않는 한에는 겪지 않았을 고통을 가하는 것이 사회의 **이익**을 위해 공정한 처사가 된다.

공적 전쟁(public war)[5]에서의 격렬한 분노와 폭력을 보라. 그것은 정의의 덕이 더는 자신들에게 아무 **쓸모**도 이점도 없음을 감지한 전쟁 당사자들 사이에서의 정의의 정지가 아니면 무엇

---

5) (역주) '국제법의 아버지' 혹은 '자연법의 아버지'로 불리는 네덜란드 법학자 휘호 흐로티위스(Hugo Grotius, 1583~1645)는 『전쟁과 평화의 법(*The Law of War and Peace*)』(1625)에서 공적 전쟁(public war)과 사적 전쟁(private war)을 구분한다. 전자는 그것을 벌일 법적 권한을 가진 사람들이 벌이는 전쟁이지만, 후자는 그런 법적 권한을 가지지 않은 사람들이 벌이는 전쟁이다. 혹은 단순히 전자는 독립된 주권 국가들 사이의 전쟁이라고 말할 수 있다. 『전쟁과 평화의 법』, 1권, 3장을 참고하시오.

이겠는가? 그렇다면 형평과 정의의 법을 계승하는 전쟁의 법은 지금 사람들이 놓여 있는 특정한 상태의 **이점**과 **효용**을 위해 계산된 규칙이다. 어떤 문명화된 국민이 전쟁의 규칙조차 따르지 않는 야만인들과 교전할 때, 그 규칙이 더는 아무런 목적에도 SB 188 도움이 되지 않는다면, 전자도 그 규칙을 지키는 것을 중단해야 한다. 그리고 선제 공격자들에게는 최대한 잔혹하고 치명적인 모든 조치나 전투로 갚아주어야 한다.

그래서 형평이나 정의의 규칙들은 순전히 사람들이 놓여 있는 특수한 상태와 여건에 달려 있고, 형평이나 정의의 기원과 존재는 그 규칙들을 엄격하고 일정하게 준수함으로써 대중에게 발생하는 효용에 달려 있다. 모든 주목할 만한 상황에서 사람들의 여건을 완전히 바꾸어보자. 지나치게 풍요롭거나 지나치게 궁핍하게 만들어보자. 인간의 마음에 완벽한 절제와 인간애, 아니면 완벽한 탐욕과 악의를 심어보자. 정의를 완전히 **쓸모없게** 만듦으로써, 당신은 그것의 본질을 완전히 파괴하고 인류에게 그것의 책무를 정지시킬 것이다.

사회의 일반적인 상황은 이 극단들 사이의 어떤 중간이다. 우리는 자연적으로 우리 자신을, 또한 우리의 친구를 편애한다. 그러나 우리는 더 공평한 행위에서 나오는 이점을 배울 능력이 있다. 자연의 너그럽고 관대한 손길에서 우리가 얻을 기쁨은 많지 않지만, 기술과 노동과 근면으로 우리는 엄청나게 풍부한 기쁨을 끌어낼 수 있다. 그리하여 재산권 관념은 모든 시민사회 (civil society)에서 필수적인 것이 된다. 그래서 정의는 대중에 대한 그것의 유용성을 얻는다. 그리하여 단지 [그 유용성으로부터] 그것의 장점과 도덕적 책무가 생겨난다.

이러한 결론들은 너무나 당연하고 분명해 시인들조차 알아차렸기에, 그것들은 황금시대나 사투르누스(Saturn) 통치기의[6] 지극한 행복에 대한 그들의 묘사에서도 나온다. 자연의 첫 번째 시기에 계절이 매우 온화해, 우리가 이 유쾌한 허구를 믿는다면, 사람들은 더위와 추위를 막아줄 수단으로 옷과 집을 스스로 마련할 필요가 전혀 없었다. 강에는 포도주와 우유가 흘렀고, 참나무에서는 꿀이 나왔으며, 자연은 저절로 가장 맛있는 진미를 내놓았다. 그런데 이것들은 그 행복한 시대의 주된 이점이 아니었다. 자연에서 사라진 것은 폭풍우만이 아니었다. 지금 엄

---

6) (역주) 여기서 말하는 황금시대(golden age)란 고대 그리스 신화에 나오는 것으로, 사람들이 거쳐온 다섯 시대―금, 은, 동, 영웅, 철의 시대―중에서 첫 번째를 가리킨다. 이 시대에 사람들은 그리스 신화의 크로노스(Kronos)에게 통치를 받았다. 당연히 이 다섯 시대 중 황금시대는 사람들이 가장 큰 행복을 누렸던 시대로 묘사된다. 그리스 신화의 크로노스와 동일시되는 로마 신화의 인물이 농업의 신인 사투르누스(Saturnus)인데, 영어식 표기는 Saturn이다. 태양계 행성 '토성'의 이름은 사투르누스에서 기원한다.

청난 소동과 혼란을 일으키는 더 맹렬한 폭풍우는 사람들의 마음에 없었다. 탐욕, 야심, 잔인함, 이기심은 들어보지도 못했다. 그때까지 그들에게 익숙한 유일한 감동은 진심 어린 애정, 동정, 공감뿐이었다. 그 행복한 인간들 사이에서는 내 것과 네 것이라는 딱딱한 구별이 사라졌고, 이러한 구별이 바로 재산권과 책무, 정의와 부정의라는 개념을 가져왔다.

　황금시대에 관한 이러한 **시적** 허구는 몇몇 측면에서 **자연상태** (state of nature)라는 **철학적** 허구와 닮아 있다. 다만 전자는 상상할 수 있는 가장 매력적이고 가장 평화로운 상태로 표현되는 데 반해, 후자는 가장 극단적인 궁핍을 수반하는 상호 전쟁과 폭력의 상태로 그려진다. 인류의 기원에 대해 우리가 들은 바로는, 그들은 대체로 무지하고 야만적이어서 서로를 전혀 신뢰할 수 없었고, 각자는 보호와 안전을 위해 자기 자신에게, 즉 자신의 힘이나 간계에 의존해야 했다. 법이라는 것은 들어본 적도 없었다. 정의의 규칙이라는 것도 알지 못했다. 재산권의 구분은 존중되지 않았다. 힘만이 권리의 척도였다. 그리고 만인에 대한 만인의 항구적인 투쟁이 사람들의 길들지 않은 이기심과 만행의 결과였다.[7]

---

7) 자연상태를 전쟁상태로 묘사하는 이러한 허구는 흔히 생각하는 것처럼 토머

인간 본성의 이러한 상태가 과연 존재할 수 있었는지, 그랬
다면 **상태**라고 부를 만큼 그렇게 오래갈 수 있었는지는 당연
히 의심할 만하다. 필시 사람들은 적어도 어떤 가족사회(family-

스 홉스(Thomas Hobbes, 1588~1679)에 의해 처음 시작된 것이 아니다.
플라톤은 『국가』, 2권, 3권, 4권에서 이러한 허구와 매우 유사한 가설을 반
박하려고 시도한다. 반대로 키케로(Marcus Tullius Cicero, 기원전 106~43)
는 다음 문단에서 이러한 허구를 확실하고 보편적으로 인정된 것으로 가정
한다. "재판관들이여, 자연법이나 민법이 완전히 정해지기 전에, 한때 사람
들은 제각기 아무렇게나 무질서하게 나라를 돌아다녔고, 상처 입고 피 흘리
면서 그들 자신의 힘과 정력으로 움켜쥘 수 있거나 지킬 수 있는 것만을 소
유하는 것이 세상의 이치였다는 것을 당신들 중 누가 모르겠는가? 그러므로
가장 탁월한 덕과 지혜를 보였던 사람들은, 배움에 대한 사람들의 적성과 그
들의 자연적 성향을 숙고한 연후, 전에는 널리 흩어졌던 사람들을 한곳으로
모았고, 그들을 이전의 야만적인 생활방식에서 벗어나 정의와 온화함이 있
는 삶의 방식으로 인도했다. 그런 다음 인간의 효용을 위해 고안된, 우리가
국가(commonwealth)라고 부르는 구조가 생겼다. 그다음에는 주(states)라
고 부르는 사람들의 무리가 나왔고, 그런 다음 사람들은 지금은 도시라고 부
르는 가옥들의 집합을 장벽으로 둘러쌌다. 그리고 신의 법과 인간의 법을 분
간하기 시작했다. 문명으로 다듬어진 이러한 삶의 방식과 야만적인 삶의 방
식 사이의 가장 큰 차이는 바로 전자를 지배하는 원리는 법(JUS)인 반면에
후자에서는 폭력(VIS)이 지배한다는 사실이다. 만약 전자의 인도를 받는 것
을 선택하지 않는다면, 우리는 후자로 만족할 수밖에 없다. 폭력을 끝내고
싶지 않은가? 그렇다면 반드시 법이 승리해야 한다. 말하자면 정의의 법정
이 승리해야 한다. 왜냐하면 모든 법과 정의는 이 법정 안에 들어 있기 때문
이다. 우리는 정의의 법정을 승인하지 않거나 그것이 파괴되거나 중단되기
를 바라는가? 그러면 폭력이 장악할 것이다." 키케로, 『푸블리우스 섹스티우
스의 변호(*For Publius Sextius*)』, 42.

society)에서 태어난다. 그리고 그들은 부모를 통해 모종의 행위와 행태 규칙을 훈련받는다. 그러나 만약 이러한 상호 전쟁과 폭력의 상태가 실재했다면, 모든 정의의 법들은 전혀 쓸모가 없어져 필시 정지된다는 것을 인정해야 한다.

인간의 삶에 관한 우리의 견해가 더 다양해질수록, 또한 우리가 그것을 바라보는 관점이 더 새로워지고 독특해질수록, 우리는 여기서 정의의 덕에 부여한 기원이 현실적이고 흡족하다는 것을 더욱더 확신할 것이다.

인간과 섞인 일종의 생물들이 있는데, 그것들은 이성적이지만 체력과 정신력이 모두 인간보다 매우 열등해 아무런 저항도 할 수 없고, 아무리 심하게 도발해도 그것들이 전혀 우리에게 분노를 느끼게 만들 수 없다고 가정해보자. 내 생각으로는, 우리는 인간애의 법에 따라 이 생물들을 온화하게 대해야겠지만, 엄밀히 말해서 그것들과 관련해 정의의 규제를 받아야 하는 것은 아니다. 그리고 필연적인 결과로서, 그것들은 이렇게 제멋대로인 주인들을 배제하고는 아무런 권리나 재산을 가질 수 없다. 우리와 그것들의 교류는 어느 정도 평등을 상정한 사회라 할 수 없을 것이다. 한쪽은 일방적으로 명령하고 다른 한쪽은 비굴하게 복종할 것이다. 우리가 무엇을 탐내든, 그것들은 즉시 그것을 양도해야 한다. 그것들이 자신의 소유물을 지킬 수 있는 유일한 보유조건은 우리의 허락이다. 그것들이 우리의 독단적인 의지를 막을 수 있는 유일한 억제 수단은 우리의 동정과 친절이

다. 그리고 이렇게 태생적으로 확고하게 결정된 권력 행사로부터 아무런 불편이 발생하지 않으므로, 정의와 재산권의 규제들은 전혀 **쓸모가 없고**, 이렇게 불평등한 연합에서는 이러한 규제들이 결코 존재할 여지가 없다.

이것은 분명 동물들과 관련된 인간의 상황이다. 동물들이 얼마만큼의 이성을 가졌는지를 말할 수 있는지는 다른 사람들이 정하게 내버려 두자. 야만적인 인디언들에 대한 문명화된 유럽인들의 대단한 우월성은 우리 자신과 그들의 관계가 [우리와 동물들 사이의 관계와] 같다고 생각하게 했고, 그들을 대하면서 정의와 심지어 인간애의 규제들마저 모두 벗어던지게 했다. 많은 국가에서 여성은 노예로 전락했고, 그들의 잘난 체하는 주인들과 달리 아무것도 소유할 수 없게 되었다. 남자들이 연합하면 그들은 모든 나라에서 이렇게 가혹한 독재체제를 유지할 만한 완력을 지니고 있는데도, 흔히 여자들은 이 연합을 무너뜨릴 수 있고 사회의 모든 권리와 특권을 남자들과 공유할 수 있다는 말을 하는 것은 남자들이 아름다운 동반자들을 [즉 여자들을] 유혹하기 위한 아첨이자 인사말이자 주문(呪文)일 뿐이다.

인간 종의 각 개인이 자연적으로 자기보존과 종의 번식에 필

요한 모든 기능을 자신 안에 가지고 태어났다고 가정해보자. 최고 창조주의 최초 의도에 따라 인간과 인간 사이의 모든 사회와 교류가 단절되었다고 가정해보자. 그러면 이렇게 고독한 존재는 분명 사회적 담론과 대화만큼이나 정의에 대해서도 무능할 것이다. 만약 상호 존중과 관용이 아무 목적에도 도움이 되지 않는다면, 그것들은 이성적인 사람의 행위에 전혀 영향을 미치지 못할 것이다. 미래의 결과에 대한 반성도 정념의 저돌적인 행진을 막지 못할 것이다. 여기서 각 사람은 자신만을 사랑하고 안전과 행복을 위해 자기 자신과 자신의 활동에만 의존한다고 가정되므로, 다른 누구와도 태생이나 이익의 유대로 엮이지 않을 것이고, 그는 모든 경우에 다른 모든 존재보다 우선권을 주장하기 위해 전력을 다할 것이다.

그러나 양성의 결합이 자연적으로 맺어진다고 가정하면, 즉 SB 192
각 하나의 가족이 탄생한다. 그리고 가족의 생존을 위해 특수한 규칙들이 필요하다는 것을 인식하게 되면, 나머지 다른 사람들을 그 규칙들의 지시에 포함하지 않더라도, 이 규칙들을 즉각 받아들인다. 몇몇 가족들이 연합해 하나의 사회를 만들었는데 이 사회가 다른 모든 사회와 완전히 분리된다고 가정하면, [그것의] 평화와 질서를 보존하는 규칙들은 그것의 최대 범위까지 확장되지만, 한 발짝이라도 더 나가면 완전히 쓸모가 없어지고 영향력을 잃는다. 그러나 다시 몇몇 개별 사회들이 상호 편의와 이익을 위해 얼마간의 교류를 지속한다고 가정하면, 정의의 경계는 사람들의 시야의 너비와 그들의 상호 연결의 힘에 비례해 계속 팽창할 것이다. 우리가 [정의]의 막대한 효용을 잘 알게 되는 만큼, 우리는 역사와 경험과 이성을 통해 인간의 감정이 자연히 진보한다는 것과 정의에 관한 우리의 존중이 확대된다는 것을 충분히 알게 될 것이다.

2부

만약 우리가 정의를 명령하고 재산권을 결정하는 **특수한** 법들을 검토해보면, 우리는 역시 같은 결론을 얻을 것이다. 인류에게 좋음이 이 모든 법과 규정의 유일한 목적이다. 사회의 평화와 이익을 위해 사람들의 소유물은 분할될 필요가 있고, 이러한 분할에서 우리가 따르는 규칙들은 어떻게든 사회의 이익을 증진하도록 고안된 것들이다.

이성을 가졌으나 인간 본성에 대해서는 알지 못하는 어떤 존재가 스스로 정의나 재산에 관한 어떤 규칙들이 공익(public interest)을 최대로 증진하고 사람들 사이의 평화와 안전을 확립할지를 숙고한다고 가정해보자. 그의 가장 분명한 생각은 가장 큰 덕을 지닌 사람에게 가장 많은 소유물을 맡기고, 모든 사람에게 그의 성향에 비례해 좋은 일을 행할 권한을 주는 것이다. 무한한 지

SB 193

력을 지닌 존재가 특수한 의지로 통치하는 완벽한 신정(神政) 국가에서는, 분명 이러한 규칙이 존재할 것이고 가장 슬기로운 목적에 이바지할 수 있다. 그러나 만약 인간이 이러한 법을 집행한다면, 그것의 태생적 모호함과 각 개인의 자만심으로 인해 장점의 불확실성이 너무 커서, 그것으로부터 아무런 확실한 행위 규칙도 나오지 않을 것이다. 그리고 [이러한 법의 집행의] 직접적인 결과로, 필시 사회는 완전히 해체될 것이다. 광신도들은 **지배권은 은총에서 나오는 것**이고, **성자만이 이 세상을 물려받는다**고 가정할 것이다. 그러나 민정 행정관은 아주 당연하게 이 황당한 이론가들을 흔한 강도들과 같다고 여기고, 사변적으로는 사회에 가장 이로워 보일 수 있는 규칙이 실제로는 극히 유해하고 파괴적일 수 있다는 것을 아주 혹독한 징벌로 그들에게 가르쳐 줄 것이다.

우리는 역사를 통해 내전[8] 동안 영국에 이러한 종류의 **종교적** 광신도들이 있었다는 것을 알고 있다. 그러나 이들 원리의 명백

---

8) (역주) 영국 내전(1642~1651)은 왕당파(Royalists)와 의회파(Parliamentarians) 사이에 벌어진 일련의 무력 충돌로, 이것은 다시 1차(1642~1646), 2차(1648~1649), 3차(1649~1651) 내전으로 구분된다. 전쟁은 최종적으로 1651년 9월 의회파의 승리로 끝났다. 이 전쟁으로 영국 왕정은 영연방(Commonwealth of England)으로 대체되었고, 영국 성공회(Church of England)의 독점이 종식되고 신교도(Protestant) 우위의 시대가 열렸다.

한 **경향**은 인간에게 엄청난 공포를 불러일으켰고, 곧 위험한 열광자들은 자신의 교리를 포기하거나 적어도 감추지 않을 수 없었을 것이다. 재산의 평등한 분배를 주장했던 **수평파**(levellers)[9]는 아마도 그 종파에서 나온 일종의 **정치적** 광신도들이었는데, 그들은 자신의 교리를 더 솔직하게 밝혔다. 이 교리는 인간 사회에 유용할 뿐만 아니라, 그 자체로 실행 가능한 것처럼 보이는, 더 그럴듯한 겉모습을 지니고 있었다.

사실 자연은 인간에게 아주 후해서 그것이 베푼 모든 선물을 인류가 평등하게 나누고 기술과 근면으로 개선한다면, 모든 개인은 모든 생필품과 대다수 편의 도구를 누릴 것이고, 허약한 골격과 체질 때문에 우연히 걸릴지 모를 것 외에는 병에도 쉬이 걸리지 않는다는 것을 인정하지 않을 수 없다. 그리고 이러한 평등에서 벗어날 때마다, 우리는 우리가 부자에게 더해줄 수 있는 것보다 더 많은 만족을 빈민으로부터 도둑질하고, 종종 한

9) (역주) 이른바 수평파(Levellers)는 영국 내전 동안 일어났던 정치적 운동으로, 대중 주권과 참정권 확대, 재산권 평등을 주창했다. 이들은 정치적 정당으로 발전하지는 못했으나, 1차 내전(1642~1646)과 2차 내전(1648~1649) 사이에 상당한 영향을 미쳤다. 그들이 발흥한 계기가 종교적인 것은 아니었으나, 그들은 자신들의 정치적 사상과 주장을 뒷받침하는 근거로 흔히 성서의 가르침을 인용했다.

개인의 하찮은 허영심의 소소한 만족을 위해 여러 가족과 심지어 여러 지역을 먹여 살릴 빵보다 더 큰 비용이 들어간다는 것을 인정하지 않을 수 없다. 게다가 매우 유용할 것이기에, 평등의 규칙은 전혀 **실행 불가능한** 것이 아니고, 그것은 몇몇 공화국, 특히 스파르타에서는 불완전하게나마 자리를 잡았던 것으로 볼 수 있다.[10] 거기서 이 규칙이 아주 유익한 결과를 가져왔다고 이야기된다. 고대 로마에서 종종 주장되었고, 또한 고대 그리스의 여러 도시국가에서 실행되었던 토지 균분법(Agrarian laws)이 모두 이 원리의 효용에 관한 일반적 관념에서 나왔다는 것은 말할 필요도 없다.

그러나 역사가만이 아니라 [우리의] 상식은, **완벽한** 평등이라는 이러한 발상이 아무리 그럴듯하게 보여도, 그것이 실제로는 **실행 불가능하다**는 것을 일깨워줄 것이다. 실행 불가능하지는 않더라도, 그것은 인간 사회에 극히 **해로울** 것이다. 소유물을 아무리 평등하게 나누어도, 사람들의 기술과 관심과 근면에서의 차이는 평등을 즉시 깨뜨릴 것이다. 혹은 당신이 이러한 덕들을 [즉 기술과 관심과 근면을] 방해한다면, 당신은 사회를 몹시

---

10) (역주) 스파르타의 전설적인 입법자, 리쿠르고스(Λυκοῦργος, 기원전 800?~730)의 개혁안은 토지의 균등 분배, 시민 간의 완전한 평등, 이기심 억제 등의 내용을 포함한다. 이 개혁은 의무와 재화의 완전한 평등을 추구했고, 이 개혁의 성공은 스파르타의 군국주의 체제를 완성시켰다.

빈곤하게 만들 것이다. 몇몇 사람들의 빈곤과 거지 신세를 면해주는 대신, 필시 전체 공동체를 빈곤하게 만들 것이다. 모든 불평등이 처음 드러날 때를 감시하려면, 아주 엄밀한 조사가 필요하다. 그것을 처벌하고 바로잡으려면, 아주 엄한 사법권이 필요할 것이다. 게다가 너무 큰 권한은 필시 곧 독재로 악화할 것이고 매우 편파적으로 행사될 것이다. 그런데 여기서 상정된 것과 같은 상황에서 누가 과연 이러한 권한을 가질 수 있는가? 소유물의 완벽한 평등은 모든 종속관계를 무너뜨릴 것이기에 행정관의 권한은 극히 약해질 것이고, 필시 재산뿐만 아니라 모든 권력을 거의 평등하게 만들 것이다.

따라서 재산의 규제를 위한 법을 제정하려면, 우리는 사람의 본성과 상황을 숙지해야 하고, 그럴듯하지만 거짓일 수 있는 현

SB 195 상을 거부해야 하며, 대체로 **유용하고 유익한** 규칙들을 찾아야 한다는 결론을 내릴 수 있다. 만약 사람들이 지나치게 이기적인 탐욕이나 지나치게 심한 종교적 열광에 굴복하지만 않는다면, 평범한 분별과 조금의 경험으로도 이러한 목적을 충분히 달성할 수 있다.

예컨대 어떤 사람의 기술이나 근면으로 생산된 것이나 개선된 것을, 이렇게 **유용한** 습관과 성취를 격려하기 위해, 영구적으로 그에게 보장해야 한다는 것을 누가 모르겠는가? 이와 같은

유용한 목적을 위해, 그 재산을 자녀와 친척에게도 전해야 한다는 것을 누가 모르겠는가? 인간 사회에 매우 **유익한** 통상과 교류를 산출하기 위해, 그 재산을 합의로 양도할 수 있다는 것을 누가 모르겠는가? 그리고 인간의 일반적인 **이익**을 크게 증진하는 상호 신용과 신뢰를 확보하기 위해, 모든 계약과 약속을 충실히 이행해야 한다는 것을 누가 모르겠는가?

자연법을 논한 저술가들을 살펴보자. 어떤 원리에서 시작하든, 그들은 결국 여기에 [즉 내가 옹호하는 원리에] 도달할 것이고, 사람들의 편의와 필요를 그들이 세우는 모든 규칙의 궁극적인 근거로 삼는다는 것을 항상 발견할 것이다. 학설들에 대항해서 이렇게 강제로 받아낸 인정이 그것들에 종사해서 얻은 인정보다 더 높은 권위를 가진다.

왜 이것은 **내 것**이고 저것은 **네 것**이어야 하는가 하는 물음에 대해 사실 그 저술가들이 다른 어떤 근거를 제공할 수 있겠는가? 왜냐하면 누구의 지시도 받지 않는 자연은 절대 이러한 구별을 만들지 않았기 때문이다. 이렇게 [내 것이나 네 것이라고] 부르는 대상들은 자연히 우리에게 이질적이다. 그것들은 우리로부터 분리되어 떨어져 있다. 사회의 일반적인 이익만이 [그것들과 우리 사이를] 연결할 수 있다.

때로는 사회의 이익이 어떤 특수한 경우에 어떤 정의의 규칙을 요구할 수 있지만, 그것이 모두 동등하게 유익한 몇몇 규칙들 가운데 어떤 특정한 규칙을 확정하지 않을 수 있다. 이러한 경우에 지속적인 불화의 원천이 되는 무차별성과 애매함을 방지하기 위해, 아주 섬세한 **유추들**(analogies)을 이용한다. 그래서 만약 다른 누구도 이전에 권리와 자격을 주장하지 않는다면, 소유 자체와 최초의 소유가 재산권을 부여한다고 가정한다. 법률가 대다수의 추론은 이러한 유추의 성질을 가지며, 상상적인 아주 사소한 연관성에 의존한다.

SB 196

아주 특별한 경우에는 개인의 사유재산권을 일체 무시하고, 애초에 공익을 위해 세웠던 구별을 [이제는] 공익을 위해 버리는 것을 누가 주저하겠는가? 국민의 안전이 최상위의 법이다. 다른 모든 특수한 법들은 그것에 종속되고 의존한다. 그리고 만약 세상사의 **통상적인** 진행 과정에서 대중이 이 특수한 법들을 준수하고 존중한다면, 그 이유는 오직 그들의 안전과 이익이 **대개** [이 특수한 법들의] 평등하고 불편부당한 집행을 요구하기 때문이다.

때로는 **효용**과 **유추**가 모두 실패해, 정의의 법을 완전히 불확실한 상태로 남겨두기도 한다. 따라서 시효[11] 혹은 장기 점유가

---

11) (역주) '취득시효(acquisitive prescription)'란 무권리자(無權利者)가 일정 기간 점유하면 재산을 취득하게 되는 민법상의 제도를 뜻한다. '소멸시효

재산권을 부여한다는 규칙은 아주 긴요하다. 그러나 며칠, 몇 달, 몇 년이 이러한 목적에 부합할지는 이성만으로 결정할 수 없다. 여기서 **민법**은 자연**법전**(natural code)을 대신하고, 상이한 **효용**에 따라 입법자가 제안한 상이한 기간을 시효로 할당한다. 대다수 나라의 법에 명시된 바에 따르면, 환어음과 약속어음은 채권과 저당, 공식적인 성질의 계약보다 더 일찍 시효로 무효화된다.

일반적으로 모든 재산 문제는 민법의 권한에 종속하고, 그 권한은 각 공동체의 특수한 **편의**에 따라서 자연적 정의의 규칙을 확장하고 규제하고 수정하고 변경한다는 것을 관찰할 수 있다. 법은 각 사회의 통치구조, 관습, 기후, 종교, 상업, 처지를 항상 반영하거나 반영해야 한다. 최근 한 박식하고 천재적인 저술가가 이 주제에 관한 상세한 연구를 수행해, 이 원리로 정치학적 지식의 체계를 수립했다. 그것은 독창적이고 뛰어난 생각으로 가득하고 견실하다.[12) 13)]

(extinctive prescription)'란 권리자가 재산권을 행사할 수 있음에도 일정 기간 동안 행사하지 않으면 그 권리를 소멸하는 제도를 말한다. 이 맥락에서 흄은 이 두 가지 시효를 모두 논하고 있는 듯하다.

12) 『법의 정신(*L'Esprit des Loix*)』(1748)의 저자. 그런데 이 뛰어난 저술가는 내 것과는 다른 이론에서 시작해, 모든 권리가 일정한 **관계**에 기초한다고

가정한다. 내 의견으로는 이것은 참된 철학과 절대 조화될 수 없는 학설이다. 내가 아는 바로는, 말브랑슈(Nicolas Malebranche, 1638~1715) 신부가 나중에 랠프 커드워스(Ralph Cudworth, 1617~1688), 새뮤얼 클라크(Samuel Clarke, 1675~1729), 그리고 여러 다른 학자들이 채택한 이 추상적 도덕론을 처음으로 제기한 인물이다. 그 이론은 모든 감정을 배제하고 모든 것이 이성에 기초한다고 주장하므로, 그것은 이 철학의 시대에는 추종자를 충분하게 갖게 되었다. 이 책의 1절과 부록 1을 보시오. 여기서 다루어진 덕, 즉 정의와 관련해, 이 이론에 대항하는 추론은 짧고 결정적인 것처럼 보인다. 재산권은 민법에 의존한다는 것을 인정한다. 민법은 사회의 이익 외에 다른 목적이 없다는 것을 인정한다. 따라서 사회의 이익이 재산권과 정의의 유일한 토대라는 것을 인정해야 한다. 사법관과 그의 법에 복종할 우리의 책무 자체가 오직 사회의 이익에 기초한다는 것은 말할 필요도 없다.

만약 정의에 대한 관념들이 때로는 민법의 처분을 따르지 않는다면, 우리는 이러한 경우들이 앞서 전달한 [나의] 이론에 대한 반대가 아니라 입증이라는 사실을 알게 될 것이다. 만약 민법이 사회의 모든 이익을 거스를 정도로 비뚤어져 있다면, 그것은 모든 권위를 상실하고 사람들은 이러한 [사회의] 이익에 부합하는 자연적 정의의 관념에 따라서 판단할 것이다. 민법은 때로는 유용한 목적으로 어떤 증서에 대해서든 어떤 양식이나 서식을 요구한다. 만약 그 양식이나 서식이 없다면, 민법의 판결은 정의의 통상적인 방향과 어긋난다. 그러나 이러한 교활한 수법을 이용하는 사람은 일반적으로 정직한 사람으로 생각되지는 않는다. 따라서 사회의 이익은 계약을 이행할 것을 요구하며, 자연적 정의에든 시민적 정의에든 이보다 더 중요한 조항은 없다. 그러나 신들이 자신을 드러내는 **양심의 법정에서는** 아니겠지만, **인간의 법정에서는** 흔히 사소한 여건의 생략이 계약을 법적으로 무효화할 것이다. 이러한 경우에 사법관은 [그 계약에서 나온] 권리를 변경하는 것이 아니라 그 권리를 집행할 자신의 권한을 물릴 수밖에 없다. 만약 그의 의도가 그 권리에까지 미치고 사회의 이익에 부합한다면, 그것은 필시 그 권리를 변경할 것이다. 상술한 바와 같이, 이것이 정의와 소유권의 무엇이 한 사람의 재산인가? 그 사람, 오직 그만이 합법적으로 사용할 수 있는 무언가이다. **그런데 우리는 어떤 규칙으로 이러한 대상을 구별할 수 있는가?** 여기서 우리는 법령, 관습, 선례, 유추 그리고 수많은 다른 여건들에 의지해야 한다. 이것들 가운데 일부는 지속적이고 불변하지만, 일부는 가변적이고 임의적이다. 그러나 이것들 모두가 공공연히 도달하는 종점은 인간 사회의 이익과 행복이다. 만약 이 점이 참작되지 않는다면, 정의와 재산권에 관한 모든 혹은 대다수 법은 변덕스럽고 부자연스럽고 심지어 미신적인 것으로 볼 수 있다.

통속적인 미신을 비웃고, 특정한 음식이나 날이나 장소나 자세나 의복을 중시하는 태도의 어리석음을 밝히려는 사람들이 할 일은 쉬운 작업이다. 한편으로 그들은 대상들의 모든 성질과 관계를 살펴보고, 상당수 사람에게 아주 강한 영향을 미치는 애정이나 반감, 존경이나 공포에는 충분한 원인이 없다는 것을 발견한다. 시리아인들은 비둘기를 맛보느니 차라리 굶어 죽을 것

기원에 대한 명확한 증명이다.

13) (역주) 여기서 말하는 저자는 분명히 몽테스키외(Charles-Louis de Secondat, Baron de La Brède et de Montesquieu, 1689~1755)이다. 『법의 정신』, 1권, 1장에서 그는 법을 "사물들의 본성에서 나오는 필연적 관계들(relations)"이라고 정의한다. "원시 이성(primitive reason)이 있고, 법은 그것과 다른 존재들 사이에 존속하는 관계들, 그리고 이 [후자의] 존재들 서로 간의 관계들이다."

이다. 이집트인들은 베이컨 근처에도 가지 않을 것이다. 그러나 이러한 종류의 음식을 시각이나 후각이나 미각으로 검사해도, 혹은 화학이나 의학이나 물리학에 근거해 자세히 살펴보아도, 그 음식과 다른 음식 사이의 차이점은 찾을 수 없다. 그 종교적 정념에 정당한 토대를 제공할 수 있는 명확한 여건도 결정할 수 없다. 닭은 목요일에는 합법적 음식이지만, 금요일에는 혐오스러운 음식이다. 이 집과 이 교구에서는 달걀이 사순절 동안 허락되지만, 백 걸음 떨어진 곳에서는 달걀을 먹는 것이 지옥에 떨어질 죄이다. 이 땅이나 건물이 어제는 신성하지 않았지만, 오늘 무슨 낱말들을 중얼거림으로써 신성하고 거룩한 것이 된다. 철학자의 입으로 말한다고 해서 이와 같은 반성들이 달라지지는 않을 것이라고 말해도 괜찮다. 왜냐하면 그것들은 너무나 명백해 언제든 누구든 한눈에 알아챌 수 있기 때문이다. 만약 그것들이 절로 퍼지지 않는다면, 그 이유는 [사람들의] 무지나 실수가 아니라 필시 [그들의] 교육과 편견과 정념이 그것들을 방해하기 때문이다.

경솔한 견해나 다소 지나치게 추상적인 반성에 따르면, 모든 정의감에는 위와 비슷한 미신이 들어 있는 것으로 보일 수도 있다. 그리고 만약 어떤 사람이 정의의 대상 혹은 우리가 재산이라고 부르는 것을 감각과 과학으로 동일하게 조사한다면, 아무리 정밀하게 조사해도 그는 도덕 감정에 의한 차이에 대해 아무런 토대도 발견하지 못할 것으로 보일 수도 있다. 나는 합법적으로 이 나무에서 나온 열매를 먹을 수 있다. 그러나 열 걸음 떨어진 같은 종의 다른 나무에서 나온 열매를 건드리는 것은 범죄이다. 만약 내가 이 의복을 한 시간 전에 입고 있었다면, 나는 아주 혹독한 처벌을 받을 만했다. 그런데 어떤 사람이 마법의 주문 몇 마디를 외우고 나니, 이제 그것은 나의 용도와 일에 적합한 것이 되었다. 만약 이 집이 이웃 지역에 있었다면, 내가 이 집에 사는 것은 부도덕한 일이었을 것이나, 강의 이쪽 편에 세워진 탓에 이 집에는 다른 지방의 법이 적용되고, 그것을 내 집으로 삼아도 나는 아무런 비난이나 질책을 받지 않는다. 아주 성공적으로 미신을 밝힌 것과 같은 종류의 추론이 정의의 문제에도 적용된다고 생각할 수 있다. [미신이든 정의든] 어느 경우에든 그 대상에서 감정의 토대가 되는 정확한 성질이나 여건을 지목하는 것은 불가능하다.

그런데 **미신**과 **정의** 사이에는 다음과 같은 차이가 있다. 전자는 하찮고 쓸모없고 부담이 되지만, 후자는 인간의 복리(well-being)와 사회의 존재에 절대적으로 필요하다. 이 여건을 무시하면, 우리는 (그것은 간과하기에는 너무나 명백하기에) 권리와 재산에 대한 모든 존중이 아주 미개하고 저속한 미신만큼 전혀 토대가 없는 것으로 보일 것임을 인정하지 않을 수 없다. 만약 사회의 이익과 전혀 관련이 없다면, 어째서 성직자가 일정한 복장과 자세로 기도문을 낭송하는 것이 벽돌과 목재 더미를 봉헌해 그때부터 그것들을 영원히 신성한 것으로 만들 수 있는지만큼이나, 어째서 다른 사람이 동의를 뜻하는 일정한 소리를 또렷하게 발음하는 것이 특수한 대상과 관련된 나의 행동의 성질을 바꿀 수 있는지를 이해하기 어려울 것이다.[14)15)]

---

14) 유언이나 동의만으로는 절대 재산을 이전하지 못하고 어떤 약속을 지킬 책무를 발생시키지 못한다는 것은 명백하다. 그러나 (같은 추론이 양자 모두에 해당하기 때문에) 유언이 어떤 사람에게 의무를 부과하려면, 분명 그것은 말이나 신호로 표현되어야 한다. 일단 유언에 도움이 되는 것으로 도입된 표현은 [즉 말은] 곧 약속의 중요한 부분이 된다. 어떤 사람이 은밀하게 자신의 의도의 방향을 바꾸고 진심으로 동의하지 않더라도, 그가 자신의 말을 지킬 의무가 덜어지는 것은 아니다. 대다수의 경우에 그 표현이 약속의 전부가 되지만, 항상 그렇지는 않다. 그것의 의미도 모르고 그것의 결과도 전혀 인식하지 못하는 어떤 표현을 사용한 사람은 분명 그것에 구속되지 않을 것이다. 그뿐만 아니라 설령 그가 그것의 의미를 알더라도, 만약 그가 자신의 의무를 지겠다는 진지한 의도가 전혀 없음을 분명하게 보여주는 신호들과 함께 그저 농담으로 그 표현을 사용한다면, 그에게는 [약속] 이행의 책무가 없을 것이다. 그러나 만약 아무런 정반대의 신호가 없다면, 말은 필시 유언의 완벽한 표현일 것이다. 그뿐만 아니라 우리는 이것을 가지고, 우리의 빠른 이해력으로 어떤 신호들에서 어떤 사람이 우리를 속이려 한다고 추측하는 경우 그는 자신의 표현이나 구두 약속에 구속되지 않는다고 상상해서는 안 된다. 우리는 이러한 [즉 그는 자신의 표현이나 구두 약속에 구속되지 않는다는] 결론을 그 신호들이 속임수의 신호들과는 다른 성질의 [즉 그는 약속을 지킬 의도가 없다는] 신호들인 경우로 국한해야 한다. 정의가 사회에 대한 그것의 유용성에서 나올 경우에만 이 모든 모순은 쉽

64

게 설명될 것이고, 그것들은 다른 가설에서는 전혀 설명되지 않을 것이다.

예수회 수사들(Jesuits)과 여타 느슨한 결의론자들(relaxed casuists)의 도덕적 결정은 흔히 여기서 지적하는 것과 같은 추론의 섬세한 구별들을 수행하면서 만들어졌다는 점, 그리고 피에르 벨(Pierre Bayle, 1647~1706)의 증언에 따르면, 그 [도덕적] 결정은 스콜라철학의 세밀한 구별의 습관만큼 마음의 타락에서 비롯되었다는 점은 주목할 만하다. 벨의 『역사적·비판적 사전(*Dictionnaire historique et critique*)』(1697)에서 로욜라(Loyola) 항목을 보시오. 왜 사람들은 이 결의론자에게 이렇게 크게 분노하는가? 그 이유는 사람들이, 만약 이러한 관행을 인정한다면 인간 사회는 존속할 수 없고, 도덕은 철학적 규칙성보다 항상 공익을 고려해 다루어져야 한다는 점을 인식했기 때문이다. 만약 모든 분별 있는 사람들이 의도의 은밀한 방향이 계약을 무효화시킬 수 있다고 한다면, 우리의 안전보장은 어디에 있는가? 그런데도 형이상학적 스콜라 학자는, 만약 어떤 의도가 필요하다고 생각되는 곳에 실제로는 그 의도가 존재하지 않는다면, 아무런 결과도 따라와서는 안 되고 아무런 책무도 부과될 수 없다고 생각할지 모른다. 앞서 암시한 것처럼, 결의론의 섬세한 구별들이 법률가의 섬세한 구별들보다 더 크지 않을 수 있다. 그러나 전자는 **해로운** 것인 반면에 후자는 **결백하고 필수적인** 것이기에, 그것들이 세상에서 매우 다른 대접을 받는 이유가 바로 이것이다.

성직자는 자신의 의도의 은밀한 방향으로 성사(聖事)를 무효화시킬 수 있다는 것이 로마 교회의 교리이다. 이러한 입장은 화자의 진의나 의도가 전혀 없는 공허한 말만으로는 어떤 결과도 따라올 수 없다는 당연한 진리를 엄격하고 철저하게 따른 것에 기인한다. 만약 수많은 사람의 영원한 구원보다는 훨씬 사소한 중요성을 지닌 사건일 수 있는 민간 계약들에 관한 추론들에서 같은 결론이 받아들여지지 않는다면, 그것은 순전히 사람들이 [민간 계약들]의 경우에는 그 교리의 위험성과 불편을 지각했기 때문이다. 그래서 우리는 아무리 명확하고 오만하고 독단적으로 보일지라도 미신은 결코 그 대상들의 실재를 철저하게 설득할 수 없거나, 우리가 매일의 관찰과 실험적 추론에서 알게 되는 삶의 평범한 사건들과 [미신의] 대상들을

이러한 반성들은 정의의 책무를 약화시키거나 재산에 대한
가장 신성한 존중을 감소시키는 일과는 거리가 멀다. 반대로 이
러한 감정들은 [즉 정의와 재산에 대한 존중은] 필시 현재의 추론
에서 새로운 설득력을 얻는다. 어떤 의무에 대해서든, 그것이
확립되지 않으면 인간 사회만이 아니라 인간 본성도 존속할 수
없다는 말보다, 또한 그것을 더욱더 불가침한 것으로 존중할수
록 인간 사회만이 아니라 인간 본성도 더 높은 수준의 행복과
완전성에 도달할 것이라는 말보다 더 강력한 토대를 바라거나
상상할 수 있겠는가?

딜레마는 분명해 보인다. 정의는 명백히 공적 효용을 증진하
고 시민사회를 유지하는 경향을 지니므로, 정의감은 이러한 경
향에 대한 우리의 반성에서 나오는 것이거나, 아니면 배고픔과
목마름과 여타 욕구들처럼, 또한 분노와 삶에 대한 애정과 자식

전혀 비교할 수 없다는 것을 관찰할 수 있다.

15) (역주) 결의론자(casuist)는 흔히 어떤 특수한 사례에서 일반적인 규칙을 추
출하고 이것을 다시 새로운 사례에 적용해 도덕적 문제를 해결하는 사람을
가리킨다. 여기서 '느슨한 결의론자'는 이러한 절차, 즉 특수한 사례에서 일
반적인 규칙을 추출하는 과정을 생략하고, 일반적인 도덕적, 종교적 원리를
특수한 사례들에 광범위하게 적용하려는 사람을 가리키는 듯하다. 로욜라
(Sanctus Ignatius de Loyola, 1491~1556)는 로마 가톨릭교회의 사제이자
신학자로서 예수회를 창립한 인물이다.

에 대한 애착과 여타 정념들처럼, 이와 비슷한 유익한 목적으로 자연이 인간의 마음에 심어놓은 단순한 원초적 본능에서 나오는 것이다. 후자인 경우, 정의의 대상인 재산은 단순한 원초적 본능을 통해 구별되는 것이지 논증이나 반성을 통해 확정되는 것은 아니라는 결론이 나온다. 그러나 이러한 본능에 대해 들어본 사람이 있는가? 아니면 이것은 새롭게 발견할 수 있는 대상인가? 차라리 우리는 몸에서 전에는 누구도 관찰할 수 없던 새로운 감각들의 발견을 기대하는 편이 나을 것이다.

더 나아가 자연이 본능적 감정에 의해 재산을 구별한다는 말은 아주 단순한 명제처럼 보이지만, 우리는 실제로는 이러한 목적으로 수많은 다른 본능들을 요구하고, 이 본능들을 매우 복잡하고 매우 섬세한 식별의 대상들에 사용해야 한다는 것을 깨닫게 될 것이다. 왜냐하면 **재산**에 대한 어떤 정의가 요구될 때, 그 SB 202 [소유권] 관계는 직업, 노력, 시효, 상속, 계약 등에 의해 획득한 소유물로 분석되기 때문이다. 우리가 원초적 본능을 통해 이 모든 획득 방법을 자연히 알게 된다고 생각할 수 있을까?

상속(inheritance)과 계약이라는 낱말들도 엄청나게 복잡한 관념들을 상징한다. 그것들을 정확히 정의하려면, 백 권의 법전과 천 권의 해설로도 부족할 것이다. 사람들에게 단순한 본능만을 부여한 자연이 이렇게 복잡하고 인위적인 대상들을 받아들이겠는가, 또한 이성의 작용에는 아무것도 맡기지 않을 거면서 이성적 생명체를 창조하겠는가?

이 모두를 인정해도, 그것은 여전히 만족스럽지 않을 것이다. 실정법(positive laws)은 확실히 재산을 양도할 수 있다. 우리가 왕과 의회의 권한을 인정하고 그들의 사법권의 온갖 경계를 구분하는 것은 다른 어떤 원초적 본능에 의한 것인가? 설령 그들의 판결이 틀린 것이고 위법일지라도, 평화와 질서를 위해 판사들은 결정적인 권한을 가져야 하고 마침내 재산을 확정할 수 있어야 한다. 우리는 행정관, 대법관, 배심원 등에 대한 원초적 본유 관념을 가지고 있는가? 이 모든 제도는 단지 인간 사회의 필요에서 나온다는 것을 누가 모르겠는가?

어느 시대, 어느 나라에서나 같은 종의 새는 모두 비슷한 둥지를 짓는다. 여기서 우리는 본능의 힘을 알게 된다. 서로 다른 시대, 다른 장소에서 사람들은 서로 다른 집을 짓는다. 여기서 우리는 이성과 관습의 영향력을 지각한다. 생식 본능과 재산 제도에서 위와 유사한 영향력을 도출할 수 있다.

국내법들이 아무리 다양해도, 그것들의 주된 윤곽은 상당히 어김없이 일치한다는 것을 인정하지 않을 수 없다. 왜냐하면 그것들이 이바지하는 목적은 어디서나 정확히 같기 때문이다. 마찬가지로 모든 집은 지붕과 벽과 창문과 굴뚝을 지닌다. 비록 형태와 치수와 재료는 다양하지만 말이다. 인간 생활의 편의를 지향하는 후자의 목적들은 전자의 목적들만큼 분명 이성과 반성에서 기원하는 것이고, 양자는 모두 같은 것을 가리킨다.

상상의 미세한 전환들과 연결들로 인해, 또한 법적 논제와 추론의 세밀한 구별들과 추상적인 개념들로 인해, 재산에 관한 규칙들에 일어나는 변형들은 언급할 필요도 없다. 이 [변형들에 관한] 관찰은 원초적 본능 개념과 조화될 수 없다.

내가 역설한 이론에 의문을 낳는 것은 오직 교육과 후천적 습관의 영향력이다. 우리가 이것들에 의해 부정의를 비난하는 것에 익숙해져, 모든 사례에서 부정의의 해로운 결과에 대한 즉각적 반성을 항상 의식하지는 않는다. 우리에게 아주 친숙한 견해는 바로 그 친숙함 때문에 우리의 주목을 받지 못할 수 있다. 이와 마찬가지로 우리는 일정한 동기에서 빈번히 행하는 행위를, 애초에 그것을 행하게 만든 반성을 매번 떠올리지 않아도, 기계적으로 반복하는 경향을 보인다. 정의로 이어지는 편의, 혹은 더 정확히 말해서 필요에 대한 고려들은 매우 보편적이고 어디서나 상당히 동일한 규칙들을 지시하므로, [부정의를 비난하는] 습관은 모든 사회에서 생긴다. 어느 정도의 정밀한 검토 없이는, 우리는 그것의 진정한 기원을 밝힐 수 없을 것이다. 그러나 이 문제가 그렇게 모호하지는 않다. 일상생활에서도 우리는 매 순간 공적 효용의 원리에 의지해 다음과 같이 묻는다. **만약 이**

러한 관행이 유행한다면, 세상은 어떻게 될 것인가? 어떻게 사회가 이러한 무질서 아래서 존속할 수 있겠는가? 만약 소유물의 구별이나 분할이 전혀 쓸모가 없었다면, 누가 그것이 언제나 사회에서 통용되었어야 한다고 생각할 수 있겠는가?

이리하여 우리는 여기서 역설한 원리의 위력을 대략 알게 된 듯하고, 공익과 효용에 대한 반성으로부터 어느 정도의 존경과 도덕적 승인이 나올지를 알아낼 수 있다. 사회 유지를 위한 정의의 필요성이 그 덕의 유일한 토대이다. 그리고 이 덕보다 더 높은 존경을 받는 도덕적 탁월성은 없으므로, 이 유용성이라는 여건이 일반적으로 우리의 감정에 가장 강력한 활력을 주고 아주 완전한 지배력을 지닌다는 결론을 내릴 수 있다. 따라서 [유용성은] 신의(fidelity)[16], 정의, 정직, 진실성 그리고 여타 존경할 만하고 쓸모 있는 성질과 원리에 대한 도덕적 승인의 유일한 원천인 것처럼, 그것은 필시 인간애, 자비심, 우정, 공공심 그리고 이러한 종류의 다른 사회적 덕들에 있다고 여기는 장점의 중요

---

16) (역주) 이 책에서 fidelity는 trust, confidence 등과 연관되어, 여성이나 부부관계에 관한 덕목인 '정절'보다 더 넓고 일반적인 의미로 사용된다. '정절'로 번역할 경우, 뜻이 통하지 않는 구절들이 더 많아 보인다. 그래서 역자는 그것을 대체로 '신의'로 번역하고, 문맥에 따라 필요한 경우에만 '정절'로 번역한다.

한 원천이기도 하다. 그것은 철학의 규칙들뿐만 아니라 평범한 이성의 규칙들에도 전적으로 부합한다. 만약 어떤 원리든 한 사례에서 큰 힘과 능력을 발휘한다고 밝혀지면, 그것은 모든 유사한 사례에서 유사한 능력을 발휘한다고 보아야 한다. 실로 이것이 뉴턴의 철학적 사색의 주요 규칙이다.[17]

---

17) 뉴턴(Isaac Newton), 『자연철학의 수학적 원리(*Philosophiae Naturalis Principia Mathematica*)』, 3권.

제4절

정치사회에 대하여[1]

만약 모든 사람이 자신에게 정의와 형평을 따르게 하는 강력 SB 205
한 이익을 항상 지각할 수 있는 충분한 **총명함**을 지녔다면, 또한
현재의 쾌락과 이익의 유혹에 저항하면서 일반적인 이익과 장
기적인 이익을 꾸준히 추구할 만한 **정신력**을 지녔다면, 이러한
경우에 정부나 정치사회 같은 것은 존재하지 않았을 것이고, 각
사람은 자신의 타고난 자유를 누리면서 다른 모든 사람과 완전
히 평화롭고 조화롭게 살았을 것이다. 만약 자연적 정의가 그 자
체로 충분한 규제라면, 실정법이 무슨 필요가 있겠는가? 만약 무
질서나 부정행위가 전혀 없다면, 왜 행정관을 두겠는가? 모든 경
우에 우리의 타고난 자유를 최대한 누리는 것이 전혀 해롭지 않

---

1) (역주) 『인간 본성에 관한 논고』, 3권, 2부, 7~12절을 참고하시오.

고 유익하게 보일 때, 왜 그것을 축소하겠는가? 만약 정부가 전혀 쓸모없는 것이었다면 그것은 생겨날 수도 없었을 것이고, 충성(allegiance) 의무의 유일한 토대는 분명 그것이 사람들 사이의 평화와 질서를 유지함으로써 사회에 가져다주는 **이득**일 것이다.

정치사회들 다수가 수립되고 더불어 엄청난 교류를 지속할 때, 즉각 이 특수한 상황에는 새로운 규칙들의 집합이 **유용한** 것으로 밝혀지고, [그 규칙들이] 국제법(Laws of Nations)이라는 이름으로 생겨난다. 이러한 종류의 법에는 대사(ambassadors)의 불가침권, 독성 무기의 사용금지, 전쟁 포로에 대한 자비 등이 포함되고, 더불어 국가들과 왕국들의 교류에서 명백히 그들의 **이득**을 위해 고안된 다른 종류의 법들이 있다.

SB 206 개인들 사이에서 통용되는 정의의 규칙들이 정치사회들 사이에서 완전히 정지되는 것은 아니다. 모든 군주는 자신이 다른 군주의 권리를 존중한다고 자부한다. 아마 일부 군주는 위선 없이 이렇게 주장한다. 매일같이 독립 국가들은 동맹과 조약을 맺는다. 만약 그것들이 경험을 통해 **약간의** 영향력도 권위도 없음이 밝혀지면, 그것들은 단지 엄청난 종이 낭비일 뿐이다. 그러나 여기에 왕국들과 개인들 사이의 차이가 있다. 인간 본성은 개인들의 연합 없이는 절대 존속할 수 없다. 그리고 만약 정의와 형평의 법을 존중하지 않는다면, 이러한 연합은 생겨나지도

74

못했을 것이다. 무질서와 혼란, 만인에 대한 만인의 전쟁은 이렇게 규칙을 무시하는 행동의 필연적인 결과이다. 그러나 국가들은 교류 없이도 존속할 수 있다. 그것들은 심지어 전면전 상황에서도 어느 정도 존속할 수 있다. 정의의 규칙들을 따르는 것이 국가들 사이에서도 유용할 수 있지만, 그것이 개인들 사이에서만큼 강한 필요성에 의해 지켜지지는 않는다. 그리고 **도덕적 책무**는 **유용성**과 비례를 유지한다. 모든 정치인과 대다수 철학자는 특수한 비상사태에서 국가의 처분이 정의의 규칙들에서 벗어날 수 있고, 만약 계약의 엄밀한 준수가 계약 당사자 중 한쪽에게 상당히 불리하다면 어떤 조약이든 동맹이든 무효화될 수 있음을 인정할 것이다. 그러나 인정하건대 개인이 약속을 파기하거나 다른 사람의 재산을 침해하는 것은 아주 심각한 위급 상태에서만 정당화될 수 있다.

고대의 아카이아 공화국(Achaean Republic)이나 근대의 스위스 주(Cantons)와 네덜란드 연합주(United Provinces)처럼 동맹을 맺은 연방에서[2], 그 연맹은 특유의 **효용**을 지니므로, 연합의 조

---

2) (역주) 여기서 '아카이아 공화국'은 고대 그리스 시대 펠레폰네소스 반도 북부의 아카이아 지역 도시들 사이에 이루어진 '아카이아 동맹'을 가리킨다. 흄이 살던 시대의 스위스 주들은 거의 완벽한 자치권을 가지고 있었고, 여기서 '네덜란드 연합주'란 스페인의 지배를 벗어난 네덜란드(Netherlands) 북부 7개 주의 연합을 가리킨다.

건들은 특유의 신성함과 권위를 가진다. 그 조건들의 위반은 사적 침해나 부정의와 다를 바 없거나 그보다 더한 범죄로 치부될 것이다.

SB 207

인간의 길고 무력한 유아기는 자녀의 생존을 위한 부모의 결합을 요구한다. 이 결합은 부부의 침상에 정조(chastity) 혹은 신의의 덕을 요구한다. 만약 이러한 **효용**이 없었다면, 이러한 덕을 생각조차 하지 않았으리라는 것이 기꺼이 인정될 것이다.[3)4)]

이러한 성질의 부정(不貞)은 **남자**보다는 **여자**에서 훨씬 더 **유해하다**. 그러므로 정조에 관한 법은 한쪽 성에게 [즉 여성에게] 더 엄격하다.

---

3) 플라톤의 상상적 국가에서 수립되는 여성 공동체에 대항해 제기될 수 있는 반론들에 대해 그가 제공한 유일한 대답은 다음과 같다. "유용한 것은 아름답고 쓸모없는 것은 추하다는 말은 명언이었고 여전히 명언이다." 『국가』, 5권, 457. 공적 효용과 관련된 한에서 이 준칙은 의문의 여지가 없을 것이다. 이것이 플라톤의 진의이다. 실로 순결과 겸손에 관한 모든 관념이 다른 어떤 목적에 도움이 되겠는가? 파이드로스(Phaidros)가 말하기를, "우리가 행한 바가 유용하지 않다면, 영광은 없다." 플루타르코스(Plutarchos)가 말하기를, "해로운 것도 아무것도 아름답지 않다." 스토아학파의 의견도 같았다. "당시 스토아학파는 효용이라는 말로 덕과 옳은 행동을 의미하면서, 좋음은 효용 혹은 효용과 다르지 않은 것이라고 주장한다." 섹스투스 엠피리쿠스, 3권, 20절.

4) (역주) 흄이 인용하는 섹스투스 엠피리쿠스의 말은 『피론주의 개요(Outlines of Pyrrhonism)』에서 나온 것이다.

이러한 규칙들은 모두 생식과 관련된다. 그러나 아이를 가질 나이가 지난 여자들이라고 한창 젊고 아름다운 여자들과 달리 이 규칙들에서 벗어날 수 있다고 생각되지는 않는다. **일반적인 규칙들**은 흔히 그것들이 처음 생겨난 원리를 넘어서까지 확장된다. 이것은 모든 취미와 감정의 문제에서도 마찬가지이다. 미시시피 사(社)의 투기 과열[5] 시기 동안 한 꼽추 사나이가 주식 투기꾼들이 운집했던 캥캉푸아(Quincampoix) 거리로[6] 매일 내려가 자신의 혹을 그들이 계약서에 서명하는 데 필요한 탁자로 빌려주고 돈을 제법 벌었다는 것은 파리에서 널리 알려진 이야기이다. 개인의 아름다움의 상당 부분은 효용의 관념에서 나온다고 인정해도, 이러한 방법으로 번 재산이 그를 잘생긴 친구로 만들어주겠는가? 관념들의 연상은 상상에 영향을 준다. 이러한 연상은 처음에는 판단에서 나오지만, 그것은 우리에게 일어나는 특수한 예외들에 의해 쉽게 변하지는 않는다. 정조에 관한 현재 사례에서 나이 든 여자들의 본보기는 젊은 여자들에게 해

---

5) (역주) 미시시피 계획(La compagnie du Mississippi)이라고도 부르는 이 계획은 18세기 초반 북미 식민지를 건설한 프랑스가 기획한 미시시피강 주변의 개발사업으로, 회사의 실제 실적은 나빴음에도 불구하고 투기 과열로 인해 주가가 엄청나게 폭등했다. 1719년 500리브르(livre)였던 미시시피 사의 주가는 1만 5,000리브르까지 치솟았다가 1721년 다시 500리브르로 추락했고, 그해 회사는 결국 파산했다.

6) (역주) rue Quincampoix. 주식거래소가 있던 파리의 오래된 거리명이다.

로울 것이고, 줄곧 어떤 시기만 되면 방탕해질 자유를 얻을 것
이라 예견하는 여자들은 자연히 그 시기를 앞당기려 할 것이며,
사회에 아주 필요한 이 모든 의무를 가벼이 여길 것이라는 점을
덧붙일 수 있다.

만약 법과 관습으로 가까운 친척 사이의 결혼이 허용되고 그
들 사이의 성교가 승인된다면, 한 가족으로 사는 사람들은 이러
한 종류의 방종을 범할 기회가 흔하기에 몸가짐의 순결을 지킬
수 없을 것이다. 따라서 매우 **해로운** 근친상간이 매우 타락한
행위와 더불어 도덕적 추함을 낳을 것이다.

왜 아테네의 법은 어떤 사람에게 같은 어머니를 가진 동복누
이와는 안 되지만 같은 아버지를 가진 이복누이와의 결혼은 허
용했을까? 그 이유는 분명 이러하다. 아테네인의 몸가짐은 매
우 조심스러워서, 남자는 자신의 어머니를 방문하는 경우를 제
외하고는 같은 가족 안에서도 여자 집에는 전혀 가까이 갈 수
없었다. 계모나 그녀의 자녀는 마치 다른 가족의 여자처럼 그와
접촉을 피했고, 따라서 그들 사이에 불법적인 성교가 발생할 위
험이 적었다. 비슷한 이유로 아테네에서 삼촌과 조카는 결혼할
수 있었다. 그런데 남녀 간의 성교가 더 개방적이던 로마에서는
삼촌과 조카뿐만 아니라 이복 오빠나 누이와도 결혼할 수 없었
다. 이 모든 변형의 원인은 공적 효용이다.

거듭 말하지만, 사적 대화에서 어떤 사람의 입에서 저절로 새어 나온 말을 그에게 불리하게 옮기거나 그의 사적 편지를 이렇게 사용하는 것은 큰 비난을 받는다. 신의의 규칙이 확립되지 않은 곳에서는, 필시 지성인들의 자유롭고 사회적인 교류가 극히 억제될 것이다.

나쁜 결과가 생기리라고 전혀 예상하지 못할 이야기를 전하는 경우에도, 그 이야기를 한 작자를 알리는 것은 부도덕하지는 않더라도 지각없는 행동으로 생각된다. 여러 사람을 거치고 흔히 일어나는 온갖 변형을 겪으면서, 이 이야기는 종종 관련된 사람들에게 영향을 미치고, 아주 결백하고 해롭지 않은 의도를 가진 사람들 사이에 반목과 언쟁을 낳는다. SB 209

비밀을 캐는 것, 다른 사람의 편지를 열어 보거나 심지어 그것을 읽는 것, 다른 사람의 말과 모습과 행동을 염탐하는 것 중에서 어떤 버릇이 사회에 더 해롭겠는가? 따라서 어떤 버릇이 더 비난받아야 하는가?

또한 이 원리가 대다수 예의범절의 법칙들의—편안한 교제와 대화를 위해 고안된 일종의 하위 도덕의—토대이다. 너무 과하거나 너무 부족하게 격식을 차리는 것은 모두 비난을 받는다. 버릇없이 치근대지 않고 편안하게 만들어주는 것은 유용하고 칭찬받을 만한 행동이다.

변하지 않는 우정과 애착과 친밀은 칭찬할 만한 것이고, 사회에서 신뢰와 원만한 관계를 유지하는 데 필요하다. 그러나 사람들이 건강과 쾌락을 얻고자 아무렇게나 모이는 일반적인 가벼운 만남의 장소에서는, 이러한 준칙이 공공의 편의를 위해 필요하지는 않다. 그리고 중요하지 않은 친분을 나중에 모두 끊어버릴 권리를 용인하는 관습은 정중함(civility)과 예의범절을 어기지 않고 그 순간에 거리낌 없는 대화를 촉진한다.

일반적인 사회들의 이익에 가장 파괴적이고 가장 부도덕한 원리에 기초해 수립된 사회들에서조차, 사적 이익뿐만 아니라 일종의 거짓 명예 때문에 그 구성원들이 준수할 일정한 규칙들이 필요하다. 흔히 도둑들과 해적들일지라도, 만약 그들이 그들 사이에 나름의 분배적 정의를 세우지 않는다면, 또한 다른 사람들과는 지키지 않는 형평법들을 [자신들 사이에서] 시행하지 않는다면, 그들은 자신들의 사악한 연합을 유지할 수 없을 것이라고 이야기된다.

그리스 속담에 이르기를, 나는 모든 일을 기억하는 술친구를 싫어한다. 다음에도 마음껏 어리석은 행동을 할 수 있도록, 지난밤 만취해서 했던 어리석은 행동은 영원히 잊혀야 한다.

SB 210　얇은 신비의 베일로 가리면 부도덕한 정사(情事)라도 관습에 따라 다소 허용해주는 나라들에서는, 즉각 이러한 애착의 편의를 도모하는 일련의 규칙들이 생겨난다. 예전에 프로방스(Provence)의 유명한 연애문제 법정 혹은 의회는 이러한 성질의 온갖 어려운 경우들을 해결했다.[7]

놀이를 위한 모임에는 게임을 수행하기 위해 필요한 법칙들이 있다. 그리고 이 법칙들은 게임마다 다르다. 나는 이러한 모임들의 토대가 하찮다는 것을 인정한다. 게다가 그 법칙들은 전부는 아니더라도 대체로 변덕스럽고 제멋대로이다. 그만큼 정의, 신의, 충성의 규칙들과 이러한 [게임의] 규칙들 사이에는 중대한 차이가 있다. 사람들의 일반적인 사회는 인류의 존속을 위해 절대적으로 필요하다. 그리고 도덕을 규제하는 공적 편의(public conveniency)는 사람과 사람이 사는 세계의 본성에 불가침의 것으로 자리 잡고 있다. 따라서 이러한 점들에서 [게임의 규칙들과 사회의 도덕 규칙들 사이의] 비교는 매우 불완전하다. 이러한 비교에서 우리가 알 수 있는 것은 단지 사람들이 교류하는 곳에는 규칙들이 필요하다는 것뿐이다.

규칙들 없이는 사람들은 길에서 서로 지나칠 수도 없다. 짐마차 마부와 사륜마차 마부와 사두마차 마부는 서로 길을 양보하

---

7) (역주) 이 법정 혹은 의회가 역사적으로 실존했는지에 대해서는 논란이 있지만, 12세기 안드레아스 카펠라누스(Andreas Capellanus)의 작품 『사랑에 대하여(De amore)』에서 처음 언급되었다. 안드레아스 작품의 한글 번역으로는 이동춘 옮김, 『궁정풍 사랑의 기법』, 논형(2009)을 참고하시오.

는 원리들을 가지고 있다. 이 원리들은 주로는 서로의 편안함과 편의에 바탕을 두고 있다. 때로 그것들은 임의적이기도 하고, 적어도 많은 법률가의 추론처럼 일종의 변덕스러운 유추에 의존한다.[8]

문제를 더 멀리까지 살펴보면, 우리는 사람들이 법령과 준칙, 또한 정의와 명예에 대한 관념 없이는 서로를 죽일 수도 없다는 것을 관찰할 수 있다. 평화와 마찬가지로, 전쟁도 그 자체의 법칙들이 있다. 그리고 레슬링 선수, 권투 선수, 봉술 선수, 검투사 등이 치르는 스포츠 성질의 전쟁조차도 일정한 원리들의 규제를 받는다. 공익과 효용은 틀림없이 관련 당사자들 사이에 옳고 그름의 기준을 낳는다.

---

8) 가벼운 기계가 무거운 기계에 양보해야 하고 같은 종류의 기계들에서는 빈 기계가 짐을 실은 기계에 양보해야 한다는 규칙은 편의에 기초한다. 수도로 가는 사람이 거기서부터 오는 사람의 자리를 차지한다는 규칙은 대도시의 품위에 관한 관념과 과거보다 미래를 선호하는 관념에 기초한 듯하다. 비슷한 이유로 보행자들 사이에서 오른쪽 사람은 벽에 붙을 권리가 있고, 그것은 온순한 사람들이 매우 불쾌하고 불편하다고 느낄 부딪힘을 방지한다.

효용이 기쁨을 주는 이유[1]

1부

우리가 사회적 덕들을 칭찬하는 이유가 그것들의 효용 때문
이라는 생각은 아주 자연스러워 보인다.[2] 그래서 우리는 도덕
관련 저술가들이 그들의 추론과 탐구의 주요 토대로서 이 원리

---

1) (역주) 『인간 본성에 관한 논고』, 3권, 3부, 1절을 참고하시오. 그리고 자연
   스러운 표현을 위해 동사인 'please'를 대체로 '기쁨을 주다'로 번역한다. 하
   지만 명사형인 'pleasure'는 일반적인 용례에 따라서 거의 일관적으로 '쾌락'
   으로 번역한다.

2) (역주) "공리(효용)는 정의와 공평의 어머니이다(*utilitas, jiusti proper mater
   et aequi*)." 호라티우스(Quintus Horatius Flaccus, 기원전 65~8), 『풍자
   (Satire)』. 제러미 벤담(J. Bentham)은 이 구절을 공리(효용) 원칙에 대한 역
   사상 최초의 언급으로 인용한다.

와 어디서든 마주칠 것이라고 예상한다. 우리는 평범한 삶에서 사람들이 항상 효용이라는 여건에 호소하는 것을 관찰할 수 있다. 어떤 사람에 대해서든, 그가 대중에게 얼마나 유용한지를 보여주고, 그가 인류와 사회를 위해 행한 봉사를 나열하는 것보다 더 훌륭한 찬사는 없을 것이다. 어떤 무생물의 모양의 균형과 우아함은 이러한 특성들이 유용한 목적을 위한 그것의 적합성을 훼손하지 않는 한에서만 칭찬을 받는다! 만약 우리가 불균형과 외견상의 추함이 의도한 용도에 필요하다는 것을 증명할 수 있다면, 우리는 그 특수한 구조에 대해 흡족하게 변명할 수 있다! 예술가나 항해술을 어중간하게 익힌 사람의 눈에는, 정확한 기하학적 균형에 맞게 만들어진 배보다 역학의 모든 법칙에 어긋나게 선수(船首)가 선미(船尾)보다 넓고 부풀어 있는 배가 더 아름다워 보인다. 정사각형의 문과 창문을 가진 건물은 바로 그 비율 때문에 눈을 아프게 할 것이다. 그 건물을 사용할 인간의 형상에 적합하지 않기 때문이다. 그렇다면 그의 습관과 행위가 사회에 해를 끼치고 그와 교류하는 모든 사람에게 위험하거나 해로운 사람은 바로 그 이유로 불승인의 대상이 될 것이고, 모든 관찰자에게 아주 강렬한 혐오와 증오의 감정을 전하리라는 것은 당연하다.[3]

---

3) 이러한 학설에 따라서, 어떤 무생물 대상이 사람만큼 유용할 수 있다는 이유

그러나 아마 유용성 혹은 그것과 정반대인 것의 이러한 결과들은 설명하기가 어렵기에, 철학자들은 그 결과들을 자신들의 윤리학설로 받아들이지 않았고, 도덕적 선악의 기원에 대한 설명에서 다른 원리를 채택했다. 그러나 그것의 기원에 대해 흡족한 설명을 제시할 수 없고 그것을 다른 더 일반적인 원리들로 분석할 수 없다는 점이 경험으로 확인된 원리를 거부할 정당한 이유는 아니다. 만약 우리가 현재의 주제에 대해 조금만 생각해보면, 우리는 효용의 영향력을 설명하는 것, 그리고 가장 잘 알려

로 그것이 **유덕한** 것이라고 불릴 만한 자격이 있다고 상상하면 안 된다. 두 경우에 효용에 의해 자극된 감정은 매우 다르다. 하나는 애정, 존중, 승인 등과 섞인 것이지만, 다른 하나는 그렇지 않다. 마찬가지로 어떤 무생물 대상은 인간의 형상만큼 훌륭한 색과 비율을 가질 수 있다. 그러나 우리가 과연 전자와 사랑에 **빠질** 수 있는가? 수많은 정념과 감정의 집합들이 있는데, 사유하는 이성적 존재만이 본성의 근본 구성에 의해 그 정념과 감정의 올바른 대상이다. 똑같은 성질을 감각이 없는 무생물에게 전할 수 있지만, 그 성질이 같은 감정을 일으키지는 않을 것이다. 실로 허브와 광물의 유익한 성질은 때로는 그것들의 **덕**이라 불린다. 그러나 이것은 언어적 변덕의 결과이고, 추론에서 이러한 결과를 고려하면 안 된다. 왜냐하면 무생물 대상도 유익한 경우에는 일종의 승인을 동반하지만, 이 감정은 아주 약하고, 유익한 행정관이나 정치인을 향한 감정과는 아주 다르기 때문이다. 그것들이 같은 종류나 이름 아래에 놓이면 안 된다.

같은 성질을 보존하더라도 그 대상에서의 아주 작은 변화는 어떤 감정을 파괴할 것이다. 그래서 자연이 극단적으로 왜곡되지 않는 한, 만약 같은 아름다움이 다른 성(sex)에게 옮겨지면 [예컨대 남자가 사랑하는 여자의 아름다움이 남자에게 옮겨지면] 그것은 호색적 정념을 일으키지 못한다.

지고 공언된 인간 본성의 원리들로부터 그것을 [즉 그 영향력을] 연역하는 것에 대해 당황할 필요가 없다.

고대와 근대 회의론자들은 사회적 덕들의 명백한 유용성에서 즉각 다음과 같이 추론했다. 모든 도덕적 구별들은 교육에서 발생한 것이고, 그것들은 처음에는 사람들을 유순하게 만들고 그들을 사회에 부적합하게 만드는 그들의 잔인성과 이기심을 억제할 목적으로 정치인들의 기술로 발명된 후에 장려된 것이다. 실로 이러한 계율과 교육의 원리는 종종 승인이나 싫어함의 감정들을 그것들의 자연스러운 수준을 넘어서까지 증가시키거나 감소시킬 수도 있고, 온갖 미신적 관행이나 의식(儀式)에서 분명히 드러나듯이, 특수한 사례들에서는 아무런 자연적 원리 없이도 이러한 종류의 감정을 새로 만들어낼 수 있을 정도로 강력한 영향을 미친다는 점을 인정해야 한다. 그러나 신중한 탐구자는 **모든** 도덕적 애정이나 싫어함이 이러한 원천에서 나온다는 것을 분명 인정하지 않을 것이다. 만약 자연이 인간 마음의 본래 구성에 기초해 이러한 [도덕적] 구별을 만들지 않았다면, **명예로운**과 **수치스러운**, **사랑스러운**과 **미운**, 또한 **고결한**과 **비열한** 같은 낱말들은 어떤 언어에도 들어 있지 않았을 것이다. 만약 정치인들이 이러한 용어들을 발명했다면, 그들은 그것들을 청자에게 이해시킬 수 없었을 것이고, 그것들이 어떤 관념을 전달하게 만들 수도 없었을 것이다. 그래서 회의론자들의 이러한 역설보다 더 얄팍한 것은 없다. 만약 우리가 실천적이고 더 쉽게 이해할 수 있는 정치학과 윤리학에서처럼 난해한 논리학과 형이상학 연구에서도 그 분파의 [즉 회의론자들의] 억지 이론을 쉽게 제거할 수 있었다면 좋았을 것이다.

따라서 [우리는] 사회적 덕들이 자연적인 아름다움과 사랑스러움을 지닌다는 점을 인정해야 한다. 애초에 이러한 아름다움과 사랑스러움은 모든 계율이나 교육에 앞서 교육받지 못한 사람들에게 사회적 덕들에 대한 존경과 애정을 불러일으킨다. 그리고 이 덕들의 공적 효용은 그것들이 그것들의 장점을 끌어내는 주된 여건이므로, 그것들이 증진하는 경향을 지닌 목적은 어떻게든 우리에게 유쾌한 것이고 모종의 자연적 애정을 끌어낸다는 결론이 나온다. 자기 이익에 대한 고려에서든, 아니면 더 관대한 동기와 관심에서든, 공적 효용은 필시 기쁨을 준다. SB 215

흔히 주장하는 바에 따르면, 모든 사람은 사회와 단단히 연결되어 있고 홀로 생존할 수 없음을 알고 있으므로, 이러한 이유로 그는 사회 질서를 증진하고 이 소중한 축복을 느긋하게 누릴 수 있게 보장해주는 모든 관습이나 원리에 찬성하게 된다. 우리가 우리 자신의 행복과 복지에 가치를 두는 만큼, 우리는 정의와 인간애의 실천을 칭찬해야 한다. 이러한 실천에 의해서만 사

회적 연합은 유지될 수 있고, 모든 사람은 상호 보호와 도움의
결실을 거둘 수 있다.

이렇게 자기애(self-love) 혹은 사적 이익에 관한 관심에서 도
덕을 연역하는 것은 당연한 생각이고, 이러한 연역은 순전히 회
의론자들의 이유 없는 야유나 장난스러운 비난에서 나온 것이
아니다. 다른 사람들은 언급할 필요 없이, 고대의 가장 도덕적
인 저술가 중 한 사람이자 가장 근엄하고 신중한 저술가 중 한
사람인 폴리비오스(Polybios)[4]는 덕에 대한 우리의 모든 감정에
이러한 이기적(selfish) 기원을 부여했다.[5] 이 저술가의 견고한 실
천적 감각, 또한 온갖 하찮은 세밀한 구분들에 대한 그의 반감

---

4) (역주) 폴리비오스(Polybios, 기원전 200?~118?)는 헬레니즘 시대의 그리
스 역사가로, 대표작 『역사(*Historiai*)』(영문 제목으로 *The Histories* 혹은 *The
Rise of the Roman Empire*)는 로마 공화국의 중흥 및 카르타고와의 전쟁을
다룬다.

5) 사람들은 부모에 대한 불효를 비난한다. "그들은 자신이 보는 것을 반성하
고, 과거와 미래를 비교하면서, 자신도 언젠가 당할 것이라 예상하는 이러한
학대에 분노를 표한다." 비슷한 이유로 그들은 배은망덕도 (비록 그는 여기
서 더 관대한 존중과 혼합하는 것처럼 보이지만) 비난한다. "각자는 필시 배은
망덕에 충격을 받을 것이다. 자기 이웃의 분노에 공감하면서, 또한 자신도 언
젠가 똑같이 당할 수 있다는 생각에서. 이로부터 사람들의 마음에 의무의 본
성과 힘에 대한 감각이 생긴다." 폴리비오스, 『역사(*Historiai*)』 6권 4장(그로
노비우스(Gronovius) 편집). 아마 그 역사가는 우리가 자신의 경우와 고통
당하는 사람의 경우의 유사성을 고려함으로써 우리의 공감과 인간애가 더
활발해진다고 말하려 했을 뿐이다. 이것은 당연한 감정이다.

은 현재의 논제와 관련해 그에게 상당한 권위를 부여한다. 그러나 이것이 권위로 결정될 사안은 아니다. 본성과 경험의 목소리는 명백히 이기설에 반대하는 것처럼 들린다.[6]

우리는 흔히 아주 먼 시대와 먼 나라에서 일어난 유덕한 행동에 대해서도 칭찬한다. 거기서는 아주 미묘한 상상으로도 자기 SB 216이익의 양상을 전혀 발견하지 못할 것이고, 우리의 행복과 안전을 이렇게 동떨어진 사건과 연결할 방법도 없을 것이다.

적이 행한 관대한 행위, 용감한 행위, 고상한 행위도 우리에게 승인의 감정을 일으킨다. 동시에 우리는 그 행위가 결과적으로 우리의 특수한 이익에 해롭다는 것을 알고 있을 수도 있다.

만약 사적 이익이 덕에 대한 [우리의] 일반적인 감정과 일치한다면, 우리는 마음에 아주 다른 느낌과 영향을 주는 이 별개의 감정들의 교착(交錯)을 지각하고 솔직히 인정할 것이다. 만약 관대한 인도적 행동이 우리의 특수한 이익에 도움이 된다면, 어쩌면 우리는 더 선뜻 [그 행동을] 칭찬할 것이다. 그러나 우리가 강조하는 칭찬의 화제들은 이러한 여건과는 [즉 우리의 특수한 이익

---

6) (역주) 'selfish', 'selfishness'는 각각 '이기적', '이기성'으로 번역한다. 『도덕에 관하여』, 서광사(1998)에서 역자 이준호는 그것들을 각각 '자기중심적', '자기중심성'으로 번역했다. 그러나 '이기적', '이기성'이 더 일반적인 듯하다.

과는] 아주 동떨어진 것이다. 그리고 우리가 다른 사람들에게 승인하고 칭찬하라고 권하는 행동들로부터 그들이 어떤 이득을 얻을 것이라는 확신을 주려고 애쓰지 않더라도, 우리는 그들이 우리와 감정에 동조하게 할 수도 있다.

가장 사랑스러운 온갖 도덕적 덕들로 이루어진 칭찬할 만한 성품의 모범을 만들어보자. 그리고 이러한 덕들이 탁월하고 비범한 방식으로 드러난 사례들을 들어보자. 당신은 이렇게 고결한 성질들을 지닌 사람이 어느 시대와 어느 나라에 살았는지를 전혀 따지지 않는 당신의 청자들로부터 존경과 승인의 [감정을] 쉽게 끌어낼 것이다. 하지만 [언제 어디서냐가] 자기애 혹은 우리 자신의 개인적 행복에 관한 관심과 관련해서는 다른 모든 여건 중 가장 중요한 여건이다.

옛날에 한 정치가가 정당들 사이의 충돌과 다툼 속에서 자신의 웅변으로 유력한 적수를 추방하는 데 성공했다. 이 정치가는 몰래 그 적수를 따라가 그가 추방당한 동안 생계를 유지할 돈을 대주고, 그의 불운을 위로하는 화제들로 그를 달랬다. 추방된 정치가는 울며 말했다. **아! 적조차 이렇게 관대한데, 내가 이 도**SB 217**시의 내 친구들을 떠나면서 무슨 유감이 있겠는가!** 비록 적한테서 나온 것이지만, 여기서 덕은 그에게 기쁨을 주었다. 그리고 우리는 그 덕에 정당한 몫의 칭찬과 승인을 부여한다. 그 행동이 2000년 전의 아테네에서 일어난 일이고, 그 사람들의 이름이 아이스키네스(Aeschines)와 데모스테네스(Demosthenes)라는 것을 들더라도,[7] 우리는 이러한 감정들을 철회하지 않을 것이다.

그게 나와 무슨 상관인가? 이러한 질문이 부적절한 경우는 별로 없다. 그리고 그 질문이 보편적이고 절대 확실한 영향을 미친다고 가정하면, 그것은 사람과 몸가짐에 대한 칭찬이나 비난을 담고 있는 모든 작품과 거의 모든 대화를 비웃음거리로 만들 것이다.

이러한 사실들과 논증들로 압박을 받을 때, 우리가 상상력을 통해 먼 시대와 나라로 이동해 [그곳의] 사람들이 우리와 동시대인들이고 그들과 교류하면서 [그들의] 이러한 성품들로부터 우리가 얻었을지 모를 이득을 참작한다는 말은 빈약한 구실에 불과하다. 알려진 **상상적** 이익으로부터 과연 어떻게 **실재적인** 감정이나 정념이 일어날지는 알아낼 수 없다. 만약 우리가 우리의

---

7) (역주) 아이스키네스(기원전 389~314)와 데모스테네스(기원전 384~322)는 모두 고대 그리스의 정치가로 기원전 4~5세기 아테네의 10대 웅변가로 꼽힌다. 그들은 마케도니아와의 관계 문제를 두고 대립했다. 아이스키네스는 화친을 주장했지만, 데모스테네스는 폴리스의 자립을 주장하면서 반마케도니아 운동을 주도했다. 논쟁의 결과로 추방당한 쪽은 아이스키네스이지만, 그는 자발적 추방지였던 로도스(Rhodes)에 수사학 학교를 세우고 비교적 평안한 말년을 보냈다. 이에 비해 논쟁의 승리자였던 데모스테네스는 마케도니아의 보복을 피하다 자살로 비참한 최후를 맞았다.

실재적인 이익을 항상 염두에 두고 있고, 그것은 흔히 상상적인 이익과 전혀 다르면서 때로는 상상적인 이익과 반대될 수도 있다는 점을 인정한다면, 특히 그러하다.

절벽 끝에 선 사람은 떨지 않고 아래를 내려다볼 수 없다. **상상적인** 위험에 대한 감정은 **실재적인** 안전에 대한 의견이나 믿음과는 반대로 그를 움직이게 만든다. 그러나 상상은 여기서 눈에 띄는 대상의 존재로부터 도움을 받는다. 그리고 그 대상의 색다르고 유별난 생김새의 도움을 받지 못하면, 상상은 효과를 나타내지 않는다. 습관은 우리가 높은 곳과 절벽에 익숙해지도록 만들고 이 거짓된 망상적 공포를 점점 약화시킨다. 우리가 성품이나 몸가짐에 대해 내리는 평가에서는 이와 반대되는 것을 관찰할 수 있다. 도덕의 엄밀한 검증에 익숙해질수록, 우리는 악덕과 덕 사이의 아주 미세한 차이에 대해 더욱더 섬세한 느낌을 받게 된다. 사실 우리는 일상생활에서 온갖 종류의 도덕적 결정을 표명할 기회를 자주 가지므로, 이러한 종류의 대상이 우리에게 색다르거나 유별나지는 않다. 아주 흔하고 익숙한 경험에 반하는 **거짓** 견해나 편견은 유지될 수 없다. 관념들의 연상을 형성하는 것은 주로 경험이므로, 어떤 [관념들의] 연상이든 그 원리와 [즉 경험과] 정반대로 수립되고 유지되는 것은 불가능하다.

유용성은 유쾌한 것이고, 우리의 승인을 끌어낸다. 이것은 일상적인 관찰로 확인된 사실의 문제이다. 그런데 **유용한**? 무엇을 위해서? 당연히 누군가의 이익을 위해서이다. 그렇다면 누구의 이익인가? 우리 자신의 것만은 아니다. 왜냐하면 우리의 승인은 종종 더 멀리까지 확장되기 때문이다. 따라서 그것은 필시 우리가 승인하는 성품이나 행동으로부터 도움을 받는 사람들의 이익일 것이다. 그리고 우리는 아무리 멀리 있더라도 이들이 우리와 완전히 무관하지 않다는 결론을 내릴 수 있다. 이러한 원리를 펼침으로써, 우리는 도덕적 구별의 한 중대한 원천을 발견할 것이다.[8]

2부

자기애는 인간 본성에서 아주 넓은 범위에 기운을 미치는 원리이고, 각 개인의 이익은 일반적으로 공동체의 이익과 밀접히 연결되어 있으므로, 대중에 관한 우리의 모든 관심은 우리 자신의 행복과 보존에 관한 관심으로 환원될 수 있다고 생각했던 철

---

8) (역주) 여기서나 『인간 본성에 관한 논고』에서나 흄의 일관된 의도는 이기주의를 반박하는 것이지만, 『인간 본성에 관한 논고』에서 그는 이기적 감정의 동기적 힘에 대항할 만한 다른 감정이 없다는 점에 대한 우려를 드러낸다. "인간 마음의 어떤 감정도 이득에 대한 애착을 상쇄할 만한, 그리고 사람들이 다른 사람들의 소유물을 탐하지 못하게 하여 그들을 건강한 사회 구성원으로 만들 만한 충분한 힘과 올바른 방향을 가지지 못한다는 것은 분명하다. 낯선 사람에 대한 자비심은 이러한 목적에는 너무 약하다 … 그러므로 이익에 관한 감정을 통제할 수 있는 정념은 없다"(THN, 492쪽).

학자들에게도 변명의 여지는 있었다. 그들은 성품과 행동을 향한 매 순간의 승인이나 비난, 즉 만족이나 불만의 사례들을 보았다. 그들은 이러한 감정들의 대상을 **덕** 혹은 **악덕**이라고 불렀다. 그들은 전자는 사람들의 행복을 늘리고 후자는 불행을 늘리는 경향을 지녔다는 것을 관찰했다. 그들은 우리가 사회에 대해 일반적인 관심을 가질 수 있는지, 혹은 다른 사람들의 복지나 손해에 대해 사심 없는 분노를 느낄 수 있는지를 물었다. 그들은 이 모든 감정을 자기애의 변형으로 간주하는 편이 더 단순하다고 느꼈다. 그리고 그들은 대중과 각 개인 사이에서 쉽게 관찰할 수 있는 이익의 밀접한 결합 속에서 적어도 이러한 원리의 통합성을 주장할 구실을 발견했다.

SB 219

그러나 이렇게 빈번한 이익의 혼동에도 불구하고, 베이컨 (Bacon) 경을 따라서 자연 철학자들이 **결정적 실험**(*experimentum crucis*)이라고 즐겨 불렀던 것,[9] 즉 의심이나 애매함 속에서 올바

---

9) (역주) 라틴어로 *experimentum crucis*, 영어로 crucial experiment는 어떤 특정한 가설이나 이론이 과학공동체에서 널리 받아들여진 다른 가설이나 이론보다 더 우월한지를 결정적으로 밝혀줄 수 있는 실험을 뜻한다. 프랜시스 베이컨(Francis Bacon, 1561~1626)은 『신기관(*Novum Organum*)』에서 처음으로 이러한 실험과 유사한 상황을 기술했고, 그것을 결정적 사례 (*instantia crucis*)라고 불렀다. 결정적 실험(*experimentum crucis*)이라는 말은 나중에 로버트 훅(Robert Hooke, 1635~1703)과 아이작 뉴턴(Isaac Newton, 1643~1727)이 쓰기 시작했다.

른 길을 알려줄 실험을 수행하는 것은 쉬운 일이다. 우리는 사적 이익이 공적 이익과 갈라지는 사례들을 찾는다. 여기서 사적 이익은 심지어 공적 이익에 반한다. 그러나 이익들의 이러한 괴리에도 불구하고, 우리는 도덕 감정이 존속하는 것을 관찰한다. 그리고 이러한 별개의 이익들이 현저히 일치할 때마다, 우리는 항상 그 감정, 즉 덕에 대한 더 열렬한 애정과 악덕에 대한 더 열렬한 증오, 혹은 우리가 각각 **감사와 복수심**이라고 부르는 감정도 현저히 증가하는 것을 발견한다. 이러한 사례들 때문에라도 우리는 어쩔 수 없이 자기애의 원리로 모든 도덕 감정을 설명하려는 이론을 버려야 한다. 우리는 더 공적인 감정을 택해야 하고, 사회의 이익은 그 자체만으로 우리와 완전히 무관하지 않다는 점을 인정해야 한다. 유용성은 어떤 일정한 목적을 향하는 경향일 뿐이다. 그리고 어떤 목적이 우리에게 아무런 영향을 미치지 않는데도 그 목적을 위한 수단인 무언가가 우리에게 기쁨을 준다는 말은 용어상의 모순이다. 그래서 만약 유용성이 도덕 감정의 한 원천이라면, 또한 이러한 유용성이 항상 자신과 관련된 것만은 아니라고 생각된다면, 사회의 행복에 이바지하는 모든 것은 곧장 우리의 승인과 호의를 받을 만한 것이라는 결론이 나온다. 여기에 도덕의 기원의 대부분을 설명하는 원리가 있다. 이렇게 명백하고 자연적인 학설이 있는데, 왜 우리가 난해하고 동떨어진 학설을 찾을 필요가 있는가?[10]

　　인간애와 자비심의 힘을 이해하는 것이 어려운가? 혹은 행복과 기쁨과 번영의 모습이 바로 쾌락을 준다고, 고통과 괴로움과 슬픔의 모습이 바로 불편함을 전한다고 생각하는 것이 어려운가? 호라티우스(Horatius)가 말하기를,[11][12] 인간의 얼굴은 [다른] 인간의 얼굴로부터 미소나 눈물을 빌린다. 어떤 사람을 홀로 있게 하면, 그는 감각적 종류이든 사색적 종류이든 어느 하나를 빼고 모든 즐거움을 잃는다. 왜냐하면 그의 마음의 움직임이 동

---

10) 우리는 왜 우리가 인간애 혹은 다른 사람들과의 동료애를 갖는가 하고 묻는 데까지 우리의 연구를 밀어붙일 필요는 없다. 우리는 이것을 [즉 인간애를] 인간 본성의 한 원리로 경험한다는 말이면 충분하다. 원인에 대한 우리의 고찰은 어디선가 멈추어야 한다. 모든 과학에는 어떤 일반적 원리들이 있고, 우리는 그것들을 넘어서 더 일반적인 원리를 발견할 것이라고 기대할 수 없다. 누구도 다른 사람의 행복과 불행에 완전히 무관심하지 않다. 전자는 쾌락을 주는 자연적 경향을 띠고 있고, 후자는 고통을 주는 자연적 경향을 띠고 있다. 모든 사람은 이러한 경향을 자신 안에서 발견할 수 있다. 어떤 시도를 하든, 이러한 원리를 더 단순하고 보편적인 원리로 분석하는 것은 가능할 것 같지 않다. 그러나 그것이 가능하더라도, 그것은 현재의 주제에 속하지 않는다. 우리는 여기서 이 원리를 근원적이라고 간주해도 무방할 것이다. 만약 우리가 모든 결과를 충분히 분명하고 명료하게 만들 수 있다면, 반가운 일이다!

11) "인간의 얼굴은 웃는 사람과 함께 웃고, 우는 사람과 함께 운다."

12) (역주) 퀸투스 호라티우스 플라쿠스(Quintus Horatius Flaccus, 기원전 65~8)는 고대 로마 공화정 말기의 대표적 시인이다. 대표작으로 『송가(Odes)』, 『풍자(Satir)』 등이 있다. 『송가』에 나오는 '카르페 디엠(carpe diem)' 등의 구절이 유명하다. 여기 인용된 구절은 그의 『피소 삼부자에게 보내는 편지(The Epistle to the Pisos)』에 나온다.

료들의 상응하는 [마음의] 움직임에 의해 촉진되지 못하기 때문이다. 비록 제멋대로이지만, 슬픔과 한탄의 징후는 우리를 우울하게 한다. 그러나 그 자연적 증상, 즉 눈물과 울음소리와 신음은 필시 동정심과 불편함을 불어넣는다. 만약 불행의 결과들이 아주 생생하게 우리를 감동하게 한다면, 또한 어떤 악의적 혹은 기만적인 성품과 행위가 [그 불행의 원인으로] 보인다면, 우리가 이 불행의 원인에 전혀 무감각하거나 무관심할 수 있는가?

우리가 어떤 편리하고 따뜻하고 잘 설계된 방에 들어간다고 가정해보자. 우리는 필시 그것을 보는 것만으로도 쾌락을 얻는다. 왜냐하면 그것은 우리에게 편안함과 만족감과 즐거움 같은 유쾌한 관념들을 주기 때문이다. [우리를] 환대하는 명랑하고 인정 많은 집주인이 나타난다. 이러한 상황은 분명 모든 것을 아름답게 장식할 것이다. 우리는 그와의 교류와 그의 도움으로 모든 사람에게 생길 만족감을 즐거운 마음으로 돌아보지 않을 수 없다.

그의 모든 가족은 그들의 얼굴에 퍼져 있는 자유로움, 편안함, 신뢰, 잔잔한 즐거움으로 그들의 행복을 충분히 표현한다. SB 221 나는 큰 기쁨을 전망하면서 유쾌한 공감을 느끼고, 그 기쁨의 원천을 생각하면서 아주 유쾌한 정서(emotions)를[13) 느끼지 않을

---

13) (역주) 이 책에서든 18세기 도덕론 일반에서든 'emotion'과 'sentiment'는

수 없다.

그가 나에게 한 포학하고 유력한 이웃이 그가 상속받은 재산을 빼앗으려 했고, 그의 모든 순수하고 사교적인 쾌락을 오랫동안 방해했다고 말한다. 나는 이러한 폭력과 침해에 대해 내 안에서 즉각 분노가 치미는 것을 느낀다.

그러나 그가 덧붙이기를, 사적 악행은 지역민들을 노예로 삼고 도시들을 황폐하게 만들고 전장과 교수대에 사람들의 피가 끊임없이 흐르게 했던 사람한테서 비롯되리라는 것은 당연하다.[14] 나는 이 같은 불행의 전망으로 공포에 사로잡히고, 그것을 일으킨 장본인에 대한 아주 강렬한 반감에 휩싸인다.

우리가 어디를 가든 우리가 무엇을 생각하거나 이야기하든, 일반적으로 거의 모든 것이 인간의 행복이나 불행의 광경을 우리에게 보여주고, 확실히 우리의 마음에 쾌락이나 불쾌의 공감적 움직임을 일으킨다. 우리의 진지한 업무에서든 즐거운 오락

딱히 엄밀하게 구별되는 용어들은 아닌 듯하다. 'emotion'을 '감정'으로 번역하는 예도 적잖으나, 'emotivism'을 '정서주의'로 부르는 관례에 따라, 이 책에서는 그것을 대체로 '정서'로 번역한다.

14) (역주) 여기서 '사적 악행(private wrong)'은 공동체 전체에 영향을 미치는 악행 혹은 침해를 뜻하는 공적 악행(public wrong)과 대비해 개인에게 가해지는 악행 혹은 침해를 뜻한다.

에서든, 이러한 원리가 여전히 활력을 발휘한다.

극장에 들어선 사람은 하나의 공통된 오락에 동참한 수많은 군중을 보면서 즉각 놀라게 된다. 그리고 그는 바로 그들의 표정에서 그가 동료 인간들과 공유하는 모든 감정에 영향을 받는 높은 감수성 혹은 성향을 경험한다.

그는 배우들이 객석이 가득 찬 모습에서 생기를 얻고, 홀로 있거나 조용한 순간에는 끌어낼 수 없는 열정에 빠지는 것을 관찰한다.

능숙한 시인은 극장의 모든 움직임을 마치 마술처럼 관중에게 전달한다. 관중은 울고 떨고 분개하고 기뻐하며, 그 연극의 여 SB 222 러 인물을 움직이는 온갖 정념들에 사로잡힌다.

만약 어떤 사건이 우리의 바람과 어긋나고, 좋아하는 등장인물들의 행복을 방해한다면, 우리는 상당한 불안과 걱정을 느낀다. 그리고 만약 그들의 고난이 어떤 적의 배신이나 잔인성이나 횡포에서 나온 것이라면, 우리의 마음은 이러한 재앙을 일으킨 자에 대한 아주 생생한 분노에 사로잡힌다.

여기서 냉정하고 무관심한 무언가를 표현하는 것은 예술의 규칙들에 반하는 것으로 생각된다. 시인은 가능하면 멀리 있는 친구나 그 재앙에 직접적 관계가 없는 친구에 대한 언급을 피해야 한다. 왜냐하면 이와 같은 등장인물은 관객에게 유사한 무관심을 전달하고 정념의 진행을 방해하기 때문이다.

전원시만큼 즐거운 종류의 시는 드물다. 그리고 그것이 주는 쾌락의 주된 원천은 온화하고 부드러운 고요의 영상들에서 나온다는 것을 누구나 알고 있다. 그것은 그 고요를 등장인물들에서 나타내고 비슷한 감정을 독자에게 전한다. 산나차로(Sannazarius)는 무대를 해안으로 옮겨 자연의 가장 웅장한 대상을 표현했지만, 자신의 선택이 실수였다고 고백한다.[15] 어부들이 겪은 고역과 노동과 위험에 대한 관념은 어떻게든 인간의 행복이나 불행에 대한 모든 생각에 수반되는 공감을 통해 고통을 준다.

한 프랑스 시인이, 내가 스무 살 때는 오비디우스(Ovidius)가 가장 좋아하는 시인이었는데, 이제 마흔 살이 되니 호라티우스가 더 좋다고 선언한다. 분명 우리는 우리가 매일 느끼는 것들과 닮은 감정들에 더 쉽게 빠져든다. 그러나 잘 표현되기만 하면 어떤 정념도 우리와 완전히 무관할 수 없다. 왜냐하면 모든

---

15) (역주) 야코포 산나차로(Jacopo Sannazaro, 1458~1530)는 나폴리에서 태어난 이탈리아의 인문학자이자 시인이다. 대표작 「아르카디아(*Arcadia*)」는 목가적 연애시로 기존의 전원시 규칙에 산문 형식을 접목해 서구 문학에 전파한 것으로 평가받는다. 여기서 언급된 작품은 산나차로의 「어부의 전원시(*Piscatory Eclogues*)」(1526)로 보인다. 이 작품은 전통적 문학 장르인 전원시의 무대를 바닷가와 어부의 삶으로 옮긴 것이다. 흄은 산차나로 자신이 이렇게 무대를 해안으로 옮긴 것이 잘못된 선택이었다고 고백한 것으로 전하지만, 이 작품은 당시 이탈리아 전역에서 비교적 좋은 평가를 받았다.

사람은 자기 안에 적어도 모든 정념의 씨앗과 제일 원리를 지니고 있기 때문이다. 생생한 묘사와 표현으로 모든 감정을 우리에게 더 가까이 옮겨 놓고 그것을 진리와 실재처럼 보이게 하는 것이 시가 하는 일이다. 이것은 그러한 실재가 어디에 있든지 SB 223 그것이 우리의 마음에 강력한 영향을 미치는 경향이 있다는 확실한 증거이다.

국가나 지역이나 많은 개인의 운명에 영향을 미치는 최근 사건이나 뉴스는 자신의 복지가 그것과 직접 관련되지 않은 사람들에게도 매우 흥미롭다. 이와 같은 정보는 민첩하게 전파되고, [사람들이] 귀 기울여 듣게 되며, 주의와 관심을 기울여 알아보게 된다. 이런 경우에는 사회의 이익이 어느 정도는 각 개인의 이익으로 보인다. 분명 상상력이 영향을 받는다. 그러나 [이로 인해] 유발된 정념들이 행위와 행태에 큰 영향을 미칠 만큼 그렇게 강하고 지속적인 것은 아닐 수 있다.

역사책을 정독하는 것은 차분한 오락거리이다. 그러나 우리의 심장이 그 역사가의 기술에 상응하는 박자로 뛰지 않는다면, 그것은 전혀 오락거리가 아닐 것이다.

투키디데스(Thucydides)와 구이차르디니(Guicciardini)를 관심 있게 읽는 것은 어려운 일이다. 한편 전자는 그리스의 작은 도시들 사이의 사소한 전투를 서술하고, 다른 한편 후자는 피사

(Pisa)의 무혈전쟁을 서술한다.[16] 관심 있는 극소수의 사람들과 소소한 관심은 상상을 채우지도 감정을 사로잡지도 못 한다. 시라쿠사를 공격한 수많은 아테네 군대가 겪었던 극심한 고통과 베네치아를 아주 가까이서 위협했던 위험, 이러한 것들이 연민을 자극하고 공포와 불안을 일으킨다.

수에토니우스(Suetonius)의 그저 그런 재미없는 문체도 타키투스(Tacitus)의 대가다운 화법만큼 네로(Nero)나 티베리우스(Tiberius)의 잔인한 악행을 우리에게 확인시켜줄 것이다.[17] 그러나 [우리가 느끼는] 감정의 차이는 얼마나 큰가! 한편 전자는 사실들을 냉담하게 연결하는 데 비해, 후자는 자신의 운명에 용감

---

16) (역주) 투키디데스(기원전 465~400)는 고대 그리스 아테네의 역사가로, 아테네 중심의 델로스 동맹과 스파르타 중심의 펠레폰네소스 동맹 사이의 전쟁을 다룬 『펠레폰네소스 전쟁사』를 저술했다. 구이차르디니(Francesco Guicciardini, 1483~1540)는 이탈리아의 역사가이자 정치가로, 『피렌체사(Storie Fiorentine)』와 『이탈리아사(Storia d'Italia)』를 저술했다. 여기서 말하는 '피사의 무혈전쟁'이란 재정적 곤란에 처해 있던 피사 공화국이 1402년에 피렌체 공화국에 매각된 것을 가리킨다.

17) (역주) 푸블리우스 코르넬리우스 타키투스(Publius Cornelius Tacitus, 56~117)는 고대 로마의 역사가로, 대표작으로 『역사(Historiae)』와 『연대기(Annales)』가 있다. 『연대기』에서 로마 황제 티베리우스와 네로를 다루고, 『역사』는 그 이후의 이야기를 다룬다. 가이우스 수에토니우스 트란퀼루스(Gaius Suetonius Tranquillus, 69~130)는 타키투스와 동시대의 역사가이자 정치가로, 카이사르와 아우구스투스로부터 로마 제국 초창기 12명의 황제를 다룬 『황제 열전(De vita Caesarum)』을 저술했다.

하게 맞서고 친구와 혈족의 가슴 뭉클한 슬픔에만 반응했던 소라누스(Soranus)와 트라세아(Thrasea)처럼 존경할 만한 인물들을 우리 눈앞에 내놓는다.[18] 그렇다면 어떤 공감이 모든 인간의 마음을 감동시키겠는가! 원인 없는 공포나 이유 없는 악의로 이렇게 가증스러운 만행을 저지른 폭군들에 대한 분개이지 않겠는가!

SB 224

만약 우리가 이 주제들에 더 가까이 접근한다면, 그리고 허구와 속임수라는 의구심을 모두 버린다면, 강렬한 관심이 생기지 않겠는가! 그리고 많은 사례에서 그 관심은 자기애와 사적 이익에 대한 편협한 애착보다 훨씬 우월하지 않겠는가! 대중적 선동,

---

18) (역주) 소라누스(Quintus Marcius Barea Soranus)와 트라세아(Publius Clodius Thrasea Paetus)는 네로 황제에 의해 무고하게 희생당한 인물들로, 타키투스의 『연대기』에서 언급된다. 네로 집권기에 아시아 지역 총독이었던 소라누스는 자신의 재임 기간 페르가몬(Pergamon) 시의 예술작품을 약탈하라는 네로의 명령에 시민들이 봉기를 일으켰을 때, 그 시민들을 벌하라는 네로의 지시를 거부했다. 이로 인해 그는 시민들의 봉기를 선동했다는 혐의로 재판을 받게 되었고 네로가 그의 딸도 이 일에 연루된 것으로 혐의를 씌우려 하자, 딸의 목숨만은 살려달라 간청하고 자신은 사형을 선고받아 자살했다. 네로의 행태와 네로에게 굴복한 원로원에 공공연하게 혐오감을 드러내던 트라세아는 사실무근의 역모 혐의로 재판을 받게 되었으나 자신을 변호하기 위한 별다른 노력을 기울이지 않았고, 결국 사형을 선고받아 자살을 택하면서 아내에게는 자신을 따라 죽지 말라고 설득했다.

제5절 효용이 기쁨을 주는 이유 **103**

강한 당파심, 당파 지도자에 대한 헌신적 복종, 이러한 것들은 인간 본성 속에 있는 사회적 공감의 비록 덜 칭찬할 만한 것이지만 가장 뚜렷한 결과들이다.

그 주제가 아주 하찮더라도, 우리는 인간의 감정과 애정의 영상을 전달하는 것들로부터 우리 자신을 완전히 분리할 수 없음을 관찰할 수 있다.

어떤 사람이 말을 더듬고 힘들게 발음할 때, 우리는 이렇게 사소한 불편에도 공감하고 그 사람 때문에 괴로워한다. 낭독에서 음성기관에 고통을 주는 음절들이나 자모들의 결합은 일종의 공감을 통해 귀에도 거칠고 불쾌하게 들린다는 것이 비평의 한 규칙이다. 그뿐만 아니라 우리가 어떤 책을 눈으로 대강 훑어볼 때도, 우리는 조화롭지 못한 구성을 느낄 수 있다. 왜냐하면 우리는 항상 어떤 사람이 그것을 우리에게 낭독하면서 이렇게 귀에 거슬리는 소리를 발음하느라 고통을 받는 모습을 상상하기 때문이다. 우리의 공감은 이렇게나 섬세하다!

편안하고 자유로운 자세와 움직임은 언제나 아름답다. 건강과 활기의 느낌은 유쾌하다. 몸에 부담을 주지 않고 따뜻하게 해주는, 팔다리를 구속하지 않고 덮어주는 옷이 잘 만들어진 옷이다. 모든 아름다움에 관한 판단에서는 영향을 받은 사람의 느낌들이 참작되고, 그것들은 관찰자에게 유사한 고통이나 쾌락의 감촉들을 전달한다.[19)] [20)] 사람들의 행동 경향과 그로 인해 사

104

회에 일어날 행복이나 불행을 고려하지 않고는, 우리가 그들의 성품과 행위에 대해 어떠한 판단도 표명할 수 없다는 것은 당연하지 않은가? 만약 그 [공감] 원리가 여기서 전혀 활동하지 않는다면, 관념들의 연상이 과연 작동할 수 있겠는가.[21]

---

19) "옆구리가 날씬한 말이 더 멋지고 더 빠르다. 훈련으로 근육이 잘 발달한 운동선수가 더 보기에 좋고 승리할 가능성이 더 크다. 외적인 모습과 유용성은 절대 분리되지 않는다. 감각을 지닌 모든 사람은 이것을 알고 있다." 쿠인틸리아누스(Quintilian), 『웅변술교육(*Institutio Oratoria*)』, 8권 3장.

20) (역주) 마르쿠스 파비우스 쿠인틸리아누스(Marcus Fabius Quintilianus, 35~100)는 고대 로마의 수사학자이다. 그의 『웅변술교육』은 수사학의 이론과 실천에 대한 총 12권 구성의 교과서이다.

21) 어떤 사람이 차지하는 사회적 지위에 비례해, 또한 그가 놓인 관계들에 따라서, 우리는 항상 그로부터 많거나 적은 정도의 좋음을 기대하고, 기대에 어긋나는 경우에는 그를 무익하다고 비난한다. 그리고 만약 그의 행위나 행태에서 해악이나 침해가 발생한다면, 훨씬 더 심하게 그를 비난한다. 한 나라의 이익이 다른 나라의 이익을 침해할 때, 우리는 어떤 정치가가 적국이나 경쟁국에 일으키는 손해와 무관하게 그의 방안과 조언이 자기 나라에 가져오는 좋음이나 해악으로 그의 공적을 평가한다. 우리가 그의 성품을 판정할 때, 눈에 가장 가까운 대상은 그의 동료 시민들이다. 자연은 모든 사람에게 자기 나라에 대한 애정을 더 강하게 심어주었기에, 만약 경쟁이 일어난다면 우리는 다른 나라에 대한 존중을 전혀 기대할 수 없다. 두말할 필요 없이 인간 종의 좋음에 대한 느슨하고 불확실한 견해를 가짐으로써 사람들이 자신의 힘을 발휘할 적절히 제한된 대상이 없어 아무런 유익한 행동이 전혀 일어날 수 없는 경우보다는 모든 사람이 자신의 공동체의 좋음을 염두에 두는 경우에 그들의 일반적인 이익이 더 증진된다는 사실을 우리는 알고 있다.

만약 누군가 차가운 무감각이나 편협한 이기적 기질로 인해 인간의 행복이나 불행의 영상에서 아무런 감흥도 받지 않는다면, 그는 마찬가지로 덕과 악덕의 영상에도 필시 무관심할 것이다. 반면에 인간 종의 이익에 대한 따뜻한 관심은 모든 도덕적 구별들에 관한 섬세한 느낌을, 예컨대 사람들에게 가해진 해악에 대한 강렬한 분개와 그들의 복리에 대한 강한 승인의 감정을 항상 동반한다는 것을 발견할 수 있다. 이러한 특성에서 어떤 사람은 다른 사람보다 크게 우월하다는 것도 관찰할 수 있다. 그러나 행동과 원리의 서로 다른 경향들로 말미암아 도덕적 선악의 구별을 전혀 지각하지 못할 만큼, 자기 동료의 이익에 완전히 무관심한 사람은 없다. 어떤 사람이 자기 종족이나 공동체에 유익한 성품이나 행위 방식과 해로운 성품이나 행위 방식을 판단하는 경우, 그가 인간의 마음을 가진 사람이라면, 아무리 냉정하더라도 전자를 선호하지 않는다거나 아무리 적더라도 전자에 장점을 부여하지 않고 호의를 갖지 않으리라고 상상할 수 있는가? 아주 이기적인 사람이 있다고 가정해보자. 그는 오직 자신의 사적 이익에만 관심을 가진 사람이라고 가정해보자. 그러나 사적 이익과 무관한 사례에서, 그는 필시 인류에게 좋음을 지향하는 **약간의** 경향을 느낄 것이고, 다른 모든 조건이 같다면 그는 그것을 선택의 대상으로 삼을 것이다. 길을 걷던 누군가가 자신과 아무런 다툼도 없는 다른 사람의 통풍 걸린 발가락을 일부러 아주 단단한 물건이나 포장도로를 밟듯이 밟겠는가? 분명 여기에는 경우의 차이가 있다. 우리는 행동의 몇몇 동기들을 저울질하면서 분명 다른 사람들의 행복과 불행을 고려한다. 그리고 사적 관심 때문에 동료에게 피해를 주면서까지 우리의 승진이나 이득을 추구하지 않는 경우, 우리는 전자로 [즉 다른 사람들의 행복으로] 기울어진다. 만약 많은 사례에서 인간애의 원리들이 우리의 행동에 영향을 미칠 수 있다면, 필시 그것들은 항상 우리의 감정에 대해 **다소의** 권위를 가질 것이고, 사회에 유용한 것에 대한 일반적 승인과 사회에 위험하거나 해로운 것에 대한 일반적 비난을 우리에게 제공할 것이다. 이러한 감정들의 정도는 논란의 대상일 수 있다. 그러나 우리는 모든 이론이나 학설이 그 감정들의 실재를 받아들여야 한다고 생각할 것이다.

만약 본성적으로 철저히 악의적이고 심술궂은 사람이 실재한다면, 이 사람은 필시 덕과 악덕의 영상들에 무관심한 사람보다 더 나쁠 것이다. 그의 모든 감정은 인류에게 널리 퍼져 있는 감정들을 뒤집어놓은 것이고 그것들과 정반대일 것이다. 무엇이든 인류의 좋음에 이바지하는 것은 그의 바람과 욕망의 방향과 끊임없이 엇갈릴 것이므로, 그것은 그에게 불쾌와 불승인을 낳을 것이다. 반대로 그는 같은 이유에서 무엇이든 사회에 무질서와 불행을 일으키는 근원을 즐겁고 흡족하게 바라볼 것이다.

타이먼(Timon)은 아마 고질적인 악의보다는 그가 품었던 울분 때문에 인간 혐오자라고 일컬어졌는데, 이러한 그가 알키비아데스(Alcibiades)를 아주 좋아하면서 받아들였다.[22] 그는 이렇게 외쳤다. **가거라 애야! 국민의 신뢰를 얻어라. 내가 예견하건대, 너는 언젠가 그들에게 거대한 재앙을 일으킬 것이다.**[23] 만약 우리가 마니교도들의 두 원리들을[24] 받아들인다면, 필시 그것들은 인간의 행동뿐만 아니라 다른 모든 것에 대해서도 정반대의 감정들을 낳을 것이고, 정의와 인간애의 모든 사례는 그

---

22) (역주) 여기서 타이먼은 윌리엄 셰익스피어와 토머스 미들턴(Thomas Middleton)의 합작 희곡 『아테네의 타이먼(*Timon of Athens*)』(1605~1606)에 나오는 주인공이다. 부유한 아테네 시민이었던 타이먼은 자기 돈을 바라고 주변에 몰려든 거짓 친구들에게 재산을 탕진한다. 재산을 모두 잃고 나자 친구들은 타이먼을 버렸고, 그는 초야에 묻힌다. 그러다 우연히 어떤 동굴에 매장된 엄청난 양의 황금을 발견하고, 그 황금 대부분을 자신이 떠난 도시를 공격하려는 변절자 알키비아데스에게 준다. 알키비아데스(Alkibiades, 기원전 450~404)는 원래 아테네 명문가 출신의 정치가이자 장군이었으나, 정적에 의해 신성모독의 혐의를 쓰고 적국 스파르타로 망명한다. 그는 펠레폰네소스 전쟁에서 스파르타를 도와 아테네의 패배에 일조하나 얼마 지나지 않아 다시 아테네로 복귀해 스파르타 중심의 펠레폰네소스 함대와 대적한다.

23) 플루타르코스, 『영웅전』, 알키비아데스 편.

24) (역주) 여기서 '두 원리들(two principles)'이란 마니교(Manicheism)에서 말하는 태초의 두 가지 적대적 본질들, 즉 선과 악, 빛과 어둠, 신과 악마 등을 뜻한다. 문장의 나머지 내용을 살펴보면, 여기서 두 원리들이란 두 신(deity)에 해당한다.

것의 필연적 경향으로 인해 한쪽 신은 기쁘게 하겠지만 다른 쪽
신은 불쾌하게 만들 것이다. 모든 인간은 어느 정도까지는 좋은
원리[신]와 닮아, 만약 이익이나 복수나 질투가 우리의 성향을
타락시키지 않는다면, 타고난 인류애로 인해 우리는 항상 사회
의 행복에, 따라서 악덕보다는 덕에 우선권을 주려고 한다. 까
닭도 사심도 없는 절대적 악의는 아마 인간의 가슴에 존재할 여
지가 전혀 없을 것이다. 만약 이러한 악의가 존재했다면, 그것
은 필시 모든 도덕 감정뿐만 아니라 인간애의 느낌을 그르쳤을
것이다. 만약 네로 황제의 잔학 행위가 순전히 자발적이었다면,
더 정확히 말해 [그것이] 끊임없는 공포와 분노의 결과가 아니라
면, 분명 세네카(Seneca)나 부루스(Burrhus)보다는 티겔리누스
(Tigellinus)가 [네로 황제의] 확고하고 한결같은 승인을 받았을 것
이다.[25]

　자기 시대에 자기 나라를 위해 봉사하는 정치가나 애국자는

---

25) (역주) 세네카(Lucius Annaeus Seneca)와 부루스(Sextus Afranius Burrus)
는 각각 스승과 친위대장으로서 네로 황제를 보좌한 인물들이다. 티겔리
누스(Ofonius Tigellinus) 역시 친위대장이자 친구로서 네로 황제를 보좌했
는데, 고상한 세네카나 부루스와 달리 그는 네로 황제만큼이나 잔인한 냉
혈한이었다. 이 문장은 네로 황제가 말 그대로 악의 화신이었다면 애초에
세네카와 부루스 같은 현인들을 곁에 두지도 않았을 것이라는 말인 듯하다.

먼 시대나 먼 나라에 유익한 영향을 미친 사람보다 항상 더 열렬한 존경을 받는다. 왜냐하면 후자의 관대한 인간애에서 생긴 좋음은 우리와 별로 상관이 없어 잘 보이지도 않을뿐더러 우리에게 더 생생한 공감을 일으키지도 못하기 때문이다. 비록 양자의 경우에 우리의 감정들이 똑같은 높이로 솟구치지는 않겠지만, 우리는 그것들의 장점을 똑같이 위대한 것으로 받아들일 수 있다. 우리의 판단은 여기서 우리의 내적 정서와 지각의 불균형을 교정한다. 마찬가지로 그것은 우리의 외적 감각에 주어진 영상의 몇몇 변형들로 인해 우리가 오류에 빠지지 않게 해준다. 같은 대상도 두 배의 거리에 있으면 실제로는 오직 절반 크기의 SB 228 그림을 눈으로 보낸다. 그러나 우리는 양자의 상황에서 그것이 같은 크기로 보인다고 상상한다. 왜냐하면 우리가 그것에 접근하면 그것의 영상은 눈에서 확대될 것이고, 차이는 대상 자체가 아니라 그것에 대한 우리의 위치에 있다는 것을 알기 때문이다. 실로 내적, 외적인 감정에서 이러한 현상을 바로잡지 않으면, 우리는 어떠한 주제에 대해서도 안정적으로 사고하거나 이야기할 수 없을 것이다. 동시에 대상들의 유동적인 상황들은 끊임없이 그것들에 변형을 낳을 것이고, 그것들을 그렇게 서로 다르고 상반된 관점과 위치에 던져 넣을 것이다.[26]

---

26) 비슷한 이유로, 우리의 도덕적 결정이나 일반적인 판단에서는 행동과 성품

우리가 사람들과 더 많이 대화할수록, 또한 그들과 더 많은 사회적 교류를 유지할수록, 우리는 이러한 일반적 선호와 구별에 더 익숙해질 것이고, 이러한 선호와 구별 없이는 대화와 담론에서 우리는 서로를 이해할 수 없을 것이다. 모든 사람의 관심은 자신에게 고유한 것이어서, 거기서 나오는 반감과 욕망이 다른 사람들에게도 같은 정도의 영향을 미칠 것이라 가정할 수 없다. 그러므로 일반적인 용도로 만들어진 일반적인 언어는 반드시 조금 더 일반적인 관점에서 만들어져야 하고, 공동체의 일반적인 이익에서 나오는 감정들에 일치하도록 칭찬이나 비난의 형용사들을 붙여야 한다. 그리고 대다수 사람에게 이러한 감정

───────────

의 실재하는 우연적 결과가 아니라 그것들의 경향들을 중요시한다. 그러나 우리의 실재하는 느낌이나 감정에서 우리는 선한 의도와 자비로운 감정만으로 사회적 덕을 발휘하는 사람보다는 자신의 덕과 함께 자신의 지위를 통해 정말로 사회에 유용한 사람을 더 크게 존경하지 않을 수 없다. 손쉽고 필요한 사유 활동을 통해 성품과 운을 구별한다면, 우리는 이 사람들이 서로 같다는 판단을 내리고 대체로 그들을 똑같이 칭찬한다. 판단은 현상을 교정하거나 교정하려고 시도한다. 그러나 그것이 감정을 완전히 압도할 수는 없다.

왜 이 복숭아나무가 다른 복숭아나무보다 더 낫다고 하는가? 단지 그것이 더 많은 혹은 더 나은 과실을 산출하기 때문인가? 완전히 여물기 전에 달팽이나 해충이 복숭아를 엉망으로 만들었더라도, 우리는 그 나무를 똑같이 칭찬할 것인가? 도덕에서도 **나무는 과실에 의해 알려지는 것이 아닌가?** 후자의 [즉 나무의] 경우뿐만 아니라 전자의 [즉 사람의] 경우에도 우리는 본성과 우연을 쉽게 구별할 수 있지 않은가?

들이 사적 좋음과 관련된 감정들만큼 강렬하지는 않더라도, 가
장 타락하고 이기적인 사람들조차 필시 어떤 구별을 지을 것이
고, 선행에는 좋음이라는 개념을 부여하고 그 반대의 행위에는
악이라는 개념을 부여할 것이다. 우리는 공감이 우리 자신에 관
한 관심보다는 좀 약하고, 우리한테서 멀리 있는 사람들과의 공
감은 우리와 가까이 있는 사람들과의 공감보다 훨씬 더 약하다
는 점을 인정할 것이다. 그러나 바로 이러한 이유에서 우리는
사람의 성품에 관한 차분한 판단과 담론에서는 이 차이들을 모
두 무시하고 우리의 감정들을 더욱더 공적이고 사회적인 것이
되게 해야 한다. 종종 우리는 이러한 점에서 우리 자신의 상황
을 변화시킬 뿐만 아니라, 매일 우리와는 다른 상황에 있는, 만
약 우리가 계속 우리의 고유한 위치와 관점에만 머무른다면 우
리와 결코 대화할 일이 없을, 사람들과 만난다. 따라서 사회와
대화에서 감정들의 교류는 우리에게 어떤 일반적인 불변의 기
준을 세우게 하고, 우리는 이 기준에 따라 성품과 몸가짐을 승
인하거나 불승인한다. 그러나 [우리의] 마음이 전적으로 이러한
일반적 개념들의 편을 드는 것도 아니고, 우리 자신이든 우리와
친밀한 사람들이든 상관없이 악덕과 덕의 보편적인 추상적 차
이들에 의해 우리 마음의 모든 사랑과 증오를 조절하는 것도 아
니다. 그런데도 이러한 도덕적 차이들은 상당한 영향력을 미치
고, 적어도 담론을 위해 충분한 것으로서 사람들 앞에서든 설

교단에서든 무대에서든 학교에서든 우리의 모든 목적에 도움이 된다.[27]

그래서 우리가 이 주제를 어떤 관점에서 바라보든지, 사회적 SB 230 덕들에 부여되는 장점은 한결같은 것으로 나타난다. 그것은 본성적인 자비심의 감정에 의해 인간과 사회의 이익에 대해 가지게 되는 우리의 관심에서 나온다. 만약 우리가 일상적인 경험과 관찰에 나타나는 인간 구성의 원리들을 숙고한다면, 우리는 **선험적으로** 사람과 같은 피조물은 자기 동료들의 복리나 불행(ill-being)에 전혀 무관심할 수는 없다는 결론을 내려야 한다. 그리고 만약 그에게 특별한 편향을 줄 것이 아무것도 없다면, 더는 주의하거나 숙고할 필요 없이 그는 [자기 동료들]의 행복을 증진하는 것은 좋은 것이고 그들에게 불행을 주는 것은 악이라고 즉각 선언해야 한다. 그렇다면 행동들 사이의 **일반적인** 구별을

---

27) 현명하게도 자연은 사적 관계가 보통은 보편적인 관점과 고려보다 더 우세해야 하는 것으로 정했다. 만약 그렇지 않았으면, 우리의 애정과 행동은 적절히 제한된 대상이 없어 소멸하거나 길을 잃었을 것이다. 그래서 우리 자신이나 가까운 친구가 얻은 작은 이득이 멀리 있는 국가가 얻은 큰 이득보다 더 활발한 사랑과 승인의 감정을 자극한다. 그러나 여전히 우리는 모든 감각에서처럼 반성을 통해 이러한 불평등들을 바로잡아야 하고, 주로 일반적인 유용성에 기초하는 악덕과 덕의 일반적인 기준을 간직해야 한다는 것을 알고 있다.

위한 적어도 희미한 근본원리들 혹은 윤곽들이 여기에 있다. 그리고 그 사람의 인간애가 손해를 보거나 이득을 본 사람들과 그와의 관계를, 또한 그들의 불행이나 행복에 대한 그의 생생한 관념을 강화한다고 생각되는 정도에 비례해, 그의 뒤따른 비난이나 승인은 더 강렬해질 것이다. 옛날 역사나 먼 곳의 신문에 겨우 언급된 어떤 관대한 행동이 반드시 강렬한 칭찬이나 존경의 감정을 전하는 것은 아니다. 그토록 멀리 떨어진 곳에 있는 덕은 이성의 눈에는 정오의 태양처럼 밝게 보일지 모르나, 엄청나게 멀어 빛으로도 열로도 감각에는 아무런 영향을 미치지 못하는 항성(恒星)과 같다. 그 사람들과의 친분이나 관계로, 혹은 그 [덕의] 사례의 감동적인 낭송으로, 이 덕을 더 가까이 접해보자. 그러면 우리의 마음은 즉시 사로잡히고, 우리의 공감은 활기를 띠고, 또한 우리의 냉철한 승인은 아주 따뜻한 우정과 존경의 감정들로 바뀐다. 이것이 평범한 삶과 관행에서 발견되는 인간 본성의 일반적인 원리들의 필연적이고 절대 확실한 결과이다.

다시 이러한 견해들과 추론들을 뒤집어보자. 그 문제를 **후험적으로** 고찰해보자. 그리고 그 결과를 따져보면서, 사회적 덕의 장점은 대체로 그것이 관찰자들에게 미치는 인간애의 감정에서 나오는 것이 아닌지 물어보자. 모든 주제에서 **효용**이라는 여건이 칭찬의 원천이라는 것은 사실의 문제로 보인다. 즉 행동들의 장단점에 관한 모든 도덕적 결정은 항상 그 여건에 의존한다. 그것은 정의, 신의, 명예, 충성, 정조에 대한 깊은 존경의 **유일한** 원천이다. 그것은 다른 모든 사회적 덕들, 즉 인간애, 관대, 자선, 상냥, 인자, 자비, 온건과 불가분하다. 한마디로 그것은 인간과 우리 동료들과 관련된 도덕의 가장 중요한 부분의 토대이다.

그리고 성품과 몸가짐에 대한 우리의 일반적인 승인에서, 사회적 덕들의 유용한 경향은 결코 자기 이익에 관한 관심으로 우리를 움직이는 것이 아니라 훨씬 더 보편적이고 광범위한 영향력을 지닌 것으로 보인다. 공공선에 이바지하는 경향과 사회의 평화와 조화와 질서를 증진하는 경향은 분명 우리의 뼈대를 이루는 자비로운 원리들에 작용해 우리가 항상 사회적 덕들의 편을 따르게 하는 것으로 보인다. 그리고 추가적인 확인으로서 이러한 인간애와 공감의 원리들은 우리의 모든 감정에 아주 깊이 박혀 아주 강한 영향을 미치므로, 그것들은 가장 강렬한 비판과 칭찬을 일으킬 수 있는 것으로 보인다. 현재의 이론은 각각 불변의 경험과 관찰에 근거한 것처럼 보이는 이 모든 추론의 단순한 결과이다.

우리의 본성 안에 인간애 혹은 다른 사람들에 관한 관심과 같은 원리가 있는지 의심스럽더라도, 만약 무수한 사례들에서 사회의 이익을 증진하는 경향이 아주 높이 승인받는 것을 본다면, 우리는 거기서 자비심의 원리의 힘을 터득해야 한다. 왜냐하면 어떤 목적이 전혀 중요하지 않다면, 그 목적을 위한 수단인 어떤 것도 기쁨을 줄 수 없기 때문이다. 그러나 도덕적 비난과 승인의 일반적인 원리가 우리의 본성에 심어져 있는지 의심스럽더라도, 만약 무수한 사례들에서 인간애의 영향력을 본다면, 우리는 거기서 사회의 이익을 증진하는 모든 것은 쾌락을 전하고 해로운 것은 불쾌를 줄 수밖에 없다는 결론을 내려야 한다. 그러나 이렇게 각각 다른 반성들과 관찰들이 같은 결론을 내리는 데 동조한다면, 그것들은 그 결론에 대해 반론의 여지가 없는 증거를 제공하는 것이 아니겠는가?

어떻게든 이러한 논증의 진행은, 같거나 유사한 원리들에서 발생하는 다른 존중과 존경의 감정들을 보여줌으로써, 현재의 이론에 대한 추가적 확증을 제공할 것으로 기대된다.

제6절

우리 자신에게
유용한 성질에 대하여[1]

1부

우리가 어떤 성질이나 습관을 검토할 때, 만약 그것이 어떤 측면에서든 그것을 가진 사람에게 해롭거나 업무와 행동을 수행할 능력을 빼앗는 것으로 보인다면, 분명 그것은 즉각적인 비난을 받고 그의 잘못과 결점으로 꼽힐 듯하다. 성품에 대해 무관심한 사람조차도 게으름, 부주의, 순서와 체계성의 부족, 완고, 변덕, 경솔, 쉽게 속음과 같은 성질들을 절대 존경하지 않았다. 더욱이 그것들을 성취나 덕으로 칭송하지 않았다. 그것들로 인해 생기는 피해는 즉각 우리의 눈에 띄고, 우리에게 고통과

---

1) (역주)『인간 본성에 관한 논고』, 3권, 3부, 1절을 참고하시오.

불승인의 감정을 일으킨다.

　어떤 성질도 전적으로 비난할 만한 것이거나 칭찬할 만한 것이 아니라는 점은 인정할 수 있다. 그것은 모두 그것의 정도에 달려 있다. 소요학파(Peripatetics) 사람들이 말하기를, 적절한 중간 (due medium)이 덕의 특징이다.[2] 그러나 이 중간은 주로 효용에 의해 결정된다. 예컨대 업무에 알맞은 민첩함과 신속함은 칭찬할 만한 것이다. [그것들이] 부족할 경우, 어떤 목적의 달성에서든 전혀 진전이 이루어지지 않는다. [그것들이] 과도할 경우, 우리는 경솔하고 합의되지 않은 정책과 사업에 관여하게 된다. 우리는 이러한 추론을 통해 도덕과 사려에 관한 모든 탐구에서 적절하고 인정할 만한 중간을 정한다. 그리고 어떤 성품이나 습관에서 나오는 이점들에 대한 조망을 절대 놓치지 않는다.

SB 234 이제 그 성품을 지닌 사람이 이러한 이점들을 누릴 때, 그것들을 바라보는 우리를, 즉 관찰자들을 유쾌하게 하고 우리의 존경과 승인을 자극하는 것은 결코 **자기애**일 수 없다. 아무리 상상력을 발휘해도 우리는 다른 사람으로 바뀔 수 없고, 우리가 그 사람이 되어 그가 지닌 유익한 성질들로 생기는 이득을 [우리가] 거둘 것이라고 상상할 수 없다. 혹은 그렇게 했다면[즉 우리의 상상

---

2) (역주) Peripatetic school은 '소요학파' 내지는 '아리스토텔레스학파'라고 번역할 수 있다. 여기서 '적절한 중간'은 '중용'으로 바꾸어 말할 수 있다.

118

력이 우리를 다른 사람으로 바꾸어놓았다면], 제아무리 상상력이 뛰어난 사람도 우리를 즉시 본래의 우리 자신으로 되돌려 놓고 우리가 우리와 다른 사람인 그를 사랑하고 존경하게 할 수는 없다. 이미 알려진 진리뿐만 아니라 서로 간에도 이렇게 상반되는 견해들과 감정들이 결코 동시에 같은 사람에게 존재할 수는 없다. 그러므로 이기적인 관심들에 관한 모든 의혹은 여기서 완전히 배제된다. 우리의 가슴을 움직이게 하고 우리가 주시하는 사람의 행복에 관심을 두게 하는 것은 아주 다른 원리이다. 만약 그의 선천적인 재능과 후천적인 능력이 승진, 출세, 명성의 획득, 번영의 성취, 운명의 안정적인 통제, 크거나 유리한 사업의 실행이라는 전망을 보여준다면, 우리는 이렇게 유쾌한 영상들에 감동하고 즉각 그를 향해 만족감과 존경심이 일어나는 것을 느낀다. 행복, 기쁨, 승리감, 번영이라는 관념들은 그의 성품의 모든 여건과 연결되고, 공감과 인간애의 유쾌한 감정을 우리의 마음에 퍼트린다.[3]

---

3) 우리는 (질투나 복수심이 존재하지 않을 경우) 행복의 모습에서 쾌락을 느끼지 못하거나 고통의 모습에서 불쾌감을 느끼지 못하는 인간은 아무도 없다고 감히 단언할 수 있다. 이것은 우리의 구조와 구성으로부터 분리될 수 없는 듯하다. 그러나 이것에 의해 다른 사람들의 좋음을 열심히 모색하고 그들의 복지에 진정한 열정을 갖게 되는 사람들은 오직 관대한 마음을 가진 사람들뿐이다. 편협하고 인색한 마음을 가진 사람들에게 이러한 공감은 자기만족이나 비난의 감정을 일으키는 데에만 도움이 되는, 또한 그들이 그 대상에

애초에 자기 동료들에게 전혀 관심이 없고, 감성을 지닌 모든 존재의 행복과 불행을 마치 같은 색의 두 인접한 그늘막들보다 더 무관심하게 바라보도록 생겨먹은 사람이 있다고 가정해보자. 만약 한 손에는 나라들의 번영과 다른 손에는 그것들의 파멸이 놓여 있는데 그에게 [어느 하나를] 택하도록 요구한다면, 그는 우유부단해서 스콜라 학자의 당나귀처럼[4] 동등한 동기들 사이에서 결단을 내리지 못한다고, 아니 그 당나귀처럼 나무 조각과 대리석 조각 사이에서 어느 쪽으로도 기울어지지 않거나 어느 쪽도 선호하지 않는다고 가정해보자. 내가 생각하기에, 이러

명예로운 이름이나 불명예스러운 이름을 붙이게 하는 상상력의 하찮은 느낌에 불과하다. 예컨대 탐욕스러운 구두쇠는 다른 사람들한테서도 **근면**과 **검소**를 아주 높이 칭찬하고, 자신의 견해에서 그것들을 다른 모든 덕 위에 둔다. 그는 그것들에서 나오는 좋음을 알고 있고, 당신이 그에게 보여줄 수 있는 다른 어떤 종류의 행복보다 바로 그 종류의 행복을 더 생생하게 공감한다. 그러나 아마 그는 자신이 그리 높이 칭찬하는 근면한 사람이 재산을 모으는 데에는 1실링도 보태주지 않을 것이다.

4) (역주) '스콜라 학자의 당나귀(schoolman's ass)'라는 표현은 1300년대에 활동한 프랑스의 스콜라 학자 장 뷔리당(Jean Buridan, 1300~1358)이 이용한 '당나귀' 비유에서 유래한 것이다. 그래서 '뷔리당의 당나귀'라고도 한다. 그 비유는 대략 다음과 같다. 한 당나귀 주인이 당나귀의 왼편과 오른편에 같은 종류와 분량의 맛있는 건초를 같은 거리에 놓는다. 당나귀는 과연 어느 쪽 건초를 택할 것인가? 만약 당나귀가 모든 상황을 아주 객관적이고 공정하게 판단한다면, 당나귀는 왼쪽과 오른쪽 건초 중 어느 하나를 선호할 이유를 가질 수 없고, 또한 자신의 선호를 설명할 수도 없다. 당나귀는 결국 논리적 공황 상태에 빠져 굶어 죽게 된다.

한 사람은 공동체의 공공선이나 다른 사람들의 사적 효용에 전혀 무관심해서, 모든 성질을 사회나 그것의 소유자에게 해롭든 유익하든 아주 흔하고 흥미롭지 않은 대상을 바라보듯 무심하게 바라보리라는 결론을 받아들일 수밖에 없다.

그러나 만약 이러한 상상적 괴물과는 다른 어떤 **사람**이 이 경우에 판단이나 결정을 내린다면, 다른 모든 사정이 같다면 그에게는 분명한 선호의 토대가 있을 것이다. 그의 선택이 아무리 냉정하더라도, 또한 그의 마음이 이기적이거나 이해당사자들이 그로부터 멀리 떨어져 있더라도, 필시 유용한 것과 해로운 것 사이의 선택이나 구별은 있을 것이다. 그런데 이러한 구별은 그 토대에 대해 수없이 물어보았으나 허사로 끝났던 **도덕적 구별**과 모든 부분에서 같다. 마음의 같은 자질들은 모든 상황에서 도덕의 감정과 인간애의 감정을 받아들일 수 있다. 같은 기질은 전자의 감정뿐만 아니라 후자의 감정을 고도로 느낄 수 있다. 대상들에서의 같은 변화도 더 가까운 접근이나 연결을 통해 전자의 감정과 후자의 감정을 더 활기 있게 만든다. 그러므로 철학의 모든 규칙에 따라서, 우리는 이 감정들이 [즉 도덕의 감정과 인간애의 감정이] 원래 같은 것이라는 결론을 내려야 한다. 왜냐하면 각각의 가장 세밀한 사항에서조차 그것들은 같은 법칙의 지배를 받고 같은 대상들에 의해 움직이기 때문이다.

왜 철학자들은 물체를 지구 표면으로 떨어지게 하는 것과 같은 중력의 힘이 달을 지구 궤도에서 벗어나지 않게 한다는 추론을 그렇게 대단히 확신하는가? 왜냐하면 이 결과들을 계산해보면, 그것들이 유사하고 동일한 것으로 밝혀지기 때문이다. 이러한 논증은 자연에 관한 탐구에서처럼 필시 도덕에 관한 탐구에서도 강한 설득력을 지니지 않겠는가?

그 소유자에게 유용한 성질들은 모두 승인을 받으나 그 반대의 성질들은 비난을 받는다는 것을 아주 자세하게 증명할 필요는 없을 것이다. 삶에서 매일 경험하는 것에 대한 최소한의 반성만으로도 충분할 것이다. 되도록 모든 의심과 주저함을 제거하기 위해, 몇 가지 사례만을 언급하겠다.

어떤 유용한 사업을 실행하기 위해 가장 필요한 성질은 신중함(discretion)이다. 이 성질로 우리는 다른 사람들과 안전한 교류를 진행하게 되고, 자신이나 그들의 성품에 대해 충분한 주의를 기울이게 되며, 우리가 맡은 업무의 각 여건을 따져보게 되고, 어떤 목적이나 의도를 달성하기 위한 가장 확실하고 안전한 수단을 채택하게 된다. 어쩌면 크롬웰(Oliver Cromwell)이나 레츠 추기경(Cardinal de Retz) 같은 사람들에게는, 신중함은 스위프트(Jonathan Swift) 박사가 말한 것처럼 시의회 의원의 덕목처럼 보일 수도 있다.[5] [신중함의] 덕은 그들의 용기와 야심으로 촉발된 어마어마한 계획들과는 양립할 수 없었으므로, 그것은 실

제로는 그들한테는 잘못이나 결함일 수도 있었다. 그러나 성공
하기 위해서든 아주 치명적인 실패나 좌절을 면하기 위해서든,
일상생활의 행위에서 이것만큼 필수적인 덕은 없다. 이 덕 없이
는, 한 훌륭한 저술가가 관찰한 것처럼, 대다수의 자질들은 그 SB 237
것들의 소유자에게 치명적일 수 있다. 눈을 잃은 폴리페모스
(Polyphemus)[6]는 그의 엄청난 힘과 키 때문에 눈에 더 잘 띄었다.

만약 그것이 인간 본성에 비추어 다소 지나치게 완벽한 것
이 아니라면, 실로 최상의 성품이란 어떤 종류의 기분에도 동
요하지 않으면서, 대신에 의도하는 특수한 목적에 **유용한** 진취

---

5) (역주) 올리버 크롬웰(Oliver Cromwell, 1599~1658)은 청교도 혁명을 주
   도해 잉글랜드 공화국을 수립한 군인이자 정치인이다. 레츠 추기경(Jean-
   François Paul de Gondi, cardinal de Retz, 1613~1679)은 프랑스 성직자
   로, 프랑스 부르봉 왕권에 반항해 귀족세력이 일으킨 내란, 이른바 '프롱드의
   난(La Fronde)'(1648~1653)을 선동한 인물이다. 조너선 스위프트(Jonathan
   Swift, 1667~1745)는 『걸리버 여행기』의 저자이자 성공회 성직자로, 더블린
   대학교 트리니티 칼리지에서 신학박사 학위를 받았다. 그래서 흄은 여기서
   그를 스위프트 박사로 지칭한다. 흄은 크롬웰과 레츠를 각각 영국과 프랑스
   역사에서 중대한 사건을 일으킨 과감한 인물들의 대표로 거론한 것인데, 이
   러한 인물들한테는 신중함은 작고 하찮은 일을 처리하는 성실한 '시의회 의원
   (alderman)'에게나 어울리는 덕목이었을 것이라고 말하고 있다.
6) (역주) 폴리페모스는 포세이돈의 아들이자 그리스 신화에 등장하는 외눈박
   이 거인족, 키클롭스 중 하나이다. 호메로스의 『오디세이』에서 폴리페모스는
   오디세우스와 그의 부하들을 잡아 동굴에 가두고, 끼니마다 그들을 하나씩
   잡아먹는다. 그러다 포도주에 취해 잠든 폴리페모스의 눈을 오디세우스가
   불타는 장작개비로 찔러 그를 장님으로 만든다.

성과 조심성을 각각 발휘하는 성품이다. 이것이 생테브르몽(St. Evremond)이 튀렌(Turenne) 원수[7]에게 부여한 탁월성이다. 튀렌은 나이를 먹을수록 군사 활동에서 전투마다 더욱더 저돌성을 보여주었는데, 오랜 경험으로 이제는 전쟁에서 일어나는 온갖 일에 통달해 자신이 잘 아는 길로 단호하고 안전하게 전진했다. 마키아벨리(Niccolò Machiavelli)가 말하기를, 파비우스(Fabius)는 조심스러웠고, 스키피오(Scipio)는 진취적이었다.[8] 그 둘은 각자가 지휘하던 시기의 로마 정세가 각자의 재능에 아주 잘 맞았기

---

7) (역주) 생테브르몽(Charles de Saint-Denis, seigneur de Saint-Évremond, 1613~1703)은 프랑스 군인이자 비평가로, 프랑스·에스파냐 전쟁(1635~1659)을 마감한 피레네 조약(Treaty of the Pyrenees)이 맺어지던 시기에 프랑스의 정책을 비판한 결과로 추방되어, 1661년부터는 주로 영국에서 살았고 결국 웨스트민스터 사원에 묻혔다. 튀렌(Henri de la Tour d'Auvergne, Vicomte de Turenne, 1611~1675)은 프랑스 루이 14세 시대의 명장이다. 그는 50여 년의 오랜 군경력 동안 젊은 병사의 용맹함과 베테랑의 노련함을 함께 보여준 가장 위대한 장군으로 꼽힌다. 생테브르몽은 개인적 친분이 있었으나 나중에 사이가 벌어진 콩데 공작과 여기에 언급된 튀렌 장군을 비롯해 당시 유명 인사들의 사생활과 공생활을 평한 여러 편의 글을 남겼다.

8) (역주) 파비우스(Quintus Fabius Maximus, 기원전 275~203)와 스키피오(Publius Cornelius Scipio Africanus, 기원전 235~183)는 마키아벨리의 『로마사 이야기』에 나오는 로마 공화정 시대의 장군이다. 파비우스는 로마 공화정 시대의 정치가이자 장군으로, 한니발의 군대를 맞아 끈질기게 뒤를 추적하는—당시 로마시민들은 이해하지 못했던—지구전을 구사한 것으로 유명해졌다. 이에 비해 스키피오는 새로운 전술을 채용하고 무기를 개량하는 등의 진취적 방법으로 전투마다 승리를 거둔 전설적인 인물이다.

에 성공을 거두었다. 그러나 만약 이러한 정세가 거꾸로였다면, 그 둘은 모두 실패했을 것이다. 자신의 주변 상황이 자신의 기질과 잘 맞는 사람은 행복하다. 그러나 주변 상황이 어떻든 그 상황에 자신의 기질을 맞출 수 있는 사람이 더 탁월하다.

권력과 부의 획득 혹은 우리가 세상에서 **재산**이라 하는 것을 늘림에서 근면성을 칭찬할 만한 이유를 보여주고 그것의 이점들을 칭송할 필요가 있을까? 우화에 따르면, 거북이는 자신의 인내심으로 월등히 민첩한 토끼와의 경주에서 이겼다. 잘만 관리하면 한 사람의 시간은 마치 경작된 들판과 같아, 작은 땅에서도 토양은 아주 기름지나 잡초와 가시밭으로 뒤덮인 광활한 지역보다 생활에 유용한 것을 더 많이 산출할 수 있다.

그러나 적당히 절약하지 않으면, 인생의 성공을 거둘 전망이나 심지어 웬만큼의 생계를 확보할 전망조차 사라질 것이다. 돈더미는 늘어나는 대신 매일 줄어들고, 이는 그 소유자를 훨씬 더 불행하게 만든다. 왜냐하면 자신의 지출을 큰 수입에도 맞출 수 없었던 그가 적은 수입에 만족하며 살아가기는 더욱더 어려울 것이기 때문이다. 플라톤에 따르면, 불순한 욕구들로 타올랐다가 유일한 만족의 수단이었던 육체마저 잃은 사람들의 영혼은 세상을 떠돌면서 잃어버린 감각기관들을 되찾으려는 열망에 사로잡혀 자신의 육체가 놓인 곳에 귀신으로 나타난다.[9] 그래서 우리는 자신의 재산을 터무니없이 무절제하게 탕진한 후, 풍성하게 차려진 모든 식사 자리와 모든 향락적 파티에 초대도 받지 않고 억지로 들어와, 악인한테도 미움받고 바보한테도 경멸당하는 쓸모없는 탕아들을 볼 수 있다.

검소함의 한 극단은 **탐욕**(avarice)이다. 그것은 어떤 사람이 자신의 부를 전혀 사용하지 못하게 하고 접대와 모든 사회적 향락을 방해하므로, 당연히 갑절로 비난을 받는다. 검소함의 다른 극단인 **낭비**(prodigality)는 일반적으로 어떤 사람 자신에게 더 해롭다. 그리고 각 극단은 그것을 비난하는 사람의 기질에 따라, 또한 많든 적든 사회적 혹은 감각적 쾌락에 대한 그의 감수성에 따라, 다른 극단보다 더 크게 비난을 받는다.

[마음의] 성질들은 흔히 복잡한 원천에서 그것들의 장점을 얻는다. **정직, 신의, 진실성**은 그것들이 사회의 이익을 증진하는 직접적 경향성 때문에 칭찬을 받는다. 그러나 일단 그 덕들이 이러한 토대 위에 확립되고 나면, 그것들은 그것들을 가진 사람들에게 이로운 것으로, 또한 어떤 사람이 살면서 존경을 받으려면 반드시 가져야 하는 신용과 신뢰의 원천으로 생각된다. 어떤 사람이 이러한 점에서 사회뿐만 아니라 자기 자신에게 지고 있

---

9) 플라톤, 『파이돈』.

는 의무를 잊었을 때, 그는 밉살스러운 만큼이나 경멸스러운 사람이 된다.

어쩌면 이러한 고려사항이 **정조**와 관련된 여자들의 [의무] 불이행 사례에 가해지는 강렬한 비난의 한 **주요** 원천이다. 여성이 얻을 수 있는 최고의 존중은 그들의 정절에서 나온다. 그리고 이 점에서 결함 있는 여자는 천박하고 상스러운 사람이 되고, 그녀의 지위를 잃고 온갖 모욕을 당한다. 여기서는 아주 작은 실수도 충분히 그녀의 성품에 대한 신용을 상실하게 만든다. 여성이 이러한 욕구를 은밀하게 만족시킬 기회는 수없이 많으므로, 그녀의 완벽한 점잖음과 자제 외에는 어떤 것도 우리에게 [그녀의 정조를] 보장할 수 없다. 그리고 일단 [정조가] 깨지면, 그것은 완전히 회복되기 어렵다. 어떤 사람이 한때 비겁하게 행동했어도, 나중에 그 반대로 행동하면 그의 성품에 대한 평판은 회복된다. 그러나 한때 방종하게 처신했던 여자는 이제 그녀가 더 나은 결심을 세웠고 그 결심을 실행할 만한 자제력을 가지고 있음을 어떤 행동으로 우리에게 확신시킬 수 있겠는가?

SB 239

주지하다시피, 사람들은 모두 똑같이 행복을 바란다. 그러나 행복의 추구에서 성공하는 사람은 아주 적다. 한 중요 원인은 정신력(strength of mind)의 부족이다. 정신력은 사람들이 현재의 편안함과 쾌락의 유혹에 굴하지 않고, 더 멀리 있는 이익과 즐거움을 찾아 나아가게 할 수 있다. 우리의 애정의 대상들에 대한 일반적 관찰에 따르면, 우리의 애정은 일정한 행위 규칙들과 하나의 대상을 다른 대상보다 선호할 일정한 척도들을 만들어낸다. 이러한 결정들은 실제로는 우리의 차분한 정념들과 성향들의 산물인데(다른 어떤 이유로 어떤 대상이 바람직하다거나 그 반대라고 선언할 수 있겠는가?), 그것들은 아직도 용어들의 자연적 오용으로 인해 순수 **이성**과 반성의 결정들이라고 이야기된다. 그러나 만약 이 대상들 중 어떤 것이 우리에게 더 가까이 다가오거나, 혹은 마음이나 상상을 사로잡기에 유리한 조명과 위치의 이점을 얻는다면, 우리의 일반적인 결심들은 종종 혼돈에 빠지고, 작은 즐거움을 선호하게 되며, 지속적인 수치심과 슬픔이 우리를 따른다. 아무리 시인들이 그들의 재치와 화술을 이용해 현재의 쾌락을 찬양하면서 명예나 건강이나 재산에 대한 장기적 관점을 모두 거부하더라도, 이러한 실천은 분명 모든 방종과 무질서, 또한 모든 후회와 불행의 원천이다. 견고하고 단호한 기질을 가진 사람은 자신의 일반적인 결심을 끈기 있게 고수하고, 쾌락의 매력에 유혹당하지도 고통의 위협에 겁먹지도 않는다. 동시에 그는 멀리 있으나 자신의 행복과 명예를 보장해줄 추구대상들에 계속 주의를 기울인다.

SB 240

자기만족(self-satisfaction)은 적어도 어느 정도는 바보에게든

128

현자에게든 똑같이 하나의 이점이다. 그러나 그것이 유일한 [공통점]이다. 처세의 다른 어떤 여건에서도 그들은 대등하지 않다. 업무, 서적, 대화와 같은 모든 일에서 바보는 완전히 무능하다. 그의 신분 때문에 가장 거칠고 고된 일을 억지로 하게 되지 않는 한, 그는 계속 세상에 **쓸모없는** 짐으로 남을 것이다. 따라서 사람들은 이러한 점에서 자신의 성품을 지키려고 열심히 노력하는 것으로 보인다. 아주 공공연하고 전혀 거리낌 없는 방탕과 배반의 사례들은 많지만, 자신의 무지와 어리석음에 대한 비난을 순순히 받아들인 사례는 없다. 폴리비오스가 말해주는 것처럼,[10] 마케도니아의 장군 디카에아르쿠스(Dicaearchus)는 사람들의 반항을 유도하기 위해 버젓이 불경(不敬)을 상징하는 제단과 부정(不正)을 상징하는 제단을 세웠다.[11] 장담컨대 그도 **바보**라는 욕설에서 출발해 이 모욕적인 호칭에 대한 복수를 꾀했을 것이다. 사실상 가장 강하고 굳은 결속인 부모의 애정을 제외하고는, 어떤 관계도 이러한 성품에서 나오는 역겨움을 견딜 수 없을 것이다.

---

10) 폴리비오스, 『역사』, 17권 35장.

11) (역주) 디카에아르쿠스(Dicaearchus, 기원전 ?~196)는 고대 그리스 중서부 지방인 아이톨리아(Aetolia) 출신의 해적인데, 마케도니아의 필리포스 5세 (기원전 238~179)에 의해 채용되어 키클라데스 제도와 로도스 섬의 함선들을 습격했다. 그는 자신이 점령한 지역마다 두 개의 제단을 세웠던 것으로 알려졌다. 나중에 이집트인들에게 붙잡혀 온갖 고문을 당하다 죽었다.

사랑 자체는 배반, 배은망덕, 악의, 부정(不貞) 아래서도 존속할 수 있지만, 어리석음을 지각하고 인정하면 그것으로 사랑은 즉시 소멸한다. 추함이나 노령조차도 어리석음만큼 [사랑의] 정념의 지배력에 치명적이지 않다. 어떤 목적이나 일에도 전혀 무능하고, 살면서 계속 실수와 비행을 저지를 것이라는 생각들은 얼마나 끔찍한가!

다음 중 어느 쪽이 더 가치가 있는지 물어보자. 빠른 이해 혹은 느린 이해 중에서? 첫눈에 어떤 주제를 깊이 관통하나 연구를 통해 아무것도 수행할 수 없는 성품, 혹은 이와 반대로 연구에 전력해 모든 것을 반드시 알아내는 성품 중에서? 명석한 머리 혹은 풍부한 창의력 중에서? 엄청난 천재성 혹은 안정된 판단력 중에서? 요컨대 어떤 성품이나 어떤 독특한 성질의 지성이 다른 것보다 더 탁월한가? 이 성질들 가운데 어느 것이 어떤 사람을 세상을 위해 가장 좋은 사람으로 만들어줄지, 또한 그가 맡은 어떤 일에서든 그를 가장 멀리 나아가게 해줄지를 숙고하지 않는다면, 우리는 분명 위의 물음들 가운데 어느 것에도 답할 수 없을 것이다.

세련된 감각과 고상한 감각은 상식만큼 **유용하지는** 않으나 그것들의 희소성과 참신성, 또한 그것들의 대상들의 고귀함은 [그것들이 상식만큼 유용하지 않다는] 점을 어느 정도 벌충해줄 것이고 사람들이 그것들에 감탄하게 할 것이다. 이것은 마치 금이 철보다 덜 실용적이지만 그것의 희귀함 때문에 훨씬 더 높은 가치를 가지는 것과 같다.

판단의 결함은 어떤 기술이나 발명품으로도 보완할 수 없다. 그러나 기억의 결함은 흔히 업무와 연구 모두에서의 체계성과 근면성으로, 또한 부지런히 모든 것을 적어놓음으로써 보완할 수 있다. 어떤 일에서든 어떤 사람이 짧은 기억력 때문에 실패했다는 말은 거의 들어본 적이 없다. 그러나 고대에는 누구도 말재주 없이는 세간의 주목을 받을 수 없었고, 대중 집회에서 즉흥 연설가가 내뱉는 미숙하고 정리되지 않은 장광설을 들어주기에는 청중이 너무나 섬세했기 때문에 기억력이 가장 중요했고, 따라서 지금보다 훨씬 더 높은 가치를 지녔었다. 고대에 언급되는 거의 모든 위대한 천재들은 이 재능 덕분에 칭송을 받는다. 그리고 키케로는 카이사르(Caesar)의 여러 탁월한 성질들 가운데 이 재능을 든다.[12)]

특수한 관습과 예의는 성질들의 유용성을 변화시킨다. 그것

---

12) "그[카이사르]는 재능, 이성, 기억력, 글솜씨, 주의력, 사고력, 부지런함 등을 가지고 있었다." 키케로, 안토니움 필리피카룸(Antonium Philippicarum)에 대항하는 두 번째 연설문.

들은 성질들의 장점도 변화시킨다. 특수한 상황과 우연도 어느 정도 같은 영향을 미친다. 자신의 사회적 지위와 직업에 알맞은 재능과 기량을 가진 사람은 운 나쁘게 잘못된 역할에 놓인 사람보다 항상 더 높은 평가를 받을 것이다. 이러한 점에서는 사적 혹은 이기적인 덕들은 공적이고 사회적인 덕들보다 더 변덕스럽다. 다른 점들에서는 그것들은 어쩌면 의심과 논란을 일으킬 여지가 덜할 수도 있다.

최근 이 왕국에서는 [즉 영국에서는] **활동적인** 삶을 사는 사람들 사이에서는 **공공심**을, 그리고 **사색적인** 삶을 사는 사람들 사이에서는 **자비심**을 끊임없이 과시하는 것이 유행했다. 물론 각각에 대한 아주 많은 주장들은 거짓으로 드러났다. 그래서 세상 물정에 밝은 사람들은 전혀 나쁜 의도는 아니지만, 그 도덕적 자질들에 [즉 공공심과 자비심에] 대해 부루퉁하게 불신을 드러내고, 심지어 때로는 그것들의 존재와 실재를 완전히 부정하는 경향이 있다. 마찬가지로, 내가 발견한 바로는, 옛날에 **덕**에 관해 **스토아학파**와 **견유학파** 사람들이 되풀이했던 위선적인 말, 즉 그들의 거창한 언명과 [이에 비해] 그들의 빈약한 실행은 사람들에게 역겨움을 자아냈다. 쾌락에 관해서는 부도덕했지만 다른 점들에서는 매우 도덕적이었던 저술가 루키아노스(Lukianos)는[13] [사람들이] 그렇게 과시하던 덕에 관해 말할 때는 이따금 분노와 빈정거림의 낌새를 감출 수 없었다.[14] [15] 그러나 어디서 일어나든 이러한 신경질적 섬세함 때문에 우리가 모든 종류의 장점의 존재를, 또한 몸가짐과 행태에 관한 모든 구별을 부정하게 되지는 않는다. **신중, 조심, 진취, 근면, 열심, 검소, 절약, 양식, 사려, 분별** 외에도, 즉 명칭 자체가 그것들의 장점을 천명하는 자질들 외에도, 아주 완강한 회의론자조차 칭찬과 승인을 표할 수밖에 없는 자질들이 여럿 있다. **절제, 절주, 인내, 지조, 끈기, 사전숙** **고, 이해심 많음, 비밀엄수, 정돈, 설득력 있게 말함, 수완, 침착, 이해의 빠름, 표현의 재능**이 그것들이다. 이것들뿐만 아니라 같은 종류의 무수한 자질들이 탁월성이자 완전성이라는 것을 누구도 부정하지 않을 것이다. 거창하게 공적(功績), 사회적 공적

---

13) (역주) 루키아노스(Lukianos, 125~180)는 아시리아의 풍자가이자 수사학자로, 미신이나 종교적 관행이나 초자연적 현상에 대한 믿음을 조롱하는 작품을 많이 썼다. 그리스어에 정통해 그의 작품은 모두 고대 그리스어로 저술되었고, 토머스 모어, 셰익스피어, 조너선 스위프트 등의 근대 서양 문학가들에게 엄청난 영향을 끼쳤다.

14) "덕과 무형의 것들에 대한 그들의 장광설과 다른 허튼소리를 죽도록 떠들어댔다." 루키아노스, 『타이먼, 인간 혐오자(Timon or the Misanthrope)』, 9. 그리고 "속이기 쉬운 청년들을 모아, (철학자들은) 자신들의 널리 알려진 '덕'에 대해 떠벌린다." 루키아노스, 『이카로메니푸스, 하늘을 나는 사람(Icaromenippus or the Sky Man)』. 또 다른 곳에서, "그 유명한 덕, 자연, 운명, 우연은 어디에 있는가? 그것들은 실체가 없고 공허한 이름들일 뿐이다." 루키아노스, 『신들의 의회(The Parliament of the Gods)』, 13.

15) (역주) 여기서 역자가 첨부한 루키아노스의 작품명은 하몬(A. M. Harmon, 1878~1950)의 영문 번역에 따른 것이다.

이라고 주장하지 않더라도, 그것들의 장점은 그것들을 소유한 사람들에게 도움을 주는 경향에 있으므로, 우리는 그것들을 가졌다고 자부하는 주장들에 대해 별로 시샘하지 않으면서, 기꺼이 그것들을 칭찬할 만한 성질의 목록에 받아들인다. 이렇게 [위와 같은 자질들을] 용인함으로써 우리는 다른 모든 도덕적 탁월성을 받아들일 길을 터놓았다는 것을, 그래서 사심 없는 자비심과 애국심과 인간애에 대해서는 더 이상 주저할 수 없다는 것을 감지하지 못하고 있다.

확실히 여기서 첫인상은 늘 그렇듯이 매우 기만적인 듯하다. 그리고 앞서 언급한 이기적 덕들에 우리가 부여한 장점을 자기애로 환원하는 것은 심지어 정의와 선행 같은 사회적 덕들의 장점을 [자기애로] 환원하는 것보다 사실 이론적으로 더 어려워 보인다. 후자의 목적으로 [즉 사회적 덕들의 장점을 자기애로 환원하기 위해서] 우리가 할 일이 무엇이든 공동체의 좋음을 증진하는 행위는 모든 사람이 함께 얻을 효용과 이익 때문에 공동체의 사랑과 칭찬과 존경을 받는다고 말하는 것뿐이다. 그리고 이러한 애정과 존경이 실제로는 자기애가 아니라 감사의 마음일지라도, 피상적인 추론가들은 이렇게 분명한 성질의 구별도 쉽게 해내지 못할 수 있다. 적어도 잠깐은 트집을 잡고 논쟁을 계속할 여지가 있다. 그러나 만약 우리나 공동체와 전혀 관계없이 오직 그것들을 소유한 사람의 효용에만 이로운 성질들이 여전히 존경과 높은 평가를 받는다면, 우리는 어떤 이론이나 학설로 이러한 감정을 자기애로부터 설명할 수 있겠는가, 혹은 그 감정을 그 즐겨 찾는 기원으로부터 [즉 자기애로부터] 연역할 수 있겠는가? 여기서 다른 사람들의 행복과 불행은 우리에게 전혀 무관심한 광경이 아니라, 그것의 원인에서든 결과에서든 전자의 [즉 행복의] 광경은 (우리의 요구를 상향하지 않는다면) 햇살이나 잘 경작된 평야처럼 은밀한 기쁨과 만족을 전달하고, 후자의 [즉 불행의] 모습은 어두침침한 구름이나 메마른 풍경처럼 우리의 상상 위로 우울한 그림자를 드리운다는 점을 반드시 인정해야 할 듯하다. 일단 이렇게 인정하고 나면, 어려운 일은 끝난 셈이다. 우리는 인간 삶의 현상들에 관한 자연적이고 무리 없는 해석이 모든 사변적 탐구자들 사이에 널리 퍼질 것이라고 기대할 수 있다.

2부

여기서는 신체적 자질과 행운의 재화가 우리의 존경과 존중의 감정에 미치는 영향을 검토하고, 이 현상이 현재의 이론을 강화하는지 혹은 약화하는지를 살펴보는 것이 옳을 것이다. 모든 고대 윤리학자들이 가정한 것처럼, 신체의 아름다움은 몇 가지 점에서는 마음의 아름다움과 유사하고, 그의 정신적 자질들에서 나온 것이든 외적 여건들에서 나온 것이든 어떤 사람을 향한 모든 종류의 존경은 당연히 그 근원에 유사한 무언가가 있다고 예상된다.

분명 모든 동물에서 **아름다움**의 한 중요한 원천은 자연적으로 운명 지어진 특수한 삶의 방식에 알맞게 만들어진 그것들의 손발과 팔다리의 특수한 구조로 인해 그들이 얻는 이점이다. 크세노폰(Xenophon)과 베르길리우스(Vergilius)가 기술한 말(horse)의 올바른 비율은 오늘날 우리의 근대 기수들이 인정하는 비율과 같다.[16) 왜냐하면 그들의 근거는 그 동물한테 해로운 것과 유용한 것에 대한 동일한 경험이기 때문이다.

넓은 어깨, 홀쭉한 배, 견고한 관절, 끝이 가는 다리, 이 모든 것들이 우리 종에서는 아름다운 것들이다. 왜냐하면 그것들이 힘과 활기의 표시이기 때문이다. 유용성과 그것과 정반대인 것에 대한 관념이 잘생긴 것과 흉한 것을 전부 결정하지는 않지만, 그것들은 명백히 승인이나 싫어함의 상당 부분을 결정하는 원천이다.

---

16) (역주) 크세노폰(Xenophon, 기원전 431~354)은 소크라테스의 제자로 고대 그리스의 철학자이자 역사가이다. 그의 저술들 가운데 말을 훈련하고 돌보는 방법을 기술한 『마술(馬術)에 대하여』라는 짧은 글이 있다. 푸블리우스 베르길리우스 마로(Publius Vergilius Maro, 기원전 70~19)는 아우구스투스 황제 시대의 가장 유명한 로마 시인으로, 트로이 목마와 로마 건국의 이야기를 담은 서사시 『아이네이스』의 저자이다.

고대에는 전쟁에서 더 큰 **쓸모**와 중요성을 가진 신체적 힘과 재주가 지금보다 훨씬 더 존중받고 높이 평가되었다. 호메로스나 시인들만이 아니라, 역사가들이 모든 그리스인 중 가장 위대한 영웅이자 정치가이자 장군으로 인정하는 에파메이논다스(Epaminondas)[17]의 여러 재주 가운데 **신체적 힘**을 망설임 없이 언급하는 것을 관찰할 수 있다.[18] 가장 위대한 로마인 중 하나인 폼페이우스(Pompeius)도 이와 비슷한 칭찬을 받는다.[19] [20] 이러

---

17) (역주) 에파메이논다스(Epaminondas, 기원전 410?~362)는 고대 그리스의 도시국가 테베(Thebes)의 장군이자 정치가로, 레우크트라 전투(기원전 371년)에서 스파르타 군대를 무너뜨리고 고대 그리스의 정치적 지형을 재편한 인물이다.

18) 디오도로스 시켈로스(Diodoros Sikeliotes 혹은 Diodorus Siculus, 기원전 약 1세기), 『비블리오테카 히스토리카(*Bibliotheca historica*)』, 15권. 그 시대에 널리 퍼져 있던 완전한 장점에 대한 관념을 이해하려면, 이 역사가가 에파메이논다스의 성품에 관해 기술한 바를 제시하는 것이 적절할 것이다. 그가 말하기를, 당신은 걸출한 사람들 각자가 자기 명성의 근거가 되는 어떤 빛나는 성질을 가졌다는 점을 관찰할 것이다. 그런데 에파메이논다스에서는 온갖 덕들이 합쳐서 발견된다. 신체적 힘, 유창한 표현력, 활기찬 마음, 재물에 대한 경멸, 온화한 성향, 그리고 **특히 존경받아야 하는 것**, 즉 전쟁에서의 용기와 행위를 관찰할 것이다.

19) "그는 도약에서는 민첩한 자, 달리기에서는 **빠른 자**, 역도에서는 강한 자와 경쟁하고는 했다." 살루스티우스(Sallust)와 베게티우스(Veget).

20) (역주) 폼페이우스(Gnaeus Pompeius Magnus, 기원전 106~48)는 로마 공화정 말기의 장군이자 정치가로, 크라수스, 카이사르와 더불어 삼두정치를 이끌다 카이사르와의 내전에서 패해 이집트에서 죽었다. 살루스티우스(Gaius Sallustius Crispus, 기원전 86~35)는 카이사르 시대의 역사가이자

한 사례는 위에서 우리가 기억력과 관련해 관찰했던 바와 유사하다.

발기부전(impotence)은 남성과 여성 모두한테 얼마나 심한 조롱과 경멸을 받는가. 그 불행한 대상은 삶에서 매우 중요한 쾌락을 상실한 사람인 동시에, 다른 사람들에게 그것을 [즉 매우 중요한 쾌락을] 전달할 능력도 없는 사람으로 여겨진다. 여성의 **불임**도 일종의 **무익함**(inutility)으로서 [발기부전과] 같은 정도는 아니지만 하나의 치욕이다. 현재의 이론에 따르면, 그 이유는 매우 분명하다.

그림이나 조각에서는 형상들의 균형을 맞추고 그것들을 최대한 정확하게 그것들의 적절한 무게중심에 놓는 것보다 더 필수적인 규칙은 없다. 올바른 균형을 이루지 못한 형상은 추하다. 왜냐하면 그것은 **몰락, 해악, 고통**이라는 유쾌하지 않은 관념들을 전달하기 때문이다.[21]

정치가로, 대표작으로 『카틸리나의 음모』, 『유구르타 전쟁』이 있다. 그의 가장 중요한 저서로 생각되나 일부 파편만 전해지는 『역사(*Historiae*)』에서 그는 폼페이우스에 대해 위와 같이 평한다. 베게티우스(Publius Flavius Vegetius Renatus, 4세기경)는 로마의 군사 저술가로, 대표작으로 고대 로마 군대의 유일한 설명서로 인정받는 『군사학 논고(*Epitoma rei militaris*)』가 있다. 이 저서의 1권에서 폼페이우스에 대한 살루스티우스의 말을 인용한다.

21) 사람들은 모두 똑같이 고통과 질병과 아픔에 빠질 수 있고, 다시 건강과 편

어떤 사람이 출세하고 재산을 늘리는 일에 적합하게 해주는 마음의 성향이나 방향은 이미 설명한 것처럼 존중과 존경을 받을 만하다. 그러므로 부와 권위의 실제 소유는 자연히 이러한 감정들에 상당한 영향을 미칠 것이라 가정할 수 있다.

우리가 부자와 권력자에게 표하는 존경을 설명할 수 있는 가설을 검토해보자. 우리는 번영, 행복, 편안, 풍요, 권위 그리고 모든 욕구의 만족에 관한 영상들이 관찰자들에게 전하는 즐거움에서 그 [존경을] 끌어내는 가설 외에 달리 만족할 만한 가설을 전혀 발견하지 못할 것이다. 예컨대 일부 사람들은 모든 감정의 원천으로 간주하지만, 자기애는 명백히 이러한 목적에 충분하지 않다. 만약 [부자들이] 호의나 우정을 전혀 보이지 않는다면,

---

안함을 회복할 수 있다. 이러한 여건들은 사람을 가리지 않으므로, 자부심이나 겸손, 존중이나 경멸의 원천이 아니다. 그러나 우리 인간 종과 더 우월한 종을 비교한다면, 우리가 모두 이렇게 질병과 허약함에 빠질 수 있다는 것은 매우 굴욕적인 사항이다. 따라서 신학자들은 자만심과 허영심을 낮추기 위해 이러한 화제를 이용한다. 만약 우리 생각의 일반적인 경향이 항상 우리 자신과 다른 종을 비교하는 것에 익숙하지 않았다면, 그들은 [우리의 자만심과 허영심을 낮추는 일에서] 더 큰 성공을 거두었을 것이다. 노년의 허약함은 굴욕감을 준다. 왜냐하면 청년과의 비교가 일어날 수 있기 때문이다. 왕의 악행은 열심히 감춰진다. 왜냐하면 그것은 다른 사람들에게 영향을 미치고, 흔히 후세에 전해지기 때문이다. 그것은 질병이 예컨대 간질, 궤양, 상처, 딱지 등의 역겹거나 몹시 불쾌한 영상들을 전달하는 것과 거의 사정이 같다.

우리가 그들의 부로부터 이득을 얻을 희망을 어디에 두어야 할지 상상하기 어렵다. 그런데 우리는 부자들이 우리에게 그렇게 호의적인 성향을 드러내기 전에도 자연스럽게 그들에게 경의를 표한다.

우리가 부자들의 활동 영역에서 크게 벗어나 있어 그들이 우리에게 도움을 줄 힘이 있다고 생각되지 않을 때도, 우리는 그 같은 감정들을 가진다. 모든 문명화된 국가에서 전쟁 포로는 그의 신분에 걸맞은 존경을 받는다. 부가 어떤 사람의 신분을 정하는 데 크게 작용한다는 것은 명백하다. 태생과 성질이 한몫 끼어들더라도, 이것은 여전히 우리의 현재 목적에 부합하는 논증을 제공한다. 오랫동안 이어진 부유하고 유력한 조상의 후손이면서 우리가 존경하는 사람들과의 연고로 우리의 존경을 받게 되는 사람 말고, 우리는 어떤 사람을 좋은 태생의 사람이라고 부르겠는가? 비록 그들은 이미 죽었고, 따라서 [우리는 그들로부터] 아무것도 기대할 수 없지만, 그의 조상들은 어느 정도는 그들의 부 때문에 존경을 받는다.

SB 247

그러나 부에 대한 사심 없는 존경의 사례들을 발견하기 위해, 전쟁 포로들이나 죽은 사람들까지 들먹일 필요도 없이, 우리는 단지 평범한 삶과 대화에서 일어나는 현상들을 조금만 주의 깊게 관찰하면 된다. 충분한 재산은 있으나 직업이 없는 어떤 사람이 한 무리의 낯선 사람들을 만난다고 가정해보자. 그가 그들의 재산과 신분을 알았을 때, 비록 그는 갑자기 [그들한테서] 금전적 이익을 꾀할 수도 없고, 아마도 이러한 이익을 받아들이지도 않겠지만, 그는 자연스럽게 그들을 상이한 정도의 존경심을 가지고 대할 것이다. 어떤 여행자는 언제나 모임에 받아들여지고 정중하게 대우받는데, 이것은 그의 수행원과 마차가 그가 얼마만큼의 재산을 가진 사람인지를 말해주는 데 비례해서이다. 요컨대 사람들의 상이한 신분은 대체로 부에 의해 정해진다. 하위에 있는 사람들뿐만 아니라 상위에 있는 사람들과 관련해서도, 또한 잘 아는 사람들뿐만 아니라 낯선 사람들과 관련해서도 이렇다고 말할 수 있다.

따라서 우리는 현재나 상상적 미래의 욕구를 만족시킬 수단으로 부를 욕구하는데, 단지 이렇게 [욕구를 만족시킬 수단으로] 작용함으로써 그것은 다른 사람들한테서 존경심을 낳는다는 결론을 내릴 수밖에 없다. 실로 이것이 바로 부의 본성 혹은 본질이다. 부는 생필품, 편의품, 삶의 쾌락과 직접 연관된다. 만약 상황이 달랐다면, 파산한 은행가의 어음이나 무인도의 황금도 귀했을 것이다. 우리가 말한 것처럼, 우리가 안락하게 사는 사람에게 다가갈 때, 우리는 풍요, 만족, 청결, 온기, 밝은 집, 우아한 가구, 영리한 하인, 또한 탐나는 식사와 음료나 복장이라는 유쾌한 관념들을 받는다. 반대로 가난한 사람이 나타날 때, 결핍, SB 248

극빈, 중노동, 더러운 가구, 거칠거나 해진 옷, 역겨운 식사와 맛없는 술이라는 불쾌한 영상들이 즉각 우리의 머리에 떠오른다. 한 사람은 부유하고 다른 사람은 가난하다는 말로 우리가 다른 무엇을 뜻하겠는가? 그리고 존경이나 경멸이 서로 다른 처지의 삶의 자연스러운 결과일 때, 이것이 모든 도덕적 구별과 관련해 앞서 기술한 우리의 이론에 어떤 추가적 지식과 증거를 던져주는지는 쉽게 알 수 있다.[22]

어떤 사람이 자신의 터무니없는 선입견을 모두 버리고, 철학뿐만 아니라 경험을 통해 재산의 차이는 통속적으로 상상하는 것만큼 그렇게 큰 행복의 차이를 낳지 않는다는 것을 전적으로 진심으로 확고하게 믿는다고 가정해보자. 이러한 사람은 자

---

22) 우리가 다른 사람들의 재산과 상황을 고려할 때, 우리의 정념의 작용에는 특이하고 겉으로는 설명할 수 없는 무언가가 있다. 아주 흔히 어떤 다른 사람의 발전과 번영은 부러움을 낳는데, 그것은 혐오와 강하게 섞여 있고, 주로는 우리 자신과 그 사람의 비교에서 생긴다. 동시에, 아니면 적어도 아주 짧은 시간 안에, 우리는 존경의 정념을 느낄 수 있는데, 그것은 굴욕감과 뒤섞인 일종의 애정이나 호의이다. 다른 한편으로 우리 동료의 불운은 연민을 낳는데, 그것은 호의와 강하게 뒤섞여 있다. 이러한 연민의 감정은 경멸과 밀접히 연결되는데, 그것은 자부심과 뒤섞인 일종의 싫어함이다. 나는 이러한 현상들을 도덕적 탐구와 관련된 흥미로운 사색의 주제로 지적할 뿐이다. 현재의 목적을 위해서는, 때로는 특수한 관점들과 사건들이 부러움과 연민의 정념을 일으킬 수도 있지만, 대체로 권력과 부는 보통 존경심을 일으키고 가난과 천함은 경멸을 일으킨다는 것을 관찰하는 것으로 충분하다.

기 지인의 집세 장부로 존경의 정도를 재지 않는다. 사실 그는 겉으로는 봉신(封臣)보다 대영주에게 더 깊은 경의를 표할 수 있다. 왜냐하면 부는 가장 변치 않고 확실한 것이기에 가장 편리한 구별의 원천이기 때문이다. 그러나 그의 내적 감정은 우연적이고 변덕스러운 행운의 혜택보다는 사람들의 개인적인 성품으로 정해질 것이다.

유럽의 대다수 나라에서는 가문, 말하자면 통치자한테 받은 작위와 문장(紋章)으로 표시되는 세습 재산이 구별의 주된 원천이다. 영국에서는 부유함과 풍요를 나타내는 것에 더 많은 경의를 표한다. 각 관행에는 장단점이 있다. 만약 태생이 존경받는 SB 249 다면, 활동력도 없고 기백도 없는 마음을 지닌 사람들은 오만한 게으름에 빠진 채로 혈통과 족보만을 꿈꾸겠지만, 통이 크고 의욕적인 사람들은 명예와 권위, 명성과 호의를 추구할 것이다. 만약 부가 최고의 우상이라면, 부패와 매수와 약탈이 만연하겠지만, 예술과 제조업과 상업과 농업도 번창한다. 군인의 덕과 잘 맞는 전자의 [가문을 중시하는] 선입견은 군주국(monarchies)에 더 적합하다. 근면의 주된 원동력인 후자의 [부를 중시하는] 선입견은 공화정부(republican government)와 더 잘 맞는다. 따라서 우리는 이러한 정부 형태들이 각각 그 관습들의 **효용**을 변화시켜서 그것에 비례하는 영향력이 인간의 감정에 미친다는 것을 발견한다.

제7절

우리에게 즉각적으로
유쾌한 성질에 대하여[1]

    누구든 아주 우울한 사람들과 저녁을 보내다가 명랑하고 생기 SB 250
넘치는 동료가 참여하자 갑자기 대화가 활발해지고 사람들 모
두의 표정과 담론과 행동에 활기가 퍼지는 것을 관찰한 적이 있
다면, 필시 그 사람은 쾌활함(cheerfulness)이 큰 장점을 지니고
자연히 사람들의 호의를 얻는다는 것을 인정할 것이다. 실로 이
것보다 더 손쉽게 모두에게 전달되는 성질은 없다. 왜냐하면 명
랑한 대화와 즐거운 오락에서 이보다 더 잘 드러나는 성질은 없
기 때문이다. 불길이 전역으로 번진다. 아주 무뚝뚝하고 시무룩
한 사람조차 대개 그 불길에 휩싸인다. 호라티우스는 우울한 사
람은 즐거운 사람을 증오한다고 했지만, 나는 그 말에 다소 동

---

1) (역주)『인간 본성에 관한 논고』, 3권, 3부, 2절을 참고하시오.

의하기 어렵다. 왜냐하면 그 명랑함에 절도와 품위가 있다면, 그것은 심각한 사람들을 억누르던 우울함을 흩어버려 그들을 훨씬 더 즐겁게 하고 그들에게 색다른 기쁨을 주는 것을 항상 보아왔기 때문이다.

그 자체를 전달하는 동시에 승인을 끌어내는 쾌활함의 이러한 영향력을 통해, 우리는 공동체나 [그 성질의] 소유자에게 어떤 효용이나 그 이상의 좋은 것을 주는 경향이 없더라도 지켜보는 사람들에게 두루 만족감을 퍼트리고 우애와 존중을 야기하는 다

른 정신적 성질들의 집합이 있다는 것을 지각할 수 있다. 그 성질들을 가진 사람에게 그것들의 즉각적 감각은 유쾌하다. 다른 사람들도 같은 기분에 빠지고 전염(contagion) 혹은 자연적 공감을 통해 그 감정을 감지한다. 우리가 뭐든 기쁨을 주는 것을 사랑하지 않을 수 없는 것처럼, 이렇게 큰 만족감을 전달하는 사람을 향해서는 다정한 정서가 생긴다. 그는 더 많은 생기를 주는 광경이다. 그의 존재는 우리에게 더 평온한 만족감과 즐거움을 발산한다. 그의 감정과 성향에 공감하면서, 우리의 상상은 우리에게 우울하고 낙담하고 부루퉁하고 불안해하는 기질이 주어진 때보다는 더 유쾌한 방향으로 작동한다. 따라서 우리는 전자에는 애정과 승인이 동반하고, 후자를 반감과 혐오감을 가지고 바라본다.[2]

카시우스(Cassius)[3]에 대한 카이사르의 인물평을 부러워할 사람은 별로 없을 것이다.

그는 연극을 좋아하지 않는다,
안토니우스, 너와는 달리.
그는 음악도 듣지 않는다.
그는 잘 웃지도 않는다.
그는 이렇게 웃는다,
마치 자기 자신을 조롱하듯이,
무엇에든 웃음 지을 수 있는
자신의 영혼을 경멸하듯이.[4]

---

2) 특별한 때에 공포, 분노, 낙담, 슬픔, 우울, 불안 등의 불쾌한 정념들에 영향을 받지 않을 사람은 없다. 그러나 이 정념들이 자연적이고 보편적인 만큼, 그것들은 사람과 사람 사이에 차이가 없고 비난의 대상일 수 없다. 이 불쾌한 정념들이 그 인물을 추하게 만들고 불쾌감을 주어 관찰자에게 불승인의 감정을 전하는 것은 오직 [그 사람의] 기질이 어느 것이든 이 불쾌한 정념을 일으키는 **경향**을 가질 때다.

3) (역주) 가이우스 카시우스 롱기누스(Gaius Cassius Longinus, 기원전 85~42)는 로마 공화정 말기의 원로원 의원이었다. 그는 카이사르 암살의 주동자 중 하나로 더 유명하고, 마르쿠스 브루투스의 매제였다.

4) (역주) 셰익스피어의 희곡 『율리우스 카이사르(*Julius Caesar*)』 1막 2장에 나오는 부분으로, 카이사르가 자신의 양자 마르쿠스 안토니우스(Marcus Antonius, 기원전 83~1)에게 카시우스의 사람됨에 관해 이야기하는 내용이다. 카이사르는 카시우스를 불신했고, 생각이 많고 위험한 자로 묘사한다.

카이사르가 덧붙인 것처럼, 이러한 사람들은 흔히 **위험할** 뿐만 아니라, 마음속에 기쁨이 별로 없어서 절대 다른 사람들에게 유쾌할 수도 없고 사교적인 유흥에 도움이 될 리도 없다. 모든 예의 바른 나라와 시대에는, 만약 절제와 품위를 갖춘다면, 쾌락에 대한 흥미는 가장 위대한 사람들 가운데서도 상당한 장점으로 여겨진다. 그리고 그것은 열등한 지위와 성품을 가진 사람들에게는 더욱더 필요한 것이 된다. 이 점에서 자신의 마음의 상태에 대해 한 프랑스 작가는 다음과 같은 적당한 표현을 제공한다. 그가 말하기를, **나는 거칠지 않은 덕, 무기력하지 않은 쾌락, 그리고 그 끝을 두려워하지 않는 삶을 사랑한다.**[5][6]

SB 252

마음의 넓음이나 성품의 위엄을 뚜렷하게 보여주는 사례, 예컨대 감정의 고상함, 굴종의 거부, 또한 의식적인 덕에서 나온 고결한 자부심과 기백에 누군들 감동하지 않겠는가? 롱기누스

---

5) "J'aime la vertu, sans rudesse;
   J'aime le plaisir, sans molesse;
   J'aime la vie, et n'en crains pas la fin." — 생테브르몽(Charles de Saint-Évremond)
6) (역주) 위의 프랑스어 원문을 인용한 부분에서 잘못된 부분, point를 pas로 바로잡았다. 그리고 프랑스어 원문의 rudesse가 본문에는 austerity로 번역되어 있는데, 다소 어색한 듯해 최대한 프랑스어 낱말에 가까운 우리말로 대체했다.

(Longinus)[7]가 말하기를, 숭고함은 흔히 넓은 도량(magnanimity)의 반향이나 영상일 뿐이다. 만약 아무 말 하지 않아도 이러한 성질이 누군가에게 나타나면, 그것은 박수갈채와 감탄을 불러일으킨다. 그것은 어떤 말로도 전할 수 없는 고결한 경멸과 단호한 분노를 표현한, 『오디세이』에 나오는 아이아스(Aeas)의 유명한 침묵[8]에서 관찰될 수 있다.[9] [10]

파르메니온(Parmenion)이 말하기를, **만약 제가 알렉산더 대왕님이라면 다리우스 왕이 내놓은 제안을 받아들였을 것입니다.**[11]

---

7) (역주) 카시우스 롱기누스(Cassius Longinus, 213~273)는 그리스 수사학자이자 철학자로, 아테네에서 여러 제자를 가르쳤는데 그중 하나가 유명한 신플라톤주의 철학자인 포르피리오스(Porphyrios)이다. 한때 『숭고함에 관하여(On the Sublime)』를 그의 저술로 간주하였으나, 현재는 그것이 그가 태어나기 전인 1세기의 저술로 여겨진다.

8) (역주) 트로이 전쟁의 영웅 아킬레우스가 죽은 후, 아이아스(Aeas)는 아킬레우스가 남긴 유품을 두고 오디세우스(Odysseus)와 설전을 벌이는데, 더 많은 무공을 세우고도 오디세우스에게 유품을 빼앗긴 것에 대한 분노에 휩싸여 자신이 벌인 일에 대해 큰 수치심을 느끼고 칼로 자신의 가슴을 찔러 자살한다.

9) 『오디세이』, 9권.

10) (역주) 여기서 오디세우스는 자신과 아킬레우스의 유품을 두고 다투다 자살한 아이아스의 영혼을 만나는데, 아이아스는 여전히 원한을 품은 채 오디세우스와의 대화를 거절한다.

11) (역주) 파르메니온(Parmenion, 기원전 400?~330)은 마케도니아 왕국의 장군으로 알렉산더 대왕의 여러 원정에 함께했다. 페르시아 정벌 이후에 더 이상의 원정을 반대하다가, 그의 아들이 알렉산더 암살 음모에 연루되어

알렉산더 대왕이 답하기를, **만약 내가 너 페르메니온이라면, 나 역시 받아들였을 것이다.** 롱기누스는 이 말도 같은 원리로 존경스럽다고 말한다.[12]

그 영웅은 [즉 알렉산더 대왕은] 자신을 따라 인도로 가기를 거부하는 병사들에게 이렇게 외쳤다. **가라! 가서 너의 동포에게 세계 정복을 완수하려는 알렉산더 대왕을 버려두고 왔다고 말해보아라.** 항상 이 구절에 감탄을 느꼈던 콩데 공작(Prince of Condé)[13]이 말하기를, "자신의 병사들에 의해 아직 완전히 진압되지 않은 야만인들 가운데 버려진 알렉산더 대왕은 누구도 자신에게 복종하기를 거부하리라고 생각할 수 없는 제왕의 위엄과 권리가 자신에게 있다고 느꼈다. 유럽에서든 아시아에서든, 그리스인들 가운데서든 페르시아인들 가운데서든, 그에게는 아

반역죄로 처형된다. 그리고 여기서 '다리우스'는 페르시아 제국의 아케메네스 왕조의 마지막 왕인 다리우스 3세(기원전 380~330)를 가리킨다. 그는 알렉산더와의 전쟁에서 패하면서 동맹을 맺는 조건으로 막대한 재물과 유프라테스강 서쪽의 페르시아 영토를 주겠다고 제안했으나, 알렉산더는 이 같은 제안을 모두 거절했다.

12) 롱기누스의 같은 글에서.
13) (역주) 콩데 공작(Louis II de Bourbon, prince de Condé, 1621~1686)은 프랑스의 귀족이자 군인이다. 부르봉가 출신으로 프랑스와 스페인 사이의 30년 전쟁의 여러 전투에 참전해 프랑스의 승리에 크게 공헌했다. 그러나 왕권에 대한 반란을 일으켰다가 국외로 추방된 이후, 1653~1659년 사이에는 스페인 진영에서 참전했다.

무 상관이 없었다. 그는 자신이 발견하는 사람들 모두를 자신의 백성으로 만들 수 있다고 자신했다." 비극에서[14] 메데이아(Medeia)의 절친은 그녀에게 경계와 항복을 권한다. 그리고 그 불행한 여주인공의 온갖 고충을 열거하면서, 그녀가 수많은 무자비한 적들에 대항할 수 있도록 자신이 무엇을 도와주면 좋겠냐고 그녀에게 묻는다. 메데이아는 이렇게 답한다. **아, 나 자신!** **그것이면 족하다.** 부알로(Boileau)는 바로 이 구절을 진정한 숭고함의 사례로 추천한다.[15) 16]

겸손하고 온화한 포키온(Phocion)이 처형장으로 끌려갔을 때, 그는 각자 자신의 가혹한 운명을 한탄하는 동료 순교자들에게 돌아서서 이렇게 말했다. **포키온과 함께 죽는 것만으로도 너희들은 충분히 영광스럽지 않으냐?**[17) 18]

---

14) (역주) 프랑스 극작가 피에르 코르네유(Pierre Corneille, 1606~1684)의 희곡 『메데(*Médée*)』(1635)를 가리키는 듯하다. 물론 이 작품은 에우리피데스(Euripedes)와 세네카의 동명 희곡에서 영향을 받았다. 이 작품의 주인공 메데이아는 오직 복수를 위해 자신 앞의 장애물을 헤쳐나가고 가능한 모든 해결책을 마련하는 강인한 여성상을 보인다.

15) 『롱기누스에 대한 비판적 고찰(*Réflexion critiques sur Longin*)』 10.

16) (역주) 니콜라 부알로 데스프레오(Nicolas Boileau-Despréaux, 1636~1771)는 프랑스 시인이자 비평가로, 위에서 언급한 롱기누스의 『숭고함에 관하여』를 번역해 출판(1674)했다.

17) 플루타르코스의 『영웅전』, 포키온.

18) (역주) 포키온(Phocion, 기원전 402?~318)은 아테네의 정치가이자 장군

타키투스가 그린 비텔리우스(Vitellius)[19]의 모습과 비교해보라. 최고의 지배권을 잃고 삶에 대한 졸렬한 애착으로 자신을 더 수치스럽게 만들던, 무자비한 폭도들에게 넘겨져 던져지고 얻어맞고 발로 차이던, 그들이 턱 아래 놓은 단검 때문에 얼굴을 들고 온갖 모욕을 참아낼 수밖에 없던 모습을 보라. 얼마나 참담한 오명인가! 얼마나 불쌍한 굴욕인가! 타키투스가 말하기를, 여기서조차 그는 완전히 쇠퇴하지 않은 마음의 징후를 보였다. 자신을 모욕한 군단 사령관에게, 그는 이렇게 대응했다. **나는 여전히 너희의 황제다.**[20]

이다. 알렉산더 대왕과의 우호적인 관계로 아테네를 위기에서 구하기도 했고, 검소한 생활과 온순한 성품으로 많은 사람의 존경을 받았다. 그러나 알렉산더 대왕이 죽은 후 마케도니아가 아테네를 점령하면서 모든 권한을 잃었고, 정치적 논란에 휩쓸리면서 아테네 의회로부터 사형선고를 받았다.

19) (역주) 비텔리우스(Aulus Vitellius Germanicus Augustus, 15~69)는 네로 황제 사후의 내란 상태에서 갈바(Servius Galba Caesar Augustus, 3~69)와 오토(Otho Caesar Augustus, 32~69)에 이어 여덟 번째 황제가 되었지만, 재임 기간은 단 8개월이었다. 자신의 군대가 베스파시아누스(Flavius Caesar Vespasianus Augustus, 9~79)를 지지하는 도나우 군단에 패하자, 겁을 먹고 숨어 지내다 결국 도나우 군단에 붙잡혀 온갖 모욕을 당하다 처형당했다.

20) 타키투스, 『역사』, 제3권. 이야기에 들어가면서 필자는 이렇게 말한다. **그가 옷이 모두 잡아 뜯기면서 끌려갈 때, 끔찍한 광경이었다. 많은 사람이 그를 욕하고 아무도 울지 않았다. 그의 퇴장의 추함이 연민을 쫓아냈다.** 철저히 이러한 사고방식을 따른다면, 우리는 자신의 삶이 더럽혀진 후에는 누구도 이러한 삶을 더 늘리지 않아야 한다는, 다시 말해서 그는 언제든 이러한 삶

우리는 사회와 평범한 삶의 교류에서 기백과 위엄이 전혀 없는 성품이나 자기 자신으로 인한 것에 대한 적절한 의식이 전혀 없는 것을 절대 용납하지 않는다. 이러한 악덕이 바로 우리가 비굴함(meanness)이라고 일컫는 것이다. 어떤 사람이 자신의 목적을 이루기 위해 가장 천한 노예가 되려고 할 때, 자신을 모욕하는 사람에게 아첨할 때, 값어치 없는 열등한 자와의 친밀과 친교로 자신을 격하시킬 때가 이에 [즉 비굴함에] 해당한다. 어느 정도 넉넉한 자부심이나 자존감은 매우 필요한 것이므로, 마음속에 그것이 없는 것은 코나 눈, 혹은 얼굴이나 신체 기관의 아주 중요한 부위가 없는 것과 같은 방식으로 불쾌하게 만든다.[21]

대중에게, 그리고 용기를 지닌 사람 모두에게, 용기의 효용은

을 끝낼 권리가 있기에 이러한 삶과 이별하는 것이 의무가 된다는 고대의 준칙을 참작해야 한다.

21) 덕의 결여는 흔히 악덕일 수 있다. 비굴함뿐만 아니라 배은망덕의 사례에서처럼, 그것도 가장 나쁜 종류의 악덕일 수 있다. 만약 우리가 어떤 아름다운 것을 기대한다면, 그 실망은 불쾌한 감각을 주고 정말로 추함을 낳는다. 마찬가지로 비열한 성품은 또 다른 관점에서 혐오스럽고 경멸스럽다. 어떤 사람이 자신 안에서 아무런 가치도 의식하지 못할 때, 우리가 그를 더 높이 존중할 리가 없다. 그리고 만약 그 사람이 상급자에게는 굽신대면서 (흔히 그러는 것처럼) 하급자에게는 무례하다면, 행동의 이러한 불일치는 훨씬 더 혐오스러운 악덕을 보태어 전자의 악덕을 바로잡기보다 그것을 극도로 악화시킬 것이다. 8장을 보시오.

장점의 확실한 토대이다. 문제를 제대로 살펴본 사람한테는 이 성질이 전적으로 그것 자체에서, 또한 그것과 분리될 수 없는 고상한 기품에서 나오는 특유의 광채를 지닌 것처럼 보일 것이다. 화가와 시인이 묘사한 용감한 인물은 각자의 용모에서 숭고함과 대담함을 보여준다. 그것은 눈을 사로잡고, 감정을 끌어내고, 공감을 통해 모든 관찰자에게 유사한 숭고함의 감정을 퍼트린다.

자기 정책의 집행을 변호하고 그가 아테네인들에게 불어넣고자 했던 자유에 대한 불굴의 사랑을 정당화하는 연설에서, 데모스테네스(Demosthenes)[22]는 필리포스 2세를 밝은 색깔로 묘사했다. 그가 말하기를, "나는 필리포스, 여러분의 적이었던 그가 제국과 통치권을 얻기 위해 굳은 의지로 모든 상처를 견뎌내는 것을 보았다. 그의 눈은 찔리고, 목은 비틀리고, 팔과 허벅지는 꿰뚫렸다. 만약 [멀쩡하게] 남은 부분만으로도 명예와 명성 속에 살 수 있다면, 그는 자신이 움직일 수 있는 몸의 어떤 부분이든 기꺼이 포기했을 것이다. 말하자면 예전에는 보잘것없고 조악한 곳이었던 펠라(Pella)에서 태어난 그도 [이렇게] 높은 야망과 명성에 대한 갈망을 품을 수 있었다. 그런데 당신들, 아테네인들은." 이러한 칭찬은 아주 강렬한 감탄을 자아낸다. 그러나

---

22) 「왕관에 관하여(Pro Corona)」.

이 연설가가 내놓은 견해는 그 영웅 자신을 넘어서지 않고, 그의 용맹의 미래의 이로운 결과에는 전혀 주목하지 않는다는 것을 알 수 있다.

계속된 전쟁으로 달아오른 로마인들의 호전적인 기질은 용기에 대한 그들의 존경심을 아주 높이 끌어올렸다. 그래서 그것을 다른 모든 도덕적 성질들과 구별되는 탁월성으로서 그들의 언어로 **덕**이라고 불렀다. 타키투스의 의견에 따르면,[23) 24)] **수에비족 (Suevi)은 칭찬할 만한 의도로 그들의 머리를 땋았다. 사랑하거나 사랑받을 목적이 아니었다. 그들은 오직 자신들의 적 때문에, 그리고 더 끔찍하게 보이기 위해 자신들을 꾸몄다.** 여기서 이 역사가의 감정은 다른 민족에게나 다른 시대에서는 다소 이상하게 들릴 것이다.

헤로도토스(Herodotus)에 따르면,[25)] 스키타이족(Scythian)은 적의 머리 가죽을 벗겨 그 피부를 가죽옷처럼 입고 수건처럼 사용했다. 그들 사이에서는 이러한 수건을 가장 많이 가진 사람이

---

23) 『게르만족의 관습에 대하여(De moribus Germ)』.

24) (역주) 이것은 타키투스의 역사서 『게르마니아(Germania)』를 가리킨다. 수에비족은 타키투스가 이 책에서 열거한 여러 게르만 민족 중 하나이다. 타키투스에 따르면, 그들은 머리카락을 꼬아 정수리 부분에 세웠는데, 그들이 그렇게 한 이유는 키가 더 커 보이게 해서 적에게 위압감을 주기 위한 것이었다.

25) 헤로도토스(Herodotus, 기원전 484?~425), 『역사』, 4권.

가장 큰 존경을 받았다. 여러 다른 민족들뿐만 아니라 그 [스키타이] 민족에서 전사의 용기는 필시 훨씬 더 유용하고 매력적인 덕인 인간애의 감정들을 아주 심하게 파괴했다.

실로 선행, 정의, 여타 사회적 덕들에 따르는 이점을 아직 충분히 경험하지 못한 모든 미개한 민족들 사이에서는, 용기가 지배적 탁월성이라는 것을 관찰할 수 있다. 그것이 시인들이 가장 높이 찬양하고, 부모와 교사가 권하고, 일반 대중이 칭찬하는 바이다. 이 점에서 호메로스의 윤리는 그를 우아하게 모방한 페늘롱(Fénelon)[26]의 윤리와는 매우 다르다. 투키디데스가 말한 것처럼,[27] [호메로스의 윤리는] 한 영웅이 다른 영웅에게 그가 강도인지 아닌지를 묻는 것이 전혀 불쾌한 일이 아니던 시대에나 적합한 것이었다. 만약 우리가 아일랜드의 상태에 대한 스펜서(Spenser)[28]의 신중한 설명을 신뢰할 수 있다면, 아주 최근에도

---

26) (역주) 프랑수아 페늘롱(François Fénelon, 1651~1715)은 프랑스의 로마 가톨릭 대주교로 신학자이자 시인이다. 대표작 『텔레마크의 모험(Les Aventures de Télémaque)』은 호메로스의 『오디세이』에서 별로 주목받지 못했던 오디세우스의 아들 텔레마크를 주인공으로 삼아 새로운 영웅담을 만들어냈다. 이 소설은 호메로스뿐만 아니라 고대 그리스의 시인과 역사가의 저술에서 널리 소재를 채취했지만, 야심을 경계하고 전쟁의 비참함을 강조하면서 이상적 군주상, 민본정치, 유토피아적 사회상을 담은 다분히 계몽주의적인 정치윤리를 제시한다.

27) 『펠레폰네소스 전쟁사』, 1권.

28) (역주) 에드먼드 스펜서(Edmund Spenser, 1552~1599)는 영국의 시인

이것이 그 왕국의 여러 미개한 지역에서 만연했던 윤리학설이다.[29]

고통과 슬픔과 불안, 그리고 각각의 불운의 엄습에도 굴하지 않고 흔들리지 않는 철학적 평정심은 용기와 같은 등급의 덕에 속한다. 철학자들이 말하기를, 자신의 덕을 의식하는 현자는 스스로 삶의 모든 우연한 사건들을 초월하고, 또한 그는 안전하게 지혜의 사원에 앉아 명예와 부와 명성, 그리고 온갖 하찮은 즐거움의 추구에 골몰하는 열등한 인간들을 내려다본다. 물론 이러한 태도는 그 극한에 이르면 인간 본성에 비추어 분명 지나치게 숭고하다. 하지만 그것은 관찰자를 사로잡는 웅장함을 전하고 그가 존경심을 느끼게 한다. 우리가 실제로 이 숭고한 평정심과 무관심에 더 가까이 다가갈수록 (왜냐하면 우리는 필시 그것

으로, 『아일랜드의 현재 상태에 대한 견해(*A View of the Present State of Ireland*)』라는 글을 썼다. 이 글에서 그는 아일랜드는 법과 관습과 종교에서 개혁이 절실히 필요하다고 역설하면서, 아일랜드에 대한 통제권을 확립할 계획들을 제시한다.

29) 그가 말하기를, [아일랜드] 신사의 아들들은 무기를 사용할 줄 알게 되자마자 곧장 서너 명의 패잔병들이나 경보병들을 모아 한동안 국토를 위아래로 빈둥거리며 돌아다니면서 오직 음식을 훔치는데, 그것이 그들 사이에서는 흔한 관습이다. 마침내 그는 일어날 어떤 심각한 사건에 부닥치고 그것을 해결해야 한다. 일단 이러한 일이 알려지면, 그때부터 그는 용기 있는 훌륭한 남자로 인정받는다.

을 어리석은 무감각(insensibility)과 구별하기 때문이다) 우리는 자신 안에서 더욱더 확실한 즐거움을 얻을 것이고, 더욱더 넓은 마음을 세상에 드러낼 것이다. 사실 철학적 평정심은 단지 넓은 도량의 한 가지로 생각할 수 있다.

누가 소크라테스를 존경하지 않겠는가? 극심한 가난과 가정 불화 속에서도 부단히 평온과 자족을 유지하고, 의연하게 부를 경멸하고 고결하게 자유를 유지하는 일에 유념하면서, 친구와 제자의 모든 도움을 거절하고 채무의 예속조차 피하려 했던 그를 누가 존경하지 않겠는가? 에픽테토스(Epictetus)의 작은 집 혹은 오두막에는 문조차 없었다. 그래서 그는 이내 유일하게 가져갈 만한 세간인 쇠 등잔마저 잃어버렸다. 그러나 앞으로 올 모든 도둑을 실망시킬 작정으로, 그는 그 쇠 등잔 자리에 흙으로 빚은 등잔을 두었고, 이후 그는 그것을 아주 평온하게 지킬 수 있었다.

고대인들 가운데서는 전쟁과 애국의 영웅들뿐만 아니라 철학의 영웅들도 웅장하고 힘찬 감정을 지니고 있다. 그 감정은 우리의 편협한 영혼에 충격을 주는데, 우리는 그것을 터무니없이 과장되고 불가사의한 것이라며 섣불리 거부한다. 만약 고대의 누군가가 우리가 오늘날 정부 통치에서 도달한 인간애, 관용, 질서, 평정, 여타 사회적 덕들의 수준을 공정하게 표현할 수 있 었다면, 인정컨대 그들도 [우리가 성취한] 수준을 몽상적이고 믿기 힘든 것으로 간주할 동등한 이유를 가졌을 것이다. 이러한 것이 이 서로 다른 시대들의 탁월성들과 덕들의 배분에서 자연, 아니 더 정확히 말하면 교육이 보상한 방식이다.

그것의 효용과 인류에게 좋음을 증진하는 경향에서 나오는 자비심의 장점에 대해서는 이미 설명했다. 그 장점이 자비심에 대해 보편적으로 표하는 존경심의 **적잖은** 부분의 원천임은 의심할 여지가 없다. 그러나 우리는 사랑과 우정이라는 따스한 애착에 관여하는 그 감정의 [즉 자비심의] 바로 그 부드러움과 상냥함, 매력적인 애정 표시, 다정한 표현, 섬세한 관심, 또한 그 모든 상호 신뢰와 존중의 흐름, 다시 말하지만, 그 자체로 아주 유쾌한 이 느낌들이 필시 관찰자들에게 전해져 그들도 똑같은 다정함과 섬세함에 녹아들게 한다는 것을 인정할 것이다. 자연히 이러한 성질의 따스한 감정을 감지해, 우리의 눈에서는 눈물이 흐르기 시작한다. 우리의 가슴은 부풀고, 우리의 심장은 동요하며, 또한 우리의 골격의 모든 인도적이고 다정한 원리가 움직이기 시작해 우리에게 가장 순수하고 가장 흡족한 즐거움을 준다.

엘리시온 평야(Elysian fields)를 묘사할 때,[30] 시인들은 그 축복

30) (역주) 엘리시온 평야(Elysian Fields) 혹은 엘리시움(Elysium)은 고대 그리스 종교와 철학에서 오랫동안 내려온 사후세계 개념이다. 호메로스, 헤시

받은 주민들이 서로 아무런 도움도 필요 없는 상태에 있으나 끊임없이 사랑과 우정을 나눈다고 표현하고, 이 부드럽고 온화한 정념들에 대한 유쾌한 영상으로 우리의 공상을 만족시킨다. 위에서 관찰한 것처럼,[31] 전원시 『아르카디아』에서 부드러운 평온함에 대한 관념은 이와 유사한 원리로 유쾌한 것이다.

누가 끊임없는 논쟁과 질책과 상호 비난 속에서 살고 싶겠는가? 이러한 정서들의 난폭함과 거칢은 우리를 불편하고 불쾌하게 만든다. 우리는 전염과 공감으로 고통을 겪는다. 이렇게 성난 정념들에서 확실히 전혀 나쁜 결과가 따라오지 않더라도, 우리는 무심한 관찰자로 남아 있을 수 없다.

SB 258

자비심의 모든 장점이 그것의 유용성에서 나오는 것은 아니라는 확실한 증거로서, 우리는 친절한 방식의 비난으로 어떤 사람이 **너무 선하다**고 말하는 경우를 관찰할 수 있다. 이때 그는 자신의 사회적 역할을 초월하고 적절한 한계를 넘어서까지 다른

오도스, 베르길리우스, 핀다로스(Pindaros), 플루타르코스 등의 고대 대표 작가들의 작품에 그것에 대한 묘사가 등장한다. 이러한 묘사에서 그것은 축복받은 사람들의 섬(isles of the blessed)이라 불리기도 하는데, 흔히 올바른 혹은 영웅적인 삶을 산 사람들이 사후에 그 보상을 받는 낙원의 모습으로 그려진다.

31) 5절 2부.

사람들에게 관심을 쏟는다. 이와 마찬가지로 우리는 어떤 사람이 **너무 혈기 왕성하다, 너무 대담하다, 너무 부에 무관심하다**고 말하기도 한다. 이것들은 실제로는 수많은 찬사보다 더 깊은 존경심을 내포하는 질책의 말이다. 성품의 장단점을 그것의 유용하거나 해로운 경향에 따라 평가하는 것에 익숙하므로, 우리는 해로울 정도로 상승한 감정에 대해서는 비난조의 언사를 내뱉지 않을 수 없다. 그러나 동시에 그 감정의 고귀한 기품이나 매력적인 다정함은 마음을 사로잡아 그 사람에 대한 우리의 우정과 관심을 증가시킬 수도 있다.[32]

프랑스 앙리 4세의 통정(通情)과 애착은 [로마 가톨릭교회] 연맹과의 내전 동안 그의 이익과 대의를 손상시켰다. 그러나 적어도 그 다정한 정념들에 공감할 수 있는 젊은이들과 호색가들은 바로 이러한 약점이 (왜냐하면 그들은 기꺼이 그것을 그렇게 [약점이라고] 부를 것이기에) 그 영웅을 사랑받게 하고, 그들이 그의 운명에 관심을 기울이게 한다는 것을 인정할 것이다.[33]

---

32) 적절한 원인이나 대상이 없는 방종한 희희낙락은 어리석음의 확실한 징후이자 특징이고, 그래서 불쾌하다. 이렇지만 않다면, 쾌활함은 지나치더라도 거의 비난을 받지 않는다.

33) (역주) 앙리 4세(Henry IV, 1553~1610)는 대단한 호색한이었음에도, 오히려 이러한 점 때문에 프랑스 국민한테 사랑을 받았고 위대한 인물 중 하나로 꼽힌다.

칼 12세[34]의 과도한 용기와 단호한 고집은 자기 나라를 망가뜨리고 모든 이웃 국가를 괴롭혔다. 그래도 그 용기와 고집은 겉보기에는 우리에게 감탄을 자아낼 만한 화려함과 위대함을 지니고 있다. 만약 그것들이 [즉 그 용기와 고집이] 때때로 너무 명백한 광기와 혼란의 징후를 드러내지만 않았다면, 그것들은 어느 정도 승인될 수도 있었다.

SB 259 아테네인들은 자기들이 농업과 법률을 처음으로 발명했다고 주장했다. 그리고 그것들이 인류에게 가져다준 이익을 근거로 항상 자신들을 아주 높게 평가했다. 그리고 그들은 당연하게 특히 다리우스와 크세르크세스(Xerxes)의 통치 기간 그리스를 침공했던 수많은 페르시아 함대와 군대에 대항한 자신들의 호전적인 진취성을 자랑했다. 효용이라는 점에서 이러한 평화적 명예와 군사적 명예는 비교가 안 된다. 그런데도 우리는 그 유명한 도시에 [즉 아테네에] 대한 칭찬의 글을 공들여 집필한 연설가

---

34) (역주) 본문에는 찰스(Charles)로 표기되어 있지만, 스웨덴어로는 칼(Karl)이다. 칼 12세(Karl XII, 1682~1718)는 어린 나이에 왕위에 올라 자신을 반대한 귀족들을 모두 숙청해 강력한 왕권을 잡았다. 그러나 10대부터 덴마크, 노르웨이, 러시아, 작센 폴란드 등의 주변 국가들과 계속 전쟁을 벌였고, 러시아와의 폴타바(Poltava) 전투에서 참패해 자신은 오스만 제국으로 망명하고 스웨덴 왕국의 몰락을 초래했다.

들이 주로 그것의 호전적인 성취를 보여주는 것에 성공했다는 사실을 발견한다. 리시아스(Lysias), 투키디데스, 플라톤, 이소크라테스(Isocrates)는 모두 그 같은 편견을 드러낸다. 차분한 이성과 반성은 그것을 비난하겠지만, 이러한 편견은 사람의 마음에 매우 자연스러운 것으로 보인다.

시의 큰 매력은 넓은 도량, 용기, 그리고 부에 대한 경멸과 같은 숭고한 정념들, 혹은 마음을 따스하게 하고 마음에 유사한 감정과 정서를 퍼뜨리는 사랑과 우정처럼 상냥한 감정들에 대한 생생한 묘사에 있다. 시에 의해 자극되면, 온갖 종류의 정념들이, 심지어 비탄과 분노처럼 가장 불쾌한 정념도 쉽게 설명할 수 없는 자연적 기제를 통해 어떤 만족감을 전달하는 것으로 관찰된다. 그러나 그 더 고상한 감정들 [즉 넓은 도량, 용기, 부에 대한 경멸] 혹은 부드러운 감정들은 [즉 사랑과 우정은] 특유의 영향력을 가지고, 하나 이상의 원인이나 원리를 통해 기쁨을 준다. 그 감정들만이 앞서 묘사한 사람들의 운명에 우리가 관심을 품게 하고, 그들의 성품에 존경과 애정을 전한다는 것은 말할 필요도 없다.

그 정념들, 즉 이 감상적이고 숭고한 감정을 일으키는 시인들의 재능이 그 자체로 매우 상당한 장점이라는 점을 의심할 수 있겠는가? 만약 이러한 재능이 극히 희귀해 그 가치가 높아진다면, 그것을 소유한 사람은 그가 사는 시대의 어떤 인물보다 더 높아질 수 있다는 점을 의심할 수 있겠는가? 아우구스투스 황제의 신중함, 수완, 견실함, 인자한 통치는 고귀한 태생과 제왕의 광채로 더욱 돋보였다. 그러나 그것들이 그를 신성한 아름다움을 지닌 시적 재능밖에는 저울 반대편에 올려놓을 것이 아무것도 없는 베르길리우스의 명성에 맞설 만한 경쟁자로 만들어주지는 않는다.

이 아름다움에 대한 감수성, 혹은 취미의 섬세함이 어느 인물에서든 그 자체로 하나의 아름다움이며, 그것은 가장 순수하고 가장 오래가고 가장 순결한 즐거움을 전달한다.

이러한 것들이 그것들을 소유한 사람에게 즉각적인 즐거움 주기 때문에 높은 평가를 받는 여러 종류의 장점 중 몇몇 사례들이다. 효용이나 미래의 유익한 결과에 대한 전망은 이러한 승인의 감정에 관여하지 않는다. 그런데도 [이러한 승인의 감정은] 공적 혹은 사적 효용에 대한 전망에서 나오는 다른 감정과 유사한 성질을 가진다. 그 같은 사회적 공감 혹은 인간의 행복이나 불행에 대한 동정(fellow-feeling)이 양자의 감정을 일으킨다는 사실을 관찰할 수 있다. 그리고 현재 이론의 모든 부분에서 이러한 유사점은 당연히 이 이론을 입증하는 것으로 생각될 수 있다.

다른 사람들에게 즉각적으로 유쾌한 성질에 대하여[1][2]

사회에서의 상호 충돌과 이익과 자기애의 대립은 인간이 상호 SB 261
원조와 보호의 이점을 보존하기 위한 **정의**의 법들을 수립하게
했다. 이와 마찬가지로 **모임**에서 사람들의 자부심과 자만심의
항구적인 대립은 생각의 교류와 평온한 교섭과 대화를 돕기 위
해 예의범절 혹은 공손함의 규칙을 도입하게 했다. 좋은 집안에
서 자란 사람들 사이에서는 짐짓 상호 경의를 표하고, 다른 사

---

1) 덕의 본성이자 실로 덕의 정의는 **그것을 자세히 바라보거나 관찰하는 모든
사람에게 유쾌하거나 [그들의] 승인을 받는 마음의 성질**이라는 것이다. 그
러나 어떤 성질들은 그것들이 사회에 유용한 것이기 때문에, 혹은 [그것들을
소유한] 사람 자신에게 유용한 혹은 유쾌한 것이기 때문에 쾌락을 산출한다.
여기서 고찰할 부류의 덕들에 상응하는 다른 성질들은 더 즉각적으로 쾌락
을 산출한다.
2) (역주)『인간 본성에 관한 논고』, 3권, 3부, 3~4절을 참고하시오.

람에 대한 경멸을 내색하지 않고, 권위를 숨기고, 각자 자신의 차례에 주목받고, 격해지지 않고, 방해하지 않고, 이기려 애쓰지 않고, 전혀 거만한 태도 없이, 편안한 대화의 흐름을 유지한다. 이러한 주목과 존중은, 효용이나 유익한 경향의 고려와 무관하게, 즉각적으로 다른 사람들에게 **유쾌한** 일이다. 그것들은 애정을 획득하고, 존경심을 조성하고, 그것들로 자기 행동을 통제하는 사람의 장점을 아주 크게 높인다.

SB 262 　예의범절의 형태 중 다수는 임의적이고 우연적이다. 그래도 그것들이 표현하는 것은 같다. 스페인 사람은 손님에게 모든 것을 맡긴다는 표시로 자기 집에서 손님보다 먼저 나간다. 다른 나라들에서는 경의와 존중의 공통적인 표시로 주인이 마지막에 나간다.

　그러나 어떤 사람이 완벽하게 **좋은 친구**가 되려면, 그는 예의범절만이 아니라 재치와 재주를 보여야 한다. 재치가 무엇인지 정의하기란 쉽지 않을 수 있다. 그러나 그것이 다른 사람들에게 즉각적으로 **유쾌한**, 처음 보이자마자 그것을 이해하는 사람들 모두에게 강렬한 기쁨과 만족감을 전달하는 성질이라는 것은 분명 쉽게 알아챌 수 있다. 다양한 종류의 재치를 설명하면서 실로 아주 심오한 형이상학이 사용될 수도 있다. 우리가 당장은 취미와 감정의 증언만으로 받아들인 여러 부류의 재치는 어쩌면 더 일반적인 원리들로 분석될 수 있다. 그러나 재치가 취미와 감정에 영향을 미치고, 즉각적인 즐거움을 주면서 승인과 애정의 확실한 원천이라는 것만으로도 우리의 목적에 충분하다.

사람들이 보통 대화와 방문과 회합으로 시간을 보내는 나라들에서는, 말하자면 이렇게 **사교적인** 성질이 높이 평가받고 개인의 장점의 주요 부분이 된다. 사람들이 더 가정적으로 생활하고 사업에 열중하거나 좁은 범위의 교우 관계에서 즐거움을 얻는 나라들에서는, 주로 더 견실한 성질들이 존중받는다. 그래서 나는 어떤 낯선 사람에 대한 프랑스 사람들의 첫 번째 물음이 **그 사람 예의는 바른가, 그 사람 재치는 있는가**인 경우를 자주 보았다. 우리나라에서 최고의 칭찬은 항상 **착하고 지각 있는 동료**라는 말이다.

대화에서 문답의 활기찬 기운은 담론에 참여하고 싶지 않은 사람들에게조차 **유쾌한** 것이다. 그래서 긴 이야기를 들려주는 사람이나 잘난 체하며 열변을 토하는 사람은 별로 인정받지 못한다. 그러나 대다수 사람들은 대화에서 자기 차례가 오기를 똑같이 바라며, 그들이 자연스럽게 탐내는 권리를 박탈한 **수다쟁이**를 매우 불쾌한 눈초리로 바라본다. SB 263

우리는 모임에서 경이로운 사건을 이야기하는 일종의 무해한 **거짓말쟁이**들을 종종 만난다. 그들의 의도는 보통 [사람들을] 기쁘게 하거나 재미있게 하려는 것이다. 그러나 사람들은 자신이 진실이라고 생각하는 것에서 큰 기쁨을 얻으므로, 이 [거짓말쟁이]들은 기쁨을 주는 수단을 아주 잘못 선택한 것이고 모두의 비난을 초래한다. 그러나 유머러스한 이야기에는 약간의 거짓이나 허구가 허용된다. 왜냐하면 거기서는 그것이 정말로 유쾌하고 재미있는 것이고, 진실은 전혀 중요하지 않기 때문이다.

유창한 화술, 온갖 종류의 천재성, 심지어 양식과 건전한 추론은 그것들이 탁월한 수준에 도달하고 상당히 묵직하고 정밀하게 식별해야 하는 주제들에 이용될 때는 즉각적으로 유쾌한 것으로 보이고, 이 모든 재능은 그것들의 유용성과는 별개의 장점을 지닌다. 마찬가지로 모든 것의 가격을 크게 높이는 희소성은 필시 인간 마음의 이 고귀한 재능들에도 부가적인 가치를 할당한다.

겸손(modesty)은[3] 이미 다룬 정조 말고도 여러 다른 의미들로 이해될 수 있다. 그것은 때로는 부드럽고 섬세한 경의, 비난에

---

3) (역주) modesty는 주로는 여성에게 요구되는 덕목으로서 '정조'나 '정숙' 등으로 번역될 수도 있다. 예컨대 데이비드 흄 지음, 이준호 옮김, 『도덕에 관하여』(서광사, 1998), 제2부, 제12절을 참고하시오. 그러나 흄 자신이 밝히듯이, 여기서 그는 modesty의 — 주로 여성에게 고유하게 요구되는 덕목으로서가 아니라 — 일반적인 의미를 설명하고 있고, 이 책 전반에서 이러한 의미로 사용한다. 이러한 설명에 따르면, '정조'나 '정숙'보다는 '자신을 내세우지 않는 태도'를 뜻하는 '겸손'이 더 적합해 보인다.

대한 염려, 다른 사람들을 향한 침범이나 위해에 대한 우려, 그리고 모든 종류의 덕의 올바른 수호자이자 악덕과 타락을 막는 확실한 예방법인 푸도르(Pudor)를 의미한다.[4] 그러나 그것의 가장 일반적인 의미는 그것이 **뻔뻔함**(impudence)과 **오만함**에 반대되고, 우리 자신의 판단에 관한 소심함(diffidence)과 다른 사람들에게 적당한 주의와 경의를 표현하는 때이다. 주로 젊은이들한테서 이러한 성질은 양식이 있다는 확실한 표시이다. 그리고 그것은 젊은이들이 가르침에 귀를 열고 계속 새로운 학식을 추구하게 함으로써 재능을 증진할 수 있게 하는 확실한 수단이다. 그러나 모든 사람의 허영심을 추켜세우고, 적절히 정중하고 공손하게 그들이 하는 말을 일일이 받아들이는 고분고분한 제자의 모습을 보임으로써, [겸손은] 모든 관찰자에게 더 큰 매력을 지닌다.

아리스토텔레스의 의견과 달리,[5] 일반적으로 사람들은 자신을 과소평가하기보다 과대평가하는 경향이 훨씬 더 크다. 이것은 우리가 전자의 [자신을 과대평가하는] 측면에서의 과도함을 더욱더 경계하게 하고, 겸손과 소심함의 경향을 특별히 너그럽게

---

4) (역주) Pudor는 굴욕, 불명예, 겸손, 미덕, 정조 등의 다의적 라틴어로, 영어로는 shame이나 modesty로 번역될 수 있다.

5) 아리스토텔레스, 『니코마코스 윤리학』.

보게 한다. 왜냐하면 우리는 이러한 성질에서는 악덕의 극단에 빠질 위험이 덜하다고 생각하기 때문이다. 그래서 사람들의 몸이 비만해지기 쉬운 나라에서 개인의 아름다움은 날씬함이 아주 흔한 결점인 나라에서보다 훨씬 더 심한 날씬함에 있다. 어떤 한 종류의 추함의 사례와 자주 마주치게 되면, 사람들은 자신들이 그 추함과 아주 멀어질 수 없다고 생각하게 되고, 항상 반대쪽으로 기울어지려고 한다. 마찬가지로 만약 자신을 자랑할 기회가 오면, 그리고 만약 우리가 스스로 흔히 그렇게 생각하는 만큼 아주 솔직하게, **나는 지각이 있다, 나는 학식이 있다, 나는 용기가 있다, 나는 아름다움이 있다, 혹은 나는 재치가 있다**고 말해야 한다는 몽테뉴(Montaigne)의 준칙을 따른다면,[6] [사람들이] 이렇게 한다면 주제넘은 말들이 홍수처럼 쏟아져 차마 견딜 수 없는 사회가 되리라는 것은 누구나 알 것이다. 이러한 이유로 일반적인 사회에서는 사람들이 자화자찬에 빠지거나 심지어 자신에 대해 너무 많은 말을 해서도 안 된다는 관습이 하나의 규칙으로 수립된다. 친한 친구들이나 아주 용맹스럽게 행동하는 사람들 사이에서만, 우리는 자신의 역량을 제대로 보여줄

---

6) (역주) 여기서 몽테뉴(Michel Eyquem de Montaigne, 1533~1592)의 준칙이란 아마 그의 『수상록(*Essais*)』에 나온 유명한 명제 "나는 무엇을 아는가(Que sais-je?)"를 가리키는 듯하다.

수 있다. 누구를 이 시대 최고의 장군이라고 생각하느냐는 물음에 **스피놀라 후작**(The Marquis of Spinola)**이 두 번째로 훌륭하다**고 답한 오라녀 공작 마우리츠(Maurits, Prince of Orange)를 나무랄 사람은 아무도 없다.[7] 그런데 이러한 암시적 자화자찬은 그것이 아무런 가리개나 은폐 없이 직접 표현된 경우보다 여기서 더 잘 전달되었다는 것을 알 수 있다.

상호 존중의 사례를 모두 진심이라 믿어야 한다고, 또한 어떤 사람이 자신의 장점과 성취를 잘 모르기 때문에 더 존경할 만하다고 상상하는 사람은 분명 매우 피상적인 사상가일 것이다. 내적 감정에서라도 사소한 겸손의 경향은 특히 젊은이들한테서는 좋게 보인다. 그리고 외적 행동에서는 강한 [겸손의] 경향이 요구된다. 그런데 이것은 어떤 사람이 어떤 종류든 중상(中傷)이나 억압을 당할 때는 고결한 자부심과 기백을 터놓고 유감없이 드러내는 것을 배척하지는 않는다. 키케로가 말한 것처럼, 소크라테스의 지독한 외고집은 어느 시대에든 높이 칭송받는다. 그리고 그의 평소의 겸손한 행태와 결합할 때, 그것은 그를 빛나

---

7) (역주) 암브로지오 스피놀라(Ambrogio Spinola Doria, 1569~1630)는 당시 에스파냐 군대의 가장 위대한 지휘관으로 추앙받았다. 스피놀라가 지휘한 에스파냐 군대는 1604년부터 여러 차례 오라녀 공작 마우리츠(Maurits of Nassau, Prince of Orange, 1567~1625)가 지휘한 네덜란드 군대와 격돌했다.

제8절 다른 사람들에게 즉각적으로 유쾌한 성질에 대하여　**171**

게 만든다. 자국의 이익을 배신한 죄로 고소당한 아테네인 이피크라테스(Iphicrates)[8]는 자신을 고소한 사람에게 이렇게 물었다. [이피크라테스]가 말하기를, **당신이라면 비슷한 경우에 이러한 죄를 저질렀겠는가?** 그 다른 사람이 답하기를, **절대 그럴 리가 없다.** 그 영웅[이피크라테스]이 소리치기를, **그렇다면 당신은 [나] 이피크라테스가 [이러한 죄를] 저질렀을 것이라고 상상할 수 있는가?**[9] 요컨대 근거가 튼튼하고 점잖게 감춰진, 또한 괴롭힘과 중상을 용감하게 견뎌내는, 넉넉한 기백과 자긍심(self-value)은 위대한 탁월성이다. 이러한 기백과 자긍심은 그 감정의 고결한 기품에서, 혹은 그것의 소유자에게 주어지는 즉각적 유쾌함에서 그 장점을 끌어내는 듯하다. 평범한 인물들에서 우리는 다른 사람들에게 즉각적으로 유쾌한 성질인 겸손의 경향을 승인한다. 전자의 덕의 [즉 자긍심의] 나쁜 과도함, 즉 건방짐이나 오만함은 다른 사람들에게 즉각적으로 불쾌하다. 후자의 [즉 겸손의] 과도함은

---

8) (역주) 이피크라테스(Iphicrates, 기원전 418?~353)는 아테네의 장군으로 코린트 전쟁에서 아테네의 국력 회복에 중요한 역할을 했다. 그러나 트라키아(Thrace)의 왕이자 자신의 장인인 코티스(Cotys)를 도와 아테네인과 싸웠다. 이 일에 관해서는 바로 사면을 받고, 에게해 주변 도시국가 연합과 아테네 사이의 전쟁에 지휘관으로 투입되었다. 엠바타(Embata) 해전에서의 패배와 관련해 다른 지휘관 카레스(Chares)에 의해 고소를 당했지만, 법정 변론에서 한 훌륭한 연설로 무죄로 풀려났다.

9) 쿠인틸리아누스, 『웅변술교육』, 제5권 12장.

그 소유자에게도 불쾌하다. 이 의무들의 경계는 이렇게 조정된다.

명성, 평판, 혹은 사회적 지위에 대한 욕망은 전혀 비난할 만한 것이 아니며, 그것은 덕, 천재성, 능력, 관대한 혹은 고결한 성향과 불가분한 것으로 보인다. 사회는 [다른 사람들에게] 기쁨을 주기 위해 사소한 문제들에까지 주목할 것을 기대하거나 요구하기도 한다. 어떤 사람이 모임에서는 집에서 자기 가족과 시간을 보낼 때보다 더 우아한 옷을 차려입고 더 즐겁게 대화하는 모습을 보인다고 해서 아무도 놀라지 않을 것이다. 그렇다면 당연하게 하나의 단점이나 결함으로 여겨지는 허영심은 어디에 있는가? 그것은 주로 과도하게 우리의 장점과 명예와 성취를 과시하는 것에 있는 듯하다. 그리고 다른 사람들을 불쾌하게 하고 **그들의** 은밀한 허영심과 야심을 과도하게 침해할 정도로 성가시고 공공연하게 칭찬과 존경을 요구하는 것에 있는 듯하다. 게다가 그것은 어떤 인물한테든 아주 중요한 장식물인 마음의 진정한 품위와 고상함의 결핍을 나타내는 확실한 징후이다. 왜 그렇게 안달하면서 칭찬을 바라는가? 마치 당신은 정당하게 칭찬받을 자격이 없었던 것처럼, 또한 당신이 언제든 칭찬받을 것이라고 당연히 기대할 수 없었던 것처럼 말이다. 왜 당신이 사귄 대단한 친구에 대해, 당신이 받은 칭찬에 대해, 당신이 받은 훈장과 영예에 대해 우리에게 알려주려 하는가? 마치 그것들이 당연한 것이 아니었던 것처럼, 또한 말해주지 않으면 우리가 자연히 그것들을 쉽게 상상할 수 없었을 것처럼 말이다.

점잖음(decency), 혹은 나이와 성별과 성품과 세속적 지위에 대한 적절한 존중은 다른 사람들에게 즉각적으로 유쾌한 것이고, 그래서 칭찬과 승인을 받는 성질에 속할 것이다. 어떤 남자의 여성적인 행태와 어떤 여자의 거친 몸가짐은 각 인물에게 적절하지 않으므로, 또한 우리가 그 성별들에서 기대하는 성질과 다르므로 추한 것이다. 그것은 마치 어떤 비극이 희극의 장점들로 가득 차 있거나, 어떤 희극이 비극의 장점들로 가득 차 있는 것과 같다. 어울리지 않는 것들은 눈을 아프게 하고, 관찰자들에게 불쾌한 감정, 즉 비난과 불승인의 근원을 전달한다. 이것이 키케로가 자신의 『의무론』에서 아주 상세하게 설명한 부적절함(indecorum)이다.[10]

---

10) (역주) 잘 알려져 있듯이, 데코룸(decorum)은 키케로가 그리스어 'prepon'의 대치어로 제시한 라틴어로 대략 '적절하다'라는 의미를 지닌다. 그것은 특정 장소, 시대, 신분 등에 따라서 해야 할 일과 하지 말아야 할 일을 가릴 줄 알아야 한다는 의미로 사용된다. 그것은 개인의 의식이나 행위가 수치심, 질서, 자기통제에 의해 균형을 이루는 것으로, 말과 행동과 복장 등에서 내적 감정이나 외적 모양새가 적절하거나 어울리는 것을 의미한다. 데코룸의 반의어인 인데코룸(indecorum)은 자연히 부적절함이나 어울리지 않음을 뜻한다.

청결(cleanliness)도 덕에 포함될 수 있다. 왜냐하면 그것은 자연히 우리를 다른 사람들에게 유쾌하게 만들고, 사랑과 애정의 적잖은 원천이기 때문이다. 이러한 점에서의 소홀함이 단점이라는 것을 부정할 사람은 없을 것이다. 단점들은 그저 작은 악덕들일 뿐이고, 이러한 단점은 그것들이 다른 사람들한테 일으키는 불편한 감각에서만 나온다. 그래서 겉보기에는 아주 사소한 [청결의] 사례에서 우리는 박식한 사람들조차 당황과 오류의 미로에 빠트린 도덕적 구별들의 기원을 분명하게 발견할 수 있다.

SB 267

그러나 우리가 그 아름다움의 기원을 어느 정도 설명하고 확인할 수 있는 모든 **유쾌한** 성질들 외에, 신비하고 설명할 수 없는 무언가가 여전히 남아 있다. 이것은 관찰자에게 즉각적인 만족감을 전해주지만, 그는 그 방법이나 원인이나 이유를 밝힐 수 없다. 어떤 사람들은 다른 사람들보다 어떤 몸가짐이나 우아함이나 편안함이나 고상함이나 무언지 모를 무언가를 더 많이 가지고 있다. 이것은 외면적인 아름다움이나 어여쁨과는 아주 다르지만, 대체로 갑작스럽고 강력하게 우리의 애정을 사로잡는다. 이 **몸가짐**은 주로 남녀 사이의 정념과 관련해 이야기되고 거기서 그 숨겨진 마법은 쉽게 설명되지만, 분명 그것은 성품에 대한 우리의 모든 평가에 상당한 영향을 미치고, 개인의 장점의 적잖은 부분을 이룬다. 따라서 이러한 부류의 성취들은 취미와 감정의 눈에 보이지는 않지만 확실한 증언에 철저히 맡겨져야 한다. 그리고 그것은 철학의 모든 자부심을 꺾고 철학이 그것의 좁은 한계와 빈약한 획득물을 자각할 수 있도록 자연에 의해 남겨진 윤리학의 일부라고 생각해야 한다.

우리는 다른 사람을 그의 재치나 공손함이나 겸손함이나 점잖음, 혹은 그가 가진 유쾌한 성질 때문에 승인한다. 비록 그가 우리의 지인도 아니고 이러한 성취로 우리에게 아무런 즐거움을 준 적이 없더라도 말이다. 그 성질들이 그의 지인에게 미치는 결과에 대해 우리가 가지는 관념은 우리의 상상에 유쾌한 영향을 미치고 우리에게 승인의 감정을 준다. 이러한 원리가 몸가짐과 성품에 관해 우리가 내리는 모든 판단에 개입한다.

결론[1]

1부

누군가 최근에야 개인의 장점은 전부 **그 사람 자신**이나 **다른** **사람들**에게 **유용한** 혹은 **유쾌한** 정신적 성질들에 있다는 것을 정교한 추론을 통해 증명할 필요가 있다고 생각할 수 있었다는 것은 당연히 놀라운 일로 보일 수 있다. 이 원리는 도덕에 관한 최초의 거칠고 미숙한 탐구자들의 머리에도 떠올랐을 것이고, 아무런 논증이나 논쟁 없이 자명한 것으로 받아들였을 것이라 예상할 수도 있다. 어떤 종류든 가치를 지닌 모든 것은 자연히 **유용한** 것 혹은 **유쾌한** 것, 즉 우틸레(utile) 혹은 둘케(dulce)로

SB 268

---

1) (역주)『인간 본성에 관한 논고』, 3권, 3부, 5~6절을 참고하시오.

구별되므로,[2] 왜 우리가 더 깊이 탐구해야 하는지, 아니면 왜 그 문제를 정밀한 연구나 탐구의 문제로 간주해야 하는지 이해하기 어렵다. 그리고 유용한 혹은 유쾌한 모든 것은 필시 그 사람 자신이나 다른 사람들과 관련해 이러한 성질을 가지므로, 장점에 대한 완전한 묘사나 기술은 햇빛에 의해 어떤 그림자가 드리우듯이 혹은 어떤 영상이 물 위에 비추어지듯이 그렇게 자연스럽게 이루어질 일로 보인다. 만약 그림자가 드리운 지면이 깨지거나 울퉁불퉁하지만 않다면, 영상이 비추어진 수면이 요동치거나 혼란스럽지만 않다면, 아무런 기술이나 주의 없이도 정확한 모양이 즉각 드러난다. 이 아주 단순하고 분명한 이론이 그렇게 오랫동안 아주 정교한 검토를 피해 달아날 수 있었던 것은 학설들과 가설들이 우리의 타고난 지성을 그르쳤기 때문이라는 것이 합당한 가정인 듯하다.

SB 269   그러나 철학에서는 무슨 일이 있었든지, 평범한 삶에서 이 원리들은 여전히 암암리에 유지된다. 우리가 인간의 행동이나 행태에 대해 찬사를 보내거나 빈정댈 때, 즉 칭찬하거나 비난할 때, 다른 어떤 칭찬이나 비난의 화제가 다시 제기되는 것이 아

---

2) (역주) 라틴어 'utile'는 영어 'useful', 즉 우리말 '유용한'으로, 'dulce'는 'pleasant', 즉 우리말 '유쾌한'으로 번역할 수 있다.

니다. 만약 우리가 사업이나 쾌락을 위한 교류에서, 또한 모든 담론과 대화에서 사람들을 관찰해보면, 학파들을 제외하고 우리는 어디서도 사람들이 이러한 주제에 대해 당황하는 모습을 발견하지 못할 것이다. 예컨대 다음의 대화는 얼마나 자연스러운가? 어떤 사람이 다른 사람에게 이렇게 말을 건다고 가정해보자. 당신 딸을 클레안테스에게 주었으니 당신은 참 행복한 사람이다. 그는 명예와 겸손을 겸비한 사람이다. 그와 교류하는 모든 사람은 분명 **공정**하고 **친절**한 대접을 받을 것이다.[3] 또 다른 사람이 이렇게 말한다. 나도 당신이 이렇게 전도유망한 사위를 얻은 것을 축하한다. 그는 성실하게 법을 공부했고, 총명하고 사람과 사업 모두에 대해 일찍부터 이렇게 아는 것이 많으니 아마 크게 명성을 얻고 출세할 것이다.[4] 세 번째 사람이 이렇게 응답한다. 당신이 클레안테스를 사업가와 노력가라고 이야기하니 나는 놀랐다. 나는 최근 그를 아주 흥겨운 모임에서 만났는데, 그는 우리의 대화의 활력소였다. 그는 예의를 갖추면서도 재치가 넘치고, 허세를 부리지 않으면서도 아주 용감하고, 아주 독창적인 지식을 우아하게 전달했다. 나는 지금까지 누구한테서도 이러한 모습을 보지 못했다.[5] 네 번째 사람은 이렇게 말한다.

---

3) 다른 사람들에게 유용한 성질들.
4) 그 사람 자신에게 유용한 성질들.

만약 당신이 그와 더 친했다면, 당신은 그를 더욱더 칭찬했을 것이다. 당신이 그한테서 감지한 쾌활함은 모임에 있을 때만 갑자기 발휘되는 번득임이 아니다. 그의 삶의 모든 발자취에는 쾌활함이 가득하고, 그것은 그의 얼굴의 끊임없는 평온함과 그의

영혼의 평정심을 지켜준다. 아주 힘든 재판과 불운과 위험을 겪었지만, 그는 자신의 넓은 마음으로 그것들 모두를 극복했다.[6] 나는 이렇게 소리쳤다. 여러분, 클레안테스에 대해 당신들이 여기서 묘사한 영상은 완성된 장점의 영상이다. 당신들 각자는 그의 초상에 한 획을 그었다. 그리고 당신들은 부지불식간에 그라티아누스(Gratianus)나 카스틸리오네(Castiglione)가 그린 그림들을 모두 넘어섰다.[7] 어쩌면 어떤 철학자는 이 인물을 완전한 덕의 모형으로 삼을지도 모른다.

우리 자신이나 다른 사람들에게 유용한 혹은 유쾌한 모든 성질이 평범한 삶에서는 개인의 장점의 일부로 인정되는 것처럼,

---

5) 다른 사람들에게 즉각적으로 유쾌한 성질들.

6) 그 사람 자신에게 즉각적으로 유쾌한 성질들.

7) (역주) 그라티아누스(Gratianus)는 대략 12세기의 이탈리아 수도사로 교회법 연구의 창시자이다. 카스틸리오네(Baldassare Castiglione, 1478~1529)는 이탈리아 외교관이자 르네상스 시대의 작가로, 대표작으로 『궁정론(*The Book of the Courtier*)』이 있다. 말하자면 이들은 각각 종교인과 궁정인이 가져야 할 자질들에 대해 논했다.

만약 사람들이 사물들을 미신과 거짓 종교의 기만적인 겉치레 없이 그들의 타고난 편견 없는 이성으로 판단한다면, 다른 어떤 성질도 그렇게 받아들이지 않을 것이다. 어디서든 지각 있는 사람들이 독신, 단식, 속죄, 고행, 극기, 비하(humility)[8], 침묵, 고독 그리고 모든 수도자적 덕들을 거부하는 이유는 그것들이 어떤 목적에도 도움이 되지 않기 때문이다. 그것들은 어떤 사람의 출세를 도와주지도 않고 그를 사회의 더 유익한 구성원으로 만들어주지도 않는다. 그것들은 그를 모임의 여흥에 적합하게 만들어주지도 않고 자신을 즐겁게 할 능력을 늘려주지도 않는다. 반대로 우리는 그것들이 모든 바람직한 목적들을 방해하는 것을 관찰한다. 그것들은 지성을 마비시키고, 심장을 굳어지게 만들고, 상상력을 약화시키고, 걸핏하면 화를 내는 성질을 악화시킨다. 따라서 우리는 당연히 그것들을 반대쪽 열로 옮겨 악덕의 목록에 둔다. 어떤 미신도 세상 사람들 가운데서 이러한 자연적 감정들을 완벽히 왜곡할 만한 힘을 가지지 못한다. 어떤 우울하

---

8) (역주) 흔히 humility도 우리말로 '겸손'으로 번역되지만, 여기서 그것은 앞서 '겸손'으로 번역했던 modesty와는 결이 다르다. 우리말 뜻풀이에 따르면, '겸손'은 '남을 존중하고 자기를 내세우지 않는 태도'이다. 흄이 설명한 modesty는 이러한 뜻에 상당히 부합하는 데 비해, 여기서 그가 언급한 humility는 전혀 유익하지 못한 성질 혹은 일종의 악덕으로서, 자신을 내세우지 않는 것을 넘어 정직하지 못하게 비굴해 보일 정도로 자신을 낮추는 태도를 뜻하는 듯하다.

고 무모한 광신자는 사후에 달력에서 한 자리를 차지할지도 모른다.[9] 그러나 살아 있을 때의 그는 자신만큼 의식이 혼미하고 음침한 사람들을 제외하고는 결코 친밀한 관계와 사회에 받아들여지지 못할 것이다.

현재의 이론에서 인간 본성에 퍼져 있는 자비심이나 자기애의 **정도**에 관한 통속적 논쟁에 빠져들지 않은 것은 다행스러운 일인 듯하다. 그것은 아무런 쟁점도 있을 것 같지 않은 논쟁이다. 왜냐하면 이 논쟁에 참여한 사람들은 쉽게 설득할 수 있는 사람들이 아닌 데다가, 양측에서 내놓을 수 있는 현상들은 널리 분산되어 있고 아주 불확실하고 아주 다양하게 해석될 수 있는 것들이어서, 그것들을 정확히 비교하거나 그것들로부터 어떤 확실한 추론이나 결론을 끌어내는 것은 거의 불가능하기 때문이다. 아주 어리석지만 않다면 분명 이의를 제기할 수 없는 사실, 즉 아무리 적더라도 우리의 가슴에는 약간의 자비심이 스며 있다는 것, 인류에 대한 약간의 우정의 불씨가 있다는 것, 그리고 우리의 골격에는 늑대와 뱀의 성분과 더불어 약간의 비둘기 조각이 섞여 있다는 것을 인정한다면, 그것만으로도 우리의 현재

---

9) (역주) 그가 이른바 성인(聖人, saint)으로 시성(諡聖)되어, 연중 하루가 그의 영명축일(靈名祝日)로 지정되는 것을 말한다.

목적에는 충분하다. 이 관대한 감정들이 아주 약하더라도, 그것들이 우리의 몸에 달린 손이나 손가락조차 움직일 힘이 없더라도, 필시 그것들은 여전히 우리 마음의 결정에 영향을 미치고, 다른 모든 조건이 같다면 인간에게 해롭거나 위험한 것보다는 유용하고 쓸모 있는 것에 대한 침착한 선호를 낳을 것이다. 따라서 하나의 **도덕적 구별**, 즉 비난과 승인의 일반적인 감정, 즉 얼마나 미약하든 후자의 [즉 승인의] 대상들로 기울어지는 경향과 이에 비례해 전자의 [즉 비난의] 대상들에 대한 반감이 즉각적으로 일어난다. 인간의 현저한 이기성을 열성적으로 주장하는 추론가들도 어쨌든 우리의 본성에 심어진 미약한 덕의 감정들에 관한 이야기를 듣는 것에 분개하지 않을 것이다. 오히려 그들은 기꺼이 전자의 견해를 후자의 견해라고 주장하려는 것처럼 보인다.[10] 그들의 풍자적 정신은 (왜냐하면 그것은 타락한 정신이라기보다 풍자적 정신으로 보이기 때문이다) 자연히 양자의 의견들을 모두 산출하고, 그것들은 실로 강하고 거의 불가분한 연관

---

10) (역주) 여기서 '전자의 견해'가 인간 본성에서 이기성이 지배적이라는 견해라면, '후자의 견해'는 인간 본성에 내재하는 덕의 감정들은 미약하다는 견해이다. 전자의 견해를 제시하는 추론가들은 굳이 후자의 견해를 부정할 이유가 없다. 왜냐하면 그들은 전자의 견해를 주장함으로써, 말하자면 '풍자적 정신'으로 후자의 견해, 즉 인간 본성에 내재하는 덕의 감정들이 미약하다는 것을 보여주고자 하기 때문이다.

성을 가진다.

탐욕, 야심, 허영 그리고 비록 부적절하나 통속적으로 **자기애**라고 불리는 정념들은 모두 도덕의 기원에 대한 우리의 이론에서 배제된다. 그 이유는 그 정념들이 너무 약해서가 아니라, 그것들이 [우리의 이론의] 목적을 위한 올바른 방향을 제시해주지 못하기 때문이다. 도덕 개념은 모든 사람에게 공통적인 어떤 감정을 내포하는데, 그 감정은 모든 혹은 대다수 사람이 같은 대상을 일반적으로 승인할 것을 권하고 그 대상에 관한 같은 의견이나 결정에 동의하게 한다. 그리고 그 개념은 모든 인간을 포함할 정도로, 또한 아주 멀리 있는 사람들의 행동과 처신까지도 그것들이 확립된 옳음의 규칙에 일치하느냐 불일치하느냐에 따라 칭찬이나 비난의 대상으로 삼을 정도로, 보편적이고 포괄적인 감정을 내포한다. 이 두 필수적인 여건들은 여기서 강조한 인간애의 감정에만 속한다. 다른 정념들은 모든 사람의 마음에 여러 강력한 욕망과 혐오의 감정들, 즉 애정과 증오심을 일으킨다. 그러나 이 감정들은 그리 공통으로 느껴지는 것도 아니고, 비난과 승인에 관한 일반적 학설과 확립된 이론의 토대가 될 만큼 포괄적인 것도 아니다.

어떤 사람이 다른 어떤 사람을 자신의 **적**이나 **경쟁자**나 **적**

184

대자나 **적수**라고 부를 때, 그는 자기애의 언어로 말하는 것이고, 그의 특수한 여건과 상황에서 일어나는 그 자신에게 고유한 감정들을 표현하는 것으로 생각된다. 하지만 어떤 사람에게든 **악덕한, 혐오스러운, 타락한** 등의 형용사를 사용할 때, 그는 [자기애의 언어가 아닌] 다른 언어로 말하는 것이고, 자신의 청중이 자신에게 동조할 것으로 예상하는 감정들을 표현하는 것이다. 따라서 그는 여기서 자신의 사적이고 특수한 상황에서 벗어나야 하고, 자신과 다른 사람들이 공유하는 관점을 취해야 한다. 그는 인간 뼈대의 어떤 보편적 원리를 움직여야 하고, 모든 인간이 일치와 조화를 이루는 현(絃)을 튕겨야 한다. 따라서 만약 그가 이 사람이 사회에 해로운 경향을 지닌 성질들을 가지고 있다는 것을 표현하고자 한다면, 그는 이러한 공통적 관점을 취한 것이고 모든 사람이 어느 정도 동의하는 인간애의 원리에 이른 것이다. 인간의 마음이 지금과 같은 요소들로 구성된 한에는, 그것은 결코 공익에 전혀 무관심할 수 없고, 성품과 몸가짐 SB 273의 경향에 의해 전혀 영향을 받지 않을 수 없을 것이다. 이러한 인간애의 감정은 일반적으로 허영심이나 야심만큼 그렇게 강하다고 생각되지 않을 수도 있지만, 모든 사람에게 공통된 것으로서 그것만이 도덕 혹은 비난과 칭찬에 관한 일반적 학설의 토대일 수 있다. 한 사람의 야심은 다른 사람의 야심이 아니고, 같은 사건이나 대상이 양자를 모두 만족시킬 수 없다. 그러나 한 사람의 인간애는 모든 사람의 인간애이고, 같은 대상이 모든 인간에게 이러한 정념을 일으킨다.

그러나 인간애에서 일어나는 감정들은 모든 인간에게 같고 동일한 승인이나 비난을 낳을 뿐만 아니라, 모든 인간을 포괄한다. 그래서 누구의 행위나 성품이든 그 [인간애로부터 일어나는] 감정들에 의해 모든 사람의 비난이나 승인의 대상이 된다. 이와 반대로 보통 이기적이라고 하는 다른 정념들은 각 개인에게 그의 특수한 상황에 따라서 서로 다른 감정들을 낳고, 대다수의 사람들을 극도로 무차별하고 무관심한 눈으로 바라본다. 누구든 나를 높이 평가하고 존경하는 사람은 나의 허영심을 추켜세우고, 누구든 경멸을 표하는 사람은 나에게 굴욕감을 주고 나를 불쾌하게 만든다. 그러나 나의 이름은 소수의 사람에게만 알려졌으므로, 이러한 [이기적] 정념의 범위에 들어오는 사람도 소수일 것이고, 그 때문에 나의 애정이나 혐오감을 자극하는 사람도 소수일 것이다. 만약 당신이 세계의 어느 나라에서든 어느 시대에서든 포악하거나 무례하거나 야만스러운 행태를 보인다면, 나는 곧장 그러한 행위의 해로운 경향으로 눈을 돌리고 그것에 대한 혐오감과 불쾌감을 느낀다. 어떤 인물도 이런 점에서 내가 전혀 무관심할 정도로 멀리 있을 수 없다. 여전히 우리는 필시 사회나 자신에게 유익한 것을 선호한다. 모든 인간의 온갖 성질

이나 행동은 이러한 방식으로 일반적인 비난이나 칭찬을 나타
내는 어떤 종류나 명칭으로 분류되어야 한다.

SB 274

　따라서 인간애에 달린 감정들을 어떤 다른 정념과 연관된 감
정들과 구분하기 위해, 혹은 왜 후자가 아니라 전자가 도덕의
기원인지를 납득하기 위해, 무엇을 더 물어볼 수 있겠는가? 무
엇이든 나의 인간애를 일으켜 나의 승인을 받는 행위는 모든 인
간에게도 같은 원리를 일으켜 칭찬을 받는다. 그러나 나의 탐욕
이나 야심에 도움이 되는 것은 내 안에서만 이러한 정념들을 만
족시키고, 다른 사람들의 탐욕과 야심에는 영향을 미치지 않는
다. 만약 누구의 어떤 행위든 그것이 유익한 경향을 보인다면,
그 사람이 얼마나 멀리에 있든 그것이 나의 인간애와 일치하지
않는 상황은 없다. 그러나 만약 어떤 사람이 나의 탐욕과 야심
을 방해하지도 도와주지도 못할 만큼 멀리 있다면, 이 정념들은
[즉 나의 탐욕과 야심은] 그를 전혀 대수롭지 않게 여긴다. 따라서
만약 감정의 이러한 종류들 사이의 차이가 아주 현저하고 분명
하다면, 곧 그 차이를 본떠 언어가 만들어질 것이다. 이 언어는
인간애에서 혹은 일반적인 유용성과 그 반대인 것에 대한 견해
들에서 나오는 비난이나 승인의 보편적인 감정들을 표현하기 위
해 필시 고유한 용어들의 집합을 고안할 것이다. 그때부터 [사람
들은] 덕과 악덕을 알게 된다. [사람들은] 도덕을 인식하게 된다.
인간의 행위와 행태에 대한 일반적 관념들이 형성된다. 같은 종

류의 상황들에서 사람들로부터 같은 종류의 행동들이 기대된다. 이러한 행동은 우리의 추상적인 규칙과 일치하는 것으로 밝혀진다. 다른 행동들은 [그 규칙에] 반대된다고 밝혀진다. 그리고 자기애의 특수한 감정들은 흔히 이러한 보편적 원리들에 의해 통제되고 제한된다.[11]

대중의 소동, 폭동, 내분, 공황의 사례들과 다수의 사람들이

---

11) 이성과 경험을 통해 볼 때, 무례하고 못 배운 미개인은 주로 사적 효용과 손해로 자신의 사랑과 증오를 조절하고, 행태의 일반적인 규칙이나 체계에 대해서는 아주 희미한 개념만을 가진 것이 확실해 보인다. 그는 전투에서 자기 반대편에 서 있는 사람을 거의 불가피한 이 순간뿐만 아니라 이후로도 영원히 진심으로 미워한다. 그는 아주 극단적인 처벌과 복수를 하지 않고는 절대 만족하지 못한다. 그러나 사회와 더 광범위한 의견들에 익숙해진 우리는 이 사람도 [즉 전투에서 반대편에 서 있는 사람도] 자기 나라와 공동체에 봉사하고 있다는 것을, 같은 상황에 있는 누구라도 같은 일을 행할 것을, 비슷한 상황에서 우리 자신도 비슷한 행위를 하리라는 것을, 일반적으로 인간 사회는 이러한 준칙에 의해 가장 잘 유지되리라는 것을 고려한다. 그리고 이러한 가정과 견해를 통해 우리는 우리의 더 무례하고 편협한 정념들을 다소 교정한다. 비록 우리의 우정과 적대감의 많은 부분은 여전히 이익과 해악에 대한 사적 고려에 따라 조절되겠지만, 우리는 적어도 우리가 익히 존중하는 일반적 규칙들을 따른다. 그래서 우리는 흔히 자기애와 사적 이익에서 나오는 정념들을 발산하기 위해 우리의 적수에게 악의와 부정의를 전가함으로써 그의 행위를 왜곡한다. 분노로 가득 차 있을 때, 마음에 이러한 성질의 핑계들이 절대 없지 않다. 그러나 그것들은 쓰러지는 나무에 하마터면 깔려 죽을뻔한 호라티우스가 애초에 그 나무를 심은 사람을 존속 살해범으로 고소했던 핑계만큼 때로는 하찮은 것들이다.

188

공유하는 모든 정념의 사례들로부터, 우리는 어떤 정서를 자극하고 유지함에서 사회의 영향력을 알 수 있다. 그래서 우리는 가장 억제하기 어려운 무질서가 아주 사소하고 하찮은 이유로 발생한다는 것을 발견한다. 솔론(Solon)[12]은 비록 내전에서 중립을 취한 사람들한테 벌을 내린 어쩌면 불공정한 입법자였지만 그리 잔인하지는 않았다. 만약 그들의 [즉 중립을 취한 사람들의] 감정과 담론이 그들을 사면하기에 충분하다고 인정되었다면, 내가 생각하기로는, 이 내전에서 처벌받을 사람은 거의 없었을 것이다. 여기서는 [즉 내전에서는] 어떤 이기심도 철학도 절대적인 냉정과 무관심을 유지할 힘을 가지지 못한다. 만약 그가 보통의 불길로는 타오르지 않는다면, 그는 필시 사람 이상이거나 사람 이하일 것이다. 그렇다면 도덕 감정들이 삶에 그러한 영향력을 가졌다고 밝혀지는 것이 무엇이 이상한가? 비록 그것들은 언뜻 보기에 다소 사소하고 연약해 보일 수 있는 원리들에

---

12) (역주) 솔론(Solon, 기원전 638?~558)은 고대 그리스 아테네의 정치가이자 입법자이자 시인이다. 그는 입법을 통해 고대 아테네의 정치적, 경제적, 도덕적 쇠퇴에 맞설 개혁을 시도한 인물로 알려져 있다. 그의 개혁 시도는 어느 편에도 호응을 얻지 못하고 대체로 실패로 돌아갔지만, 고대 아테네 민주주의의 토대를 세운 인물로 평가된다. 여기서 그가 중립을 취한 사람들을 처벌했다는 말은 도시의 내전에서 무기를 들지 않고 어느 편에도 가담하지 않는 사람들은 불명예를 당해야 하고 폴리스의 공무에 참여할 수 없다는, 이른바 '중립 금지법'을 만든 것을 가리킨다.

서 나오지만 말이다. 그러나 이 원리들이 사회적이고 보편적이라는 점에 주목해야 한다. 그것들은 어떤 의미로는 인류 공통의 적, 즉 악덕이나 무질서에 대항하는 **당파**를 형성한다. 다른 사람들에 대한 자비로운 관심은 많거나 적거나 모든 사람에게 퍼지고 모두한테 똑같으므로, 그것은 담론에서 더 자주 발생하고 사회와의 대화로 소중히 길러질 것이다. 그리고 [그 자비로운 관심의] 결과로 일어나는 비난과 승인은 아마도 외롭고 미개한 자연[상태]에서 가라앉아 있던 무기력 상태로부터 깨어날 것이다. 다른 이기적이고 사적인 정념들은 어쩌면 처음에는 더 강할지 모르나, 그것들은 흔히 [자비로운 관심의] 힘에 압도당하고, 우리 마음의 지배권을 사회적이고 공적인 원리들에 양도한다.

　　도덕 감정에 큰 힘을 더해주는 우리 기질의 또 다른 원천은 공명심(love of fame)이다. 그것은 원대한 마음을 지닌 모든 사람에게 억제할 수 없는 영향력을 발휘하고, 흔히 이들의 모든 계획과 사업의 중대한 목적이다. 우리는 이 세상에서 지위, 명성, 평판을 지속적이고 열성적으로 추구하기에 자신의 몸가짐과 행위를 자주 돌아보게 되고, 그것들이 우리에게 다가와 우리를 바라보는 사람들의 눈에 어떻게 보일지를 살핀다. 말하자면 반성 속에서 이렇게 계속 자신을 점검하는 습관은 옳음과 그름에 대한 모든 감정을 살아 있게 하고, 고결한 본성을 가진 사람들 속에서는 다른 사람들뿐만 아니라 자기 자신에 대한 일정한 존경심을 낳는다. 이러한 존경심은 모든 덕의 가장 확실한 수호자이다. 동물적인 편의와 쾌락의 가치는 점점 하락한다. 반면에 모든 내적 아름다움과 도덕적 우아함은 신중하게 획득되고, 마음은 이성적인 피조물을 돋보이게 하고 아름답게 할 수 있는 모든 완전성을 성취한다.

우리가 알고 있는 가장 완전한 도덕성이 바로 여기에 있다. 여러 공감들의 힘이 여기서 드러난다. 우리의 도덕 감정 자체는 주로 이러한 성질의 느낌이다. 다른 사람들과 잘 맞는 성품에 대한 우리의 관심은 오직 우리 자신과 잘 맞는 성품을 보존하려는 관심에서 나오는 듯하다. 우리는 이러한 목적을 달성하려면 우리의 불안정한 판단이 인류의 일치하는 승인에 기대야 한다는 것을 깨닫는다.

그러나 우리가 문제들을 수용할 수 있고 가능하다면 모든 난제를 제거할 수 있다는 추론들이 모두 거짓이라고 가정해보자. 효용의 전망에서 생기는 쾌락을 인간애와 공감의 감정들로 분석할 때, 우리가 잘못된 가설을 받아들인 것이라고 가정해보자. 무생물이든 생물이든 합리적이든, 인간의 복지와 이득을 증SB 277진하는 경향을 가진 대상들에게 표하는 칭찬에 대해 어떤 다른 설명을 찾을 필요가 있다고 인정해보자. 어떤 목적 자체에 전혀 무관심한데도 그 목적의 달성에 도움이 되는 경향 때문에 어떤 대상이 승인을 받는다고 상상하는 것은 너무 어려운 일이지만, 이러한 어리석음을 감수하고라도 그 결과가 무엇인지 살펴보자. 개인의 장점에 대한 앞서의 기술이나 정의는 필시 그것의 증거와 권위를 그대로 유지할 것이다. **그 사람 자신**이나 **다른 사람들**에게 **유용한 혹은 유쾌한** 마음의 성질은 모두 관찰자에게 쾌락을 전달하고, 그 관찰자의 존경심을 끌어내고, 덕이나 장점이라는 명예로운 칭호로 받아들여지리라는 점은 필시 그대로 인정될 것이다. 정의, 신의, 명예, 진실성, 충성, 정조는 오직 사회의 좋음을 도모하는 경향 때문에 존경받지 않는가? 이러한 경향은 인간애, 자비심, 인자, 관대, 감사, 온건함, 다정함, 우정 그리고 다른 모든 사회적 덕들과 분리될 수 없지 않은가? 근면, 신중, 절약, 비밀엄수, 질서, 끈기, 사전숙고, 판단력, 또한 여러 쪽에도 그 목록을 다 담을 수 없는 덕과 기량의 전체 집합, 과연 이러한 성질들을 소유한 사람의 이익과 행복을 증진하는 경향이 그것들의 장점의 유일한 토대라는 점을 의심할 수 있을까? 지속적인 평온함과 쾌활함, 고결한 위엄과 불굴의 기백, 모든 주변 사람들에 대한 부드러운 애정과 호의를 유지하는 마음은 그 자체 안에 더 많은 즐거움을 지니므로, 우울함에 낙담하거나 불안에 괴로워하거나 분노로 성나거나 극도로 비열한 부도덕함과 타락에 빠진 마음보다 더욱 생기를 주고 기쁘게 해줄 광경이라는 점을 누가 반박할 수 있겠는가? 즉각적으로 **다른 사람들에 게 유쾌한** 성질들에 관해서는, 그것들이 스스로를 충분히 잘 대변하고 있다. 지금까지 유머러스한 재치나 넘치는 붙임성, 또한 말하는 태도나 몸가짐에서의 섬세한 겸손이나 적절한 고상함의 매력을 느껴보지 못한 사람은 사실 자신의 기질에서든 자신의 처지와 모임에서든 반드시 불행할 것이다.

나는 어떤 주제에 대해서든 절대적 혹은 독단적인 것보다 더 SB 278 비철학적인 것은 없음을 알고 있다. 설령 **극단적인** 회의론을 계속 주장할 수 있더라도, 그것이 모든 타당한 추론과 탐구에 대해 [절대적 혹은 독단적인 것보다] 더 파괴적이지는 않을 것임을 알고 있다. 나는 사람들이 너무 확신에 차 있고 오만할 경우 그들은 흔히 매우 잘못된 생각에 빠지게 되고, 유일하게 그들을 아주 큰 어리석음으로부터 지켜줄 수 있는 적절한 숙고와 긴장감 없이 자신들을 정념에 내맡길 것이라 믿는다. 그렇지만 나는 이러한 [위에서 열거한 성질들의] 목록이 그 문제를 아주 확실하게 밝혀준다는 사실을, 그리고 **현재로는** 개인의 장점은 [그 목록에 포함된] 이러한 성질들을 가진 사람 자신이나 그와 교류하는 사람들에 대한 그것들의 유용성 혹은 유쾌함에 있다는 사실을 내가 추론과 논증을 통해 배운 어떤 진리보다 더 확신할 수밖에 없다는 점을 인정하지 않을 수 없다. 그런데 지구의 크기와 형태를 측정하고 그렸지만, 밀물과 썰물의 운동을 설명했지만, 천체의 질서와 섭리는 그것들의 고유한 법칙에 따르겠지만, 무한 자체를 계산하기에 이르렀지만, 사람들은 여전히 그들의 도덕적 의무의 토대에 대해 논쟁하고 있다. 이러한 점을 되돌아볼 때, 나는 다시 불신과 회의론에 빠져 [지금 나의 것과 같은] 이렇게 명백한 가설은, 만약 그것이 정말 참된 가설이라면, 이미 오래전에 사람들의 만장일치 투표와 동의를 얻지 않았겠는가 하는 의문을 품게 된다.

2부

만약 우리가 장점이나 덕에 수반되는 도덕적 **승인**을 설명했다면, 남은 일은 우리의 이익과 관련된 도덕적 **책무**를 간략히 살펴보고, 자신의 행복과 복지에 관심을 가진 모든 사람이 모든 도덕적 의무의 실천에서 자신의 이익을 가장 잘 발견하게 될지를 탐구하는 것뿐이다. 만약 이것이 앞서 말한 이론을 통해 분명하게 확인된다면, 희망컨대 우리는 추론과 탐구의 시험을 견뎌낼 뿐만 아니라 사람들의 삶을 교정하고 그들의 도덕성과 사회적 덕의 향상에 이바지할 수 있는 원리들을 내놓았다는 생각에 흡족할 것이다. 비록 어떤 명제의 철학적 진위는 결코 그것이 사회의 이익을 증진하느냐에 달린 것은 아니지만, 아무리 참

SB 279

일지라도 위험하고 해로운 실천으로 이어짐을 인정할 수밖에 없는 이론을 내놓은 사람은 면목이 없을 뿐이다. 왜 [우리의] 본성에서 사방으로 불쾌함을 퍼트리는 특성들만을 긁어모으는가? 왜 해악을 그것이 묻혀 있던 구덩이에서 파내는가? 당신 연구의 독창성은 칭찬받을지 모르나, 당신 학설은 미움을 받을 것이다. 만약 당신의 학설을 반박할 수 없다면, 사람들은 적어도 그것을 영원한 침묵과 망각 속에 묻어두는 것에 동의할 것이다. 사회에 **해로운** 진리들은, 만약 그러한 것들이 있다면, 유익하고 **이로운** 오류들에 굴복할 것이다.

그러나 어떤 철학적 진리들이 여기서 전달한 진리들, 즉 그녀의 진정한 가장 매혹적인 마력들로 덕을 표현하고, 우리가 편안하고 친근하게 애정을 가지고 그녀에게 다가갈 수 있게 해주는 진리들보다 더 사회에 이로울 수 있겠는가? 많은 신학자와 몇몇 철학자가 그녀에게 씌운 음울한 옷이 벗겨지면, [그녀의] 온화함과 인간애와 선행과 상냥함만이 나타난다. 그뿐만 아니라 적절한 간격을 두고 [그녀의] 유희와 환락과 유쾌함도 나타난다. 그녀는 우리에게 쓸데없는 금욕과 엄격함, 고통과 자기부정에 관해 이야기하지 않는다. 그녀는 자신의 유일한 목적이 자신의 신봉자와 모든 사람을 그들이 존재하는 모든 순간 최대로 쾌활하고 행복하게 해주는 것이라고 선언한다. 그녀는 인생의 다른 시기에 충분한 보상을 받을 것이라는 희망만으로 그들이 [현재의]

어떤 쾌락도 기꺼이 포기하게 하지 않는다. 그녀가 요구하는 유일한 수고는 올바른 계산의 수고와 더 큰 행복에 대한 확고한 선호이다. 만약 기쁨과 쾌락의 적인 금욕적 현학자들이 그녀에게 다가오면, 그녀는 그들을 위선자와 사기꾼이라며 거절한다.

혹은 그들을 자신의 무리에 받아들이더라도, 그녀는 그들을 자신의 신봉자 중 가장 덜 아끼는 사람들 가운데 놓을 것이다.

그리고 실로 모든 비유적 표현을 버리고, 고백하건대 과연 우리는 금욕과 엄격함으로 가득한 실천으로 사람들을 끌어들일 가망이 있을까? 혹은 만약 어떤 도덕 이론이든 그것이 권하는 모든 의무가 각 개인의 진정한 이익임을 딱히 상세하게 보여주지 못한다면, 그것이 과연 어떤 유용한 목적에 도움이 될 수 있을까? 앞서 말한 학설의 특유한 이점은 이러한 목적을 위한 적절한 수단을 제공함에 있는 것으로 보인다.

그것들을 소유한 사람에게 즉각적으로 **유용한** 혹은 **유쾌한** 덕들이 자기 이익을 위해 바람직하다는 것은 분명 증명할 필요가 없을 것이다. 사실 윤리학자들은 이러한 의무들을 권함에 있어서 흔히 그들이 들이는 온갖 수고를 면할 수 있다. 무슨 목적으로 절제는 이로운 것이고 과도한 쾌락은 해로운 것임을 증명하는 논증들을 모으겠는가. 이러한 과도함이 그렇게 [즉 과도하다고] 일컬어지는 이유가 단지 그것이 해롭기 때문으로 보인다면 말이다. 만약 예컨대 독한 술을 무제한으로 마시는 것이 공기나 물을 마시는 것보다 건강이나 마음과 육체의 기능에 더 해롭지 않다면, 그것이 [즉 독한 술을 무제한으로 마시는 것이] 전혀 더 악덕하거나 비난할 만한 것이 아닌 것으로 보인다면 말이다.

마찬가지로 예의범절과 재치, 점잖음과 고상함 등의 **사교적인** 덕들이 반대의 성질들보다 더 바람직하다는 것도 증명할 필요가 없어 보인다. 다른 것은 전혀 고려할 필요 없이, 허영심 하나만으로도 우리가 이러한 기량들을 [즉 사교적인 덕들을] 갖고 싶어 하기에 충분한 동기이다. 지금까지 누구도 자신이 원해서 이러한 점에서 부족했던 것은 아니다. 우리가 실패한 원인은 모두 나쁜 교육이나 능력 부족, 혹은 비뚤어지거나 완고한 성향 때문이다. 당신은 당신의 친구가 미움과 경멸과 따돌림을 당하기보다는 탐냄과 존경과 섬김을 받기를 원하는가? 과연 이러한 경우에 심각하게 고민할 사람이 있을까? 모임이나 사회와의 관계없이는 어떤 즐거움도 진실하지 않듯이, 만약 어떤 사람이 자신의 존재가 환영받지 못한다고 느끼고 자신의 주변에서 혐오와 반감의 낌새를 발견한다면, [그에게는] 어떤 사회도 유쾌하지 않거나 심지어 견딜 만하지도 않을 것이다.

그런데 왜 거대한 인간 사회나 연합에서는 개별 클럽이나 모임에서와 사정이 달라야 하는가? 왜 인간애와 관대함과 선행처럼 확대된 덕들이 행복과 자기 이익이라는 목적에 바람직하다는 것을 창의력과 공손함처럼 제한된 자질들이 이러한 목적에 바람직하다는 것보다 더 의심하는가? 우리는 이러한 사회적 감정들이 다른 어떤 추구 대상들보다 더 크고 더 직접적으로 개인의 효용을 방해하지 않을까, 또한 그것들은 [즉 사회적 감정들은] 명예와 이득의 다소 중대한 희생 없이는 충족될 수 없지 않을까 하고 우려하는가? 그렇다면 우리는 인간의 정념들의 본성에 대해 잘못 배운 것이고, 실재적인 차이보다 언어적인 차이로부터 더 많은 영향을 받은 것이다.

통속적으로 **이기적인** 감정이나 성향과 **사회적인** 감정이나 성향 사이에 어떤 모순이 있다고 가정하든, 그것들이 실제로는 이기적인 것과 야심을 품는 것, 이기적인 것과 복수심에 불타는 것, 이기적인 것과 허영심이 강한 것보다 더 상반되는 것들은 아니다. 자기애에 어떤 근거가 있으려면, 거기에는 자기애의 추구 대상들에 흥미를 갖게 하는 모종의 원초적인 성향이 있어야 한다. 자비심이나 인간애보다 이러한 목적에 더 적합한 것은 없다. 행운의 재화는 이런저런 만족을 위해 소비된다. 자신의 연소득을 모아 그것을 이자를 받고 빌려주는 구두쇠는 실제로는 그것을 자신의 탐욕을 만족시키기 위해 소비하는 것이다. 왜 어떤 사람이 다른 어떤 지출방식보다는 관대한 행동으로 더 손해를 보게 되는지는 보여주기 어려울 것이다. 왜냐하면 그가 아주 정교한 이기적임으로 얻을 수 있는 최상의 것은 어떤 애정의 만족이기 때문이다.

그런데 만약 정념 없는 삶이 필시 아주 재미없고 지겨울 뿐이라면, 어떤 사람에게 그가 자신의 성향을 만들 충분한 힘을 가지고 있다고 가정하게 하고, 그가 자신의 행복과 즐거움의 토대로 어떤 욕구나 욕망을 선택할지를 숙고하게 해보자. 그는 모든 SB 282 애정은, 만약 성공적으로 충족된다면, 그것의 힘과 격렬함에 비례하는 만족을 준다는 것을 관찰할 것이다. 그러나 모두에게 공통적인 이러한 이점 외에도, 자비심과 우정, 그리고 인간애와 친절함의 즉각적인 느낌은 어떤 행운이나 우연과도 무관하게 달콤하고 매끄럽고 부드럽고 유쾌하다. 게다가 이 덕들은 유쾌한 의식이나 기억을 동반하고, 우리가 다른 사람들뿐만 아니라 우리 자신과도 좋은 사이를 유지하게 해준다. 동시에 우리는 인류와 사회에 본분을 다했다는 유쾌한 감상을 간직한다. 비록 모든 사람이 탐욕과 야심의 추구에서 우리의 성공에 질투심을 보이겠지만, 우리가 계속 덕의 길을 따르고 고결한 계획과 목적의 실행에 종사한다면, 우리는 그들이 호의를 가지고 우리의 행복을 빌어줄 것이라고 거의 확신한다. 우리가 유쾌한 감정, 유쾌한 의식, 좋은 평판처럼 이렇게 많은 이점을 모두 합친 것을 다른 어떤 정념에서 발견할 수 있겠는가? 그런데 우리는 사람들이 스스로 이러한 진리들에 대해 거의 확신하고 있다는 것을 관찰할 수 있다. 그들이 사회에 대한 자신의 의무 이행에 불완전한 이유는 관대하고 우호적이고 인도적이기를 바라지 않기 때문이 아니라, 자기 자신을 그렇게 [즉 관대하고 우호적이고 인도적이라고] 느끼지 않기 때문이다.

악덕을 최대한 솔직하게 다루고 그것을 최대한 용인하더라도, 우리는 어떤 경우에도 자기 이익의 관점에서 덕보다 악덕을 더 선호할 아주 사소한 구실도 없다는 점을 인정해야 한다. 어쩌면 어떤 관점에서 상황을 바라보면 어떤 사람은 흔히 자신의 진실성(integrity) 때문에 손해를 보는 것으로 보일 수도 있는 정의(justice)의 경우를 제외하면 그렇다는 말이다. 비록 재산에 대한 존중 없이는 어떤 사회도 존속할 수 없다고 인정하더라도, 인간사(人間事)가 펼쳐지는 불완전한 방식에 따르면, 어떤 똑똑한 악한은 특수한 사건들에서는 어떤 부당하거나 부정한 행위가 사회적 통합이나 연합에 중대한 침해를 가하지 않으면서 자신의 재산을 크게 늘려줄 것이라고 생각할 수도 있다. **정직이 최선의 방책**이라는 것은 훌륭한 일반적 규칙일 수 있으나 많은 예외를 SB 283 허용할 여지가 있다. 그리고 어쩌면 그 일반적인 규칙을 준수하면서 모든 예외를 활용하는 사람은 아주 현명하게 처신한다고 생각할 수도 있다.

만약 어떤 사람이 이러한 추론은 정말로 어떤 대답을 요구한다고 생각한다면, 고백건대 그에게 만족스럽고 설득력 있게 보일 만한 대답을 찾는 것은 다소 어려울 것이다. 만약 그의 마음이 이 해로운 준칙들에 저항하지 않고, 흉악한 혹은 비열한 생각들에 아무런 거리낌도 느끼지 않는다면, 그는 사실 덕을 행할 동기를 상당히 잃어버린 셈이다. 그리고 우리는 그의 실천이 그의 사색과 비례할 것이라고 예상할 것이다. 그러나 순진한 본성을 가진 사람들이 배신과 사기에 대해 느끼는 반감은 매우 강력해서, 그것은 수익이나 금전적 이득에 대한 전망으로 상쇄될 수 없다. 마음의 내적 평화, 진실성에 대한 의식, 자신의 행위에 대한 만족스러운 평가, 이러한 것들이 행복의 매우 필수적인 여건들이고, 그것들의 중요성을 느끼는 정직한 사람들은 모두 그것들을 소중히 여기고 배양할 것이다.

게다가 이러한 사람은 온갖 거짓 잔꾀와 재능을 지닌 악한들이 자신들의 준칙에 의해 배반당하는 꼴을 보며 종종 만족감을 얻는다. 그들은 온건하고 은밀하게 속이려 하지만, 솔깃한 사건이 일어나고 본성이 허약해 덫에 걸린다. [그 덫에서] 풀려나더라도, 그들은 철저히 망신을 당하거나 앞으로 사람들의 모든 신뢰와 신용을 잃게 될 것이다.

조금이라도 철학이 있거나 일반적인 관찰과 반성의 능력을 지닌 사람은, 악한들이 아무리 은밀하고 성공적으로 속이더라도 결국 가장 잘 속아 넘어가는 사람은 그들이고, 가치 없는 장난감과 허울만 좋은 것을 얻는 대가로 그들은 스스로 어떤 성품의 귀중한 즐거움을 잃는다는 것을 발견할 것이다. 자연[상태]의 **필수품들**을 채우는 데 필요한 것은 얼마 안 되지 않은가? 한편으로 대화, 사교, 공부, 심지어 건강과 자연의 평범한 아름다움, 무엇보다 자신의 행위에 대한 평온한 반성이라는 돈으로 사는 것이 아닌 만족감과, 다른 한편으로 사치와 지출의 불안정하고 공허한 즐거움이 **쾌락**의 관점에서 어떻게 비교가 되겠는가? 이 자연적인 쾌락들은 실로 값을 매길 수 없을 만큼 귀하다. 왜냐하면 그것들을 얻는 데는 아무것도 들지 않지만, 그것들이 주는 즐거움은 무엇보다 값지기 때문이다.

도덕 감정에 대하여

만약 앞서 말한 가설을 받아들인다면, 이제 우리가 처음에[1] SB 285
시작했던 문제, 즉 도덕의 일반적인 원리들에 관한 문제를 해결
하는 것은 쉬울 것이다. 비록 이 문제가 도덕적 담론에 부적합
한 복잡한 추론들에 우리를 휘말리게 하지 않을까 하고 염려해
그것에 관한 결정을 미루었지만, 이제 우리는 그것에 관한 논의
를 다시 시작해 **이성**이나 **감정**이 칭찬이나 비난의 모든 결정에
얼마만큼 관여하는지를 검토할 수 있다.

도덕적 칭찬의 한 주된 토대가 어떤 성질이나 행동의 유용성
에 있다고 가정하면, **이성**은 분명 이러한 종류의 모든 결정에
적잖은 비중으로 관여해야 한다. 왜냐하면 오직 이 기능만이

---

1) 1절.

[즉 이성만이] 여러 성질과 행동의 경향을 우리에게 가르쳐줄 수 있고, 그것들이 사회와 그것들을 소유한 사람에게 주는 유익한 결과를 밝혀줄 수 있기 때문이다. 많은 경우에 이것은 엄청난 논란을 불러올 수 있는 사건이다. 의문들이 제기될 수 있고, 상충하는 이익들이 발생할 수 있다. 그리고 매우 미묘한 견해들과 효용의 사소한 초과로 인해 필시 한쪽이 선호될 것이다. 이것은 특히 정의와 관련된 문제에서 두드러진다. 사실 이것은 이 덕에 수반되는 효용의 종류에서 자연스럽게 상상할 수 있는 일이다.[2] 만약 정의의 모든 단일 사례가 자비심의 모든 단일 사례처럼 빠짐없이 사회에 유용하다면, 이것은 문제를 단순화할 것이고 큰

논란은 거의 일어나지 않을 것이다. 그러나 정의의 단일 사례들은 그것들의 최초의 즉각적인 경향에서 종종 유해하므로, 그리고 그것들이 사회에 가져오는 이득은 오직 그 일반적인 규칙의 준수를 통해서, 또한 그 같은 공정한 행위에 대한 여러 사람의 의견일치와 단결을 통해서만 나오므로, 여기서 사정은 더욱 복잡해지고 혼란스러워진다. 많은 경우에 사회의 다양한 여건들, 어떤 실천의 다양한 결과들, 그리고 꾀할 수 있는 다양한 이익들은 의문을 품게 만들고 심각한 토론과 탐구의 대상이 된다. 국내법의 목적은 정의와 관련된 모든 문제를 해결하는 것이다.

---

2) 부록 3을 보시오.

204

시민들의 토론, 정치인들의 심사숙고, 역사적 선례와 공공 기록은 모두 같은 목적을 지향하고 있다. 불분명하거나 상충하는 효용들로 인해 발생하는 난해한 의문들 사이에서 참된 해결책을 발견하려면, 흔히 매우 정밀한 **이성**이나 **판단력**이 필요하다.

충분한 도움을 받고 향상된다면, 이성은 우리에게 성질들과 행동들의 해로운 혹은 유용한 경향을 알려주기에 충분하다. 그러나 그것만으로 도덕적 비난이나 승인을 산출하기에는 충분하지 않다. 효용은 오직 어떤 일정한 목적을 낳는 경향일 뿐이다. 만약 우리가 그 목적에 전혀 무관심하다면, 우리는 그 수단에 대해서도 똑같이 무관심할 것이다. 해로운 경향보다 유용한 경향을 선호하려면, 여기서 어떤 **감정**이 나타날 필요가 있다. 이 감정은 다름 아닌 사람들의 행복에 대한 느낌과 그들의 고통에 대한 분노일 뿐이다. 왜냐하면 [행복과 고통은] 덕과 악덕이 증대시키는 경향을 지닌 상이한 목적들이기 때문이다. 따라서 **이성**은 여기서 우리에게 행동들의 여러 경향을 가르쳐주고, **인간애**는 유용하고 유익한 행동들의 편에서 [행동들을] 구별한다.

모든 도덕적 결정에서 지성의 기능과 감정의 기능 사이의 이러한 분할은 앞서 말한 가설을 통해 명백해 보인다. 그러나 나는 그 가설이 거짓이라고 가정해보고자 한다. 그렇다면 만족할 SB 287

만한 다른 이론을 찾을 필요가 있을 것이다. 우리가 이성을 도덕의 유일한 원천이라고 가정하는 한, 나는 감히 그러한 이론을 절대 찾을 수 없다고 주장한다. 이것을 증명하기 위해 다음과 같은 다섯 가지 고려사항을 따져보는 것이 적절할 것이다.

1. 어떤 거짓 가설이 오직 일반적인 용어로만 진술되고 아직 정의되지 않은 용어를 사용하며 사례들 대신에 비유들을 채용하는 동안에는, 그것은 쉽게 어떤 진리의 모습을 유지한다. 이것은 특히 모든 도덕적 구별의 인식을 감정의 동의 없이 이성에만 맡기는 철학에서 두드러진 현상이다. 일반적인 연설이나 담론에서는 아무리 그럴듯해 보일지라도, 특수한 사례에서 이러한 가설은 전혀 이해할 만한 것이 될 수 없다. 예컨대 **배은망덕**의 죄를 살펴보자. 이 죄는 우리가 한편으로는 실행된 도움으로 표현되고 인식되는 호의와, 다른 한편으로는 위해와 무시로 표현되고 인식되는 악의와 무관심을 관찰할 때마다 발견된다. 이 여건들을 모두 상세히 분석하고, 오직 당신의 이성만으로 잘못이나 비난거리가 무엇에 있는지 검토해보라. 당신은 어떤 쟁점이나 결론에도 도달하지 못할 것이다.

이성은 **사실의 문제**나 **관계의 문제**를 판단한다. 그렇다면 **먼저** 우리가 여기서 **죄**(crime)라고 하는 사실의 문제를 살펴보라. 그것을 지적해보라. 그것이 존재한 시간을 밝혀보라. 그것의 본질이나 본성을 기술해보라. 그것을 발견하는 감각이나 기능을 설명해보라. 그것은 그 배은망덕한 사람의 마음에 있다. 따라서 그는 필시 그것을 느낄 것이고 의식할 것이다. 그러나 거기에는 악의 혹은 철저한 무관심의 정념들만이 있다. 당신은 이것들을 홀로, 항상 그리고 모든 상황에서 죄라고 말할 수 없다. 아니다, 이것들은 이전에 우리에게 호의를 표하고 발휘한 사람들을 향할 때만 죄이다. 결과적으로 배은망덕의 죄는 어떤 특수한 개별적 **사실**이 아니라, [그것이] 관찰자에게 보였을 때 그의 마음의 SB 288 특수한 구조와 구성으로 인해 비난의 **감정**을 자극하는 복합적 여건들에서 일어난다고 추론할 수 있다.

당신은 이러한 묘사가 거짓이라고 말할 수 있다. 당신은 사실 죄는 우리가 **이성**으로 그 실재를 확인하는 어떤 특수한 **사실**에 있는 것이 아니라, 이성에 의해 기하학이나 대수학의 진리들을 발견하는 것과 같은 방식으로, 우리가 이성으로 발견하는 **도덕적 관계들**에 있다고 말할 수 있다. 그러나 나는 당신이 여기서 말하는 관계들이란 무엇인가 하고 물을 수 있다. 앞서 진술한 경우에서, 나는 먼저 어떤 사람한테서는 호의와 도움을 보고, 그런 다음 다른 사람한테서는 악의와 해악을 본다. 이것들은 **반대**(contrariety) 관계에 있다. 죄는 이러한 관계에 있는 것인가? 그런데 어떤 사람이 나에게 악의를 품었거나 나에게 해를 가하지만, 나는 이에 대응해 그를 아무렇지 않게 대하거나 그에게 도움을 준다고 가정해보자. 여기에도 **반대** 관계가 있다. 그러나 나의 행위는 흔히 매우 칭찬할 만한 행위이다. 이 문제를 당신이 마음대로 비틀고 뒤집어보아도, 당신은 결코 도덕을 관계 위에 놓을 수 없다. 당신은 감정의 결정에 의지할 수밖에 없다.

2 더하기 3이 10의 절반과 같다고 주장할 때, 나는 이 등식의 관계를 완벽하게 이해한다. 만약 10이 같은 수의 단위들을 가진 두 부분으로 나뉜다면, 또한 이 두 부분 중 어느 것이든 3에 2를 더한 것과 비교된다면, 나는 그것이 [3과 2를] 합한 수의 단위들을 포함할 것으로 생각한다. 그러나 당신이 거기에서 [등식의 관계를] 도덕적 관계와 비교하려 할 때, 고백하건대 나는 당신을 전혀 이해할 수 없을 것이다. 도덕적 행동, 예컨대 배은망덕과 같은 죄는 복잡한 대상이다. 도덕은 그 [대상의] 부분들 서로 간의 관계에 놓여 있는가? 어떻게? 어떤 방식으로? 그 관계를 명시해보라. 당신의 명제들을 더 자세하고 분명하게 말해보라. 그러면 당신은 그것들이 거짓임을 쉽게 알아차릴 것이다.

당신은 이렇게 말할 수도 있다. 아니다, 도덕은 행동들과 옳음의 규칙 사이의 관계에 놓여 있다. 행동들은 그 규칙과 일치하느냐 불일치하느냐에 따라서 좋은 행동이나 나쁜 행동이라고 불린다. 그렇다면 이 옳음의 규칙은 무엇인가? 그것은 무엇에

놓여 있는가? 그것은 어떻게 결정되는가? 당신은 그것이 행동들
의 도덕적 관계들을 검토하는 이성에 의해 결정된다고 말할 수
있다. 그래서 도덕적 관계들은 행동과 어떤 규칙의 대조로 결정
된다고 말할 수 있다. 그리고 그 규칙은 대상들의 도덕적 관계
들을 고찰함으로써 결정된다. 이것은 훌륭한 추론이 아닌가?

당신은 이 모든 것이 형이상학이라고 외칠 것이다. 그거면 충
분하다. [당신이 말한 것의] 거짓임에 대한 강한 확신을 주기 위해
더는 아무것도 필요 없다. 나는 이렇게 답할 것이다. 그렇다, 여
기에는 분명 형이상학이 있다. 절대 이해할 수 없고 어떤 특수
한 사례나 예시와도 일치할 수 없는 난해한 가설을 내놓는 사람
들이 모두 당신 편이다. [반면에] 우리가 받아들이는 가설은 평
범하다. 그 가설의 주장에 따르면, 도덕은 감정에 의해 결정된
다. 그것의 정의에 따르면, 덕은 **무엇이든 관찰자에게 유쾌한
승인의 감정을 주는 정신적 활동이나 성질**이다. 그리고 악덕은
그 반대의 것이다. 그런 다음 우리는 평범한 사실의 문제, 즉 어
떤 행동들이 이러한 영향을 주는지를 검토한다. 우리는 이러한
행동들이 일치하는 여건들을 모두 살펴보고, 그런 다음 이러한
감정들에 관한 어떤 일반적 관찰을 추출하려 한다. 만약 당신이
이것을 형이상학이라 하고 여기서 무언가를 난해하다고 느낀다
면, 당신은 그저 당신 마음의 성향이 도덕 과학(moral sciences)
에는 적합하지 않다는 결론을 내리면 된다.

2. 어떤 사람이 어느 때든 자신의 행위를 (예컨대 그가 어떤 특수한 위급사태에서 형제를 도와야 할지 은인을 도와야 할지를) 숙고할 때, 그는 더 우위의 의무와 책무를 결정하기 위해 그 사람들의 모든 상황과 처지와 더불어 [형제와 은인이라는] 이 상이한 관계들을 고려해야 한다. 삼각형에서 선들의 비례를 결정하기 위해서는 그 도형의 본성과 그것의 몇몇 부분들의 상호 관계를 검토할 필요가 있다. 그러나 이 두 가지 경우들 사이의 이렇게 눈에 띄는 유사성에도 불구하고, 사실 그것들 사이에는 심각한 차이가 있다. 삼각형이나 원에 관한 사변적 추론가는 이 도형들의 부분들 사이의 이미 알려져 있는 일정한 여러 관계들을 고찰하고, 거기에서 전자의 [관계들에] 의존하는 어떤 알려지지 않은 관계를 추론한다. 그러나 도덕적 숙고에서 우리는 대상들 모두와 그것들의 모든 상호 관계를 미리 알고 있어야 한다. 그리고 그 전체의 비교로부터, 우리의 선택이나 승인 여부를 결정해야 한다. 알아낼 새로운 사실도 없고, 발견할 새로운 관계도 없다. 우리가 비난이나 승인의 판결을 내리기 전에, 그 경우의 모든 여건이 우리 앞에 놓여 있는 것으로 가정한다. 만약 무엇이든 중요한 여건이 아직 알려지지 않았거나 의문스럽다면, 우리는 우선 우리의 탐구 혹은 지적 기능들을 사용해 그것을 확인해야 한다. 그리고 잠시 도덕적 결정이나 감정을 모두 중단해야 한다. 어떤 사람이 공격자인지 아닌지도 모르면서, 어떻게 우리

는 그를 죽인 사람이 죄인인지 결백한지를 결정할 수 있겠는가? 그러나 여건들과 관계들이 모두 알려진 다음에는, 지성은 더 이상 작동할 여지가 없고 관여할 대상이 없다. 그다음에 일어나는 승인이나 비난은 판단력이 아니라 마음의 일이다. 그것은 사변적 명제나 단언이 아니라 활동적 느낌이나 감정이다. 지성의 탐구들에서는 우리는 알려진 여건들과 관계들로부터 미지의 새로운 무언가를 추론한다. 도덕적 결정들에서는 여건들과 관계들이 모두 알려져 있고, 마음은 그 전체에 대한 관조에서 애정이나 혐오, 존경이나 경멸, 승인이나 비난의 어떤 새로운 인상을 느낀다.

따라서 이러한 것이 **사실**에 대한 착각과 **옳음**에 대한 착각 사이의 중대한 차이이고, 흔히 후자는 죄이지만 전자는 그렇지 않은 이유이다. 오이디푸스(Oedipus)가 라이오스(Laius)를 죽였을 때, 그는 [라이오스가 자신의 생부라는] 관계에 대해 알지 못했고, 무지하고 비자발적인 여건들로 인해 자신이 범한 행동에 관한 잘못된 의견을 가지게 되었다. 그러나 네로(Nero)가 아그리피나(Agrippina)를 죽였을 때,[3] 그는 자신과 그 사람 사이의 관계와

---

3) (역주) 아그리피나(Julia Agrippina, 12~59)는 클라우디우스(Claudius) 황제의 후처이자 네로 황제의 어머니이다. 권력욕이 강했던 그녀는 클라우디

그 사실을 둘러싼 여건들을 모두 알고 있었다. 그러나 그의 흉악한 마음에서는 복수나 공포나 자기 이익이라는 동기가 의무와 인간애라는 감정들을 압도했다. 네로 자신은 얼마 지나지 않아 무감각해졌지만, 우리가 그에 대한 혐오감을 표출할 때, 우리는 그가 모르는 어떤 관계를 알기 때문이 아니라 우리의 곧은 성향을 통해 그가 오랫동안 아주 엄청난 죄를 저지르고 아첨에 익숙해져 느끼지 못하게 된 감정들을 느끼기 때문이다. 그렇다면 도덕적 결정들은 어떤 종류든 관계의 발견이 아니라 모두 이러한 감정들에 놓여 있다. 이러한 종류의 결정들을 내릴 수 있으려면, 먼저 그 대상이나 행동과 관련해 모든 것이 알려지고 확인되어야 한다. 우리 쪽에서는 오직 비난이나 승인의 감정을 느끼는 일만 남는다. 이를 통해 우리는 그 행동을 유죄라거나 유덕하다고 선언한다.

3. 만약 우리가 여러 점에서 매우 밀접한 유사성을 지닌 자연적 아름다움과 도덕적 아름다움을 비교한다면, 이 학설은 훨씬

우스 사후에 그의 전처소생인 브리타니쿠스(Britannicus)를 밀어내고 자신의 아들인 네로를 제위에 앉혀 권력을 장악했다. 그러나 네로가 실권을 잡아가는 과정에서 사사건건 대립하게 되자, 그녀는 다시 브리타니쿠스를 후원했다. 네로는 옥타비아와의 이혼을 반대하고 자신의 정적인 브리타니쿠스를 후원하는 아그리피나, 즉 자신의 어머니를 살해하라는 명령을 내린다.

더 분명해질 것이다. 모든 자연적 아름다움은 부분들의 비례와 관계와 위치에 달려 있다. 그러나 이로부터 아름다움의 지각은 기하학적 문제들에서의 진리의 지각처럼 순전히 관계들의 지각에 있고, 전적으로 지성이나 지적 기능들에 의해서만 수행된다고 추론하는 것은 어리석다. 모든 과학에서 우리의 마음은 알려진 관계들로부터 알려지지 않은 관계들을 탐구한다. 그러나 취미 혹은 외적 아름다움에 관한 결정들에서는 관계들이 모두 이미 눈에 선명하게 보인다. 그리고 이로부터 우리는 그 대상의 본성과 우리의 [감각] 기관들의 성향에 따라서 만족감이나 혐오감을 느끼게 된다.

유클리드(Euclid)는 원의 모든 성질에 대해 충분히 설명했다. 그러나 그는 어떤 명제에서도 그것의 아름다움에 대해서는 한마디도 하지 않았다. 이유는 명백하다. 아름다움은 원의 성질이 아니다. 아름다움은 공통의 중심으로부터 등거리에 있는 선의 어떤 부분에 놓여 있는 것이 아니다. 아름다움은 오직 그 도형이 마음에 일으키는 효과일 뿐이고, 마음의 독특한 구성이나 구조가 마음이 이러한 감정을 느낄 수 있게 만든다. 원 안에서 아름다움을 찾거나, 그 도형의 속성들 속에서 당신의 감각이나 수학적 추론으로 아름다움을 찾는 것은 헛된 일이다. SB 292

기둥의 부분과 비례를 모두 설명한 팔라디오(Palladio)와 페로(Perrault)에게 주목해보자.[4] 그들은 코니스, 프리즈, 주춧돌, 엔

태블러처, 기둥 몸체, 아키트레이브에 대해 말한다.[5] 그리고 이
구성 요소들 각각의 모습과 위치에 대해 말한다. 그러나 만약
당신이 그것의 아름다움에 관한 기술과 그 아름다움이 놓인 위
치를 묻는다면, 그들은 선뜻 아름다움은 기둥의 어느 부분이나
구성 요소에 있는 것이 아니라, 그 복잡한 형상이 섬세한 감각
을 느낄 수 있는 지적인 마음을 지닌 사람에게 보였을 때, 그
[형상] 전체에서 나오는 것이라고 답할 것이다. 이러한 관찰자가
나타날 때까지는, 특정한 치수와 비례를 가진 형상만이 있을 뿐
이다. 그것의 우아함과 아름다움은 그의 감정에서만 나오는 것
이다.

다시 베레스(Verres)나 카틸리나(Catilina)의 죄를 묘사하고 있
는 키케로에게 주목해보자.[6] 당신은 도덕적 비열함은 [기둥의 아

---

4) (역주) 안드레아 팔라디오(Andrea Palladio, 1508~1580)는 이탈리아 베네
치아 공화국의 건축가로, 건축물의 구성요소들 사이의 조화로운 통일성
과 동일 비례의 적용을 강조한 고대 로마의 건축가 비트루비우스(Marcus
Vitruvius Pollio, 기원전 1세기경)의 법칙을 존중했다. 클로드 페로(Claude
Perrault, 1613~1688)는 루이 14세 때 루브르궁의 동쪽 부분을 설계한 프랑
스 건축가로, 거의 유일하게 현존하는 건축 관련 고대 로마의 저술인 비트루
비우스의 책을 번역했다.
5) (역주) 엔태블러처(entablature)는 고대 그리스와 로마 건축에서 기둥에 의
해 떠받쳐지는 부분들을 총칭하는 용어이다. 기둥의 윗부분에 수평으로 연결
된 지붕을 덮는 장식 부분으로, 엔태블러처의 기본 구성은 위로부터 코니스
(cornice), 프리즈(frieze), 아키트레이브(architrave)로 이루어진다.

름다움과] 마찬가지로 그 전체가 앞서 언급한 특수한 구조와 구성의 기관들을 지닌 존재로 보였을 때 그 전체에 대한 관조에서 기인한다는 것을 인정해야 한다. 그 연설가 [즉 키케로는] 한쪽으로는 격노, 오만, 잔인을, 다른 쪽으로는 온순, 고통, 슬픔, 결백을 묘사할 수 있다. 그런데 만약 당신이 이러한 여건들의 복잡한 결합으로부터 자신 안에서 의분이나 동정심이 일어남을 전혀 느끼지 못한다면, 당신이 그에게 다음과 같이 묻는 것은 소용없을 것이다. 그가 격하게 외치는 죄 혹은 악행은 어디에 놓여 있는가? 그것은 언제 생겼으며, 그 대상은 누구인가? 그리고 몇 달 후에 행위자들 모두의 성향과 생각이 완전히 바뀌거나 소멸한다면, 그 죄는 어떻게 되는가? 도덕에 대한 추상적 가설로는 이러한 물음들 중 어느 것에 대해서도 만족할 만한 답을 줄 수 없다. 그리고 우리는 결국 죄나 부도덕은 지성의 대상일 수 있는 특수한 사실이나 관계가 아니라, 잔혹 행위나 배반 행위를 SB 293

6) (역주) 베레스(Gaius Verres, 기원전 120?~43)는 로마의 행정관으로 시칠리아를 잘못 통치한 것으로 악명이 높다. 그가 지역 주민들과 사원을 수탈하자 지역 주민들은 키케로를 통해 그를 고발했다. 자신을 탄핵하는 키케로의 연설로 불리해지자, 베레스는 마르세유로 도망갔다. 카틸리나(Lucius Sergius Catilina, 기원전 108~62)는 로마 공화정 말기의 군인이자 정치가로, 기원전 63년 집정관 선거에서 불리한 처지에 놓이자 일단의 귀족과 불만을 품고 있던 퇴역군인들을 끌어들여 로마 공화정을 전복하려는 음모를 꾸몄다. 그러나 사전에 그의 음모를 눈치챈 키케로의 탄핵으로 로마에서 달아났다.

인지할 때 인간 본성의 구조로 인해 우리가 느낄 수밖에 없는 불승인의 감정에서만 생긴다는 것을 인정해야 한다.

4. 무생물 대상들 사이에도 우리가 도덕적 행위자들한테서 관찰한 것과 똑같은 관계가 있을 수 있다. 그러나 전자는 절대 사랑이나 증오의 대상일 수 없고, 따라서 칭찬할 만한 행위나 부정한 행위를 할 수 없다. 자기 부모보다 더 높이 자라거나 자기 부모를 파괴하는 어린나무는 자신의 어머니 아그리피나를 살해한 네로 황제와 같은 관계에 있다. 만약 도덕이 단지 관계들에만 놓여 있다면, 필시 그 어린나무도 똑같이 유죄일 것이다.

5. 인간 행동의 궁극적인 목적들은 어떤 경우에도 **이성**에 의해 설명될 수 없고, 지적인 기능들에 전혀 의지하지 않고 전적으로 인간의 감정과 애정에 맡길 수밖에 없다는 것이 분명해 보인다. 어떤 사람에게 **왜 당신은 운동을 하느냐**고 물어보라. 그는 **자신의 건강을 지키고 싶기 때문**이라고 답할 것이다. 그런 다음 당신이 그에게 **왜 건강하기를 바라느냐**고 묻는다면, 그는 선뜻 **병은 고통스럽기 때문**이라고 답할 것이다. 더 나아가 당신이 그에게 **왜 고통을 싫어하느냐**고 묻는다면, 그는 도저히 대답할 수 없을 것이다. 이것은 하나의 궁극적인 목적이고, 절대 다른 어떤 대상에 의존하지 않는다.

어쩌면 당신의 두 번째 물음, **왜 건강하기를 바라느냐**라는 물음에 대해서, 그는 **그것이** 자기 직업의 수행에 **필요하다**고 답할 수도 있다. 만약 당신이 그에게 **왜 그 점에 관해 염려하느냐**고 묻는다면, 그는 **자신이 돈을 벌고 싶기 때문**이라고 답할 것이다. 만약 당신이 **왜 [돈을 벌고 싶으냐]?** 하고 묻는다면, 그는 **그것이 쾌락을 얻는 수단이기 때문**이라고 말할 것이다. 이 이상 어떤 이유를 묻는 것은 어리석다. [이러한 물음들의] 무한 진행은 있을 수 없다. 한 가지가 항상 다른 어떤 것을 욕망하는 이유일 수 있다. 어떤 것은 필시 그것 자체로, 또한 그것이 인간의 감정 및 애정과 즉각적으로 조화되거나 일치하기 때문에 바람직할 것이다.

그런데 덕은 하나의 목적이고, 그것은 아무 보수나 보상 없이 SB 294 단지 그것이 전달하는 즉각적 만족 때문에 그 자체로 바랄 만한 것이다. 그래서 거기에는 반드시 그것이 일으키는 어떤 감정, 혹은 당신이 그것을 무엇이라고 부르든 도덕적 선악을 구별하고 전자는 받아들이면서 후자는 거부하는 내적 취미나 느낌이 있어야 한다.

앞서 말한 것처럼, **이성과 취미**의 뚜렷한 경계와 임무는 쉽게 확인된다. 전자는 참과 거짓에 대한 지식을 전달한다. 후자는 아름다움과 추함에 대한 감정, 악덕과 덕에 대한 감정을 전달한다. 전자는 더하지도 빼지도 않고 실제로 자연에 놓여 있는 그대로의 대상들을 발견한다. 후자는 생산적인 기능을 가지고, 모든 자연적 대상들을 내적 감정에서 빌려온 색깔들로 꾸미고 착색해 어떤 의미로는 새로운 창작물을 생겨나게 한다. 이성은 냉정하고 유리되어 있어 전혀 행동의 동기일 수 없고, 행복을 얻거나 불행을 피하는 수단을 보여줌으로써 욕구나 경향성에서 나온 충동(impulse)에 길을 안내해줄 뿐이다. 취미는 쾌락이나 고통을 줌으로써 행복이나 불행을 야기하므로, 그것은 행동의 동기가 되고 욕망과 의지의 제일 원동력 혹은 충동이다. 전자는 [즉 이성은] 우리가 이미 알려졌거나 가정된 여건과 관계로부터 숨겨졌거나 알려지지 않은 것을 발견하게 한다. 후자는 [즉 취미는] 모든 여건과 관계가 우리 앞에 놓인 후에 우리가 그 전체로부터 비난이나 승인의 새로운 감정을 느끼게 한다. 사물들의 본성에 기초한 전자의 기준은 영구적이고, 절대자(Supreme Being)의 의지로도 바꿀 수 없다. 동물들의 내적 구조와 구성에서 나오는 후자의 기준은 결국 각 존재에게 고유한 본성을 부여해주고 존재의 여러 종류와 서열을 정한 절대자의 의지에서 나온다.

부록 2

자기애에 대하여[1]

여러 원리 가운데 우세하다고 가정되는 원리가 하나 있는데, SB 295
그것은 모든 덕이나 도덕 감정과 전혀 양립할 수 없다. 그리고
그것은 아주 타락한 성향에서만 나올 수 있으므로, 결국 이러한
타락을 더욱더 조장하는 경향을 지닌다. 이 원리는 다음과 같
은 것이다. 모든 **자비심**은 위선이고, 우정은 속임수이며, 공공
심은 광대극이고, 신의는 신용과 신뢰를 얻기 위한 함정일 뿐이
다. 우리는 모두 속으로는 사적 이익만을 추구하면서도 다른 사
람들을 방심하게 만들고, 그들이 우리의 계략과 음모에 더 깊이
빠지도록 이렇게 아름답게 위장할 뿐이다. 이러한 원리를 공언
하고 이 해로운 이론의 그릇됨을 드러내는 내적 감정들을 전혀

---

1) (역주) 『인간 본성에 관한 논고』, 3권, 3부, 1절을 참고하시오.

느끼지 못하는 사람은 어떤 마음을 가졌을지, 또한 그는 자신이 아주 추악한 색채로 표현하면서 은혜에 감사하지도 애정에 보답하지도 않을 것이라 가정하는 종족에게 어느 정도의 애정과 자비심을 품을 수 있을지를 쉽게 상상할 수 있다. 아니 만약 우리가 이러한 원리들을 전적으로 어떤 타락한 마음의 탓으로 돌릴 수 없다면, 우리는 어쨌든 아주 경솔하고 성급한 검토를 통해 그것들을 설명할 수밖에 없다. 사람들 속에서 다양한 기만을 관찰하고, 어쩌면 자신들의 성향에서 [이러한 기만들에 대해] 그리 강한 억제력을 느끼지 못한 피상적 추론가들은 실제로 다음과 같이 성급하게 일반화된 결론을 내릴 수도 있다. 모든 사람

SB 296
은 똑같이 타락했다. 다른 모든 동물과 사실 다른 모든 종류의 존재와는 다르지만, 사람들 사이에는 선악의 정도의 차이가 없고, 서로 다른 변장과 겉모습을 하고 있지만 어느 모로 보나 똑같은 피조물들이다.

앞에서 서술한 원리와 다소 유사한 또 하나의 원리가 있다. 철학자들은 이 원리를 크게 강조하였고, 그것은 여러 학설의 토대였다. 어떤 사람이 다른 사람들에게 어떤 애정을 느낄 수 있든 자신이 [애정을] 느낀다고 상상할 수 있든, 그 어떤 정념도 사심이 없지 않거나 사심이 없을 수 없다. 얼마나 진실하든 가장 아낌없는 우정도 자기애의 변형일 뿐이다. 비록 우리 자신은 모

르더라도, 인류의 자유와 행복을 위한 계획에 아주 깊이 몰두한 것처럼 보이는 동안에도, 우리는 오직 우리 자신의 만족을 구할 뿐이다. 상상의 전환으로, 반성의 치밀함으로, 또한 정념의 열의로, 우리는 우리 자신이 다른 사람들의 이익에 협력하고 모든 이기적 생각에서 벗어났다고 상상하는 듯하다. 그러나 사실은 가장 관대한 애국자와 가장 인색한 구두쇠도, 가장 용감한 영웅과 가장 비굴한 겁쟁이도, 모든 행동에서 자신의 행복과 복지에 동일한 관심을 가진다.

이러한 의견의 표면상의 경향 때문에 그것을 [즉 이러한 의견을] 주장하는 사람은 결코 진정한 자비심의 감정을 느낄 수 없다거나 진실한 덕에 대한 존경심을 가질 수 없을 것이라고 결론짓는 사람은 흔히 자신의 생각이 실제로는 매우 잘못되었다는 사실을 깨닫게 될 것이다. 에피쿠로스(Epicurus)와 그의 학파 사람들에게 정직과 명예는 낯설지 않았다. 아티쿠스(Atticus)[2]와 호라티우스는 태생적으로 여러 금욕주의 학파의 신봉자들만큼 너그럽고 상냥한 성향을 지니고 있었고, 반성을 통해 이러한 성향

---

2) (역주) 티투스 폼포니우스 아티쿠스(Titus Pomponius Atticus, 기원전 109~31)는 고대 로마의 출판업자이자 은행가로, 키케로와 친분이 깊었다고 한다. 그는 서한집을 비롯한 키케로의 상당수 저서를 출판했고, 『우정에 대하여』는 키케로가 그에게 헌정한 글이다. 여기서 호라티우스와 더불어 그를 언급한 이유는 그가 에피쿠로스의 가르침을 열렬히 추종했기 때문이다.

을 함양했다. 근대인들 가운데 도덕에 대한 이기적 학설을 주장했던 홉스와 로크도 나무랄 데 없는 삶을 살았다. 그러나 전자는 [즉 홉스는] 자기 철학의 결점을 보완해줄 수 있었을 종교적 구속을 전혀 받아들이지 않았다.

에피쿠로스주의자나 홉스주의자는 세상에는 위선이나 거짓이 전혀 없는 우정이 존재한다는 것을 기꺼이 인정한다. 비록 그는 철학적 화학(philosophical chymistry)으로, 이렇게 말해도 좋을지 모르겠으나, 이 정념의 요소들을 어떤 다른 정념의 요소들로 분해하려고 시도할 수도 있고, 모든 정념은 상상의 특수한 전환에 의해 다양한 모습으로 비틀어진 자기애라고 설명할 수도 있지만 말이다. 그러나 상상의 동일한 전환이 모든 사람에게 일어나는 일도 아니고 본래의 정념에 동일한 방향을 주는 것도 아니므로, 그 이기적 학설에 따르더라도 이것은 인간의 성품에 아주 광범위한 차이를 만들기에 충분하고, 어떤 사람은 유덕하고 인도적인 사람이고 다른 사람은 악덕하고 비열하게 이익을 추구하는 사람이라고 말하기에 충분하다. 나는 어떻게든 다른 사람들에게 관심을 보이게 하고 사회에 봉사하게 하는 자기애를 지닌 사람을 존중한다. 동시에 나는 자신의 만족과 즐거움에만 관심을 두는 사람을 증오하거나 경멸한다. 이 성품들이 겉보기에는 상반되지만 실지로는 같다고, 또한 아주 사소한 생각의 전환이 그것들 사이의 모든 차이를 만든다고 말하는 것은 부질없는 일이다. 이 사소한 차이들에도 불구하고, 내가 보기에, 각 성품은 실제로는 상당히 지속적이고 변질하지 않는다. 나는 다른 주제에서보다 특히 이 주제에서 사물의 일반적인 현상들에서 생겨난 자연적 감정들이 그 현상들의 자세한 기원에 관한 정교한 반성을 통해 더 쉽게 파괴될 것이라고 생각하지는 않는다. 설령 내가 철학을 통해 안색의 차이는 모두 피부의 아주 미세한 부분들의 아주 미세한 두께 차이로 생기는 것이고, 이 차이로 인해 [피부] 표면은 빛의 원색들 가운데 하나를 반사하고 다른 원색들을 흡수한다는 사실을 알았더라도, 생기 있고 쾌활한 얼굴색은 나에게 만족감과 쾌락을 불어넣어 주지 않는가?

비록 인간의 보편적 혹은 부분적인 이기성에 관한 물음은 흔히 상상하는 것만큼 도덕과 실천에 그리 중요하지 않지만, 인간의 본성에 대한 사변적 학문에서는 확실히 중요하고 호기심과 탐구의 적절한 대상이다. 그러므로 이 자리에서 그것에 대한 몇 SB 298 가지 생각들을 제공하는 것이 부적절하지는 않을 것이다.[3]

---

3) 자비심은 자연히 두 종류, 즉 **일반적인** 것과 **특수한** 것으로 나뉜다. 전자는 우리가 그 사람에게 아무런 우정이나 친분이나 존경심은 없고, 단지 그와의 일반적인 공감, 말하자면 그의 고통에 대한 동정심이나 그의 쾌락에 대한 기쁨만을 느끼는 경우이다. 후자의 종류의 자비심은 덕에 대한 의견, 혹은 우리

이기성 가설에 대한 가장 분명한 반론은, 그 가설이 공통의 느낌과 우리의 가장 편견 없는 관념들에 반대되는 만큼, 이 특이한 역설을 입증하려면 아주 확대된 철학이 필요하다는 것이다. 가장 부주의한 관찰자의 눈에도 자비심과 관대함 같은 성향들과 사랑, 우정, 동정, 감사 같은 감정들이 존재하는 것으로 보일 것이다. 이러한 감정들은 공통의 언어와 관찰로도 표시되고, 이기적인 정념들의 그것들과는 확연히 구별되는 원인, 결과, 대상, 작용을 지닌다. 그리고 이것은 사물들의 명백한 모습이므로, 인간의 본성을 더 깊이 관통해 전자의 감정들이 단지 후자의 변형들일 뿐임을 증명할 수 있는 가설이 발견될 때까지는 받아들여야 한다. 지금까지 이러한 종류의 시도는 모두 부질없는 것으로 밝혀졌고, 그것은 순전히 철학에서 많은 거짓 추론의 원천이 된 **단순성**에 대한 애호에서 기인한 것으로 보인다. 여기서 나는 이 문제를 더 이상 파고 들어가지 않을 것이다. 많은 유능한 철학자들이 이러한 학설들의 불충분함을 보여주었다.

한테 행한 봉사, 혹은 어떤 특수한 관계에 기반을 둔다. 이 양자의 감정들이 인간 본성에 실재한다는 것을 인정해야 한다. 그러나 그것들이 자기애의 몇몇 미묘한 형태들로 이해될지는 중요하다기보다는 흥미로운 물음이다. 이 탐구 과정에서 우리는 전자의 감정, 즉 일반적인 자비심이나 인간애나 공감의 감정을 다룰 기회를 종종 가질 것이다. 그리고 나는 다른 어떤 증명 없이 일반적인 경험을 통해 그것이 실재한다고 가정한다.

그리고 나는 내가 아주 사소한 반성으로도 모든 불편부당한 탐구자에게 분명해질 것이라 믿는 바를 당연한 것으로 받아들일 것이다.

그렇지만 그 주제의 본성은 다음과 같은 아주 강력한 추정을 제공한다. 미래에도 이기적인 감정으로부터 자비로운 감정의 기원을 설명하고 인간 마음의 온갖 다양한 정서를 어떤 완벽하게 단순한 것으로 환원할 수 있는 더 나은 학설을 발명하지 못할 것이다. 이러한 종류의 철학은 물리학의 경우와는 사정이 같 SB 299
지 않다. 사실 자연 [과학]에서 많은 가설은 더 정밀한 조사를 통해 첫인상과는 달리 믿음직하고 만족스러운 가설로 밝혀졌다. 이러한 종류의 사례는 아주 흔해서, 한 재치 있고 분별 있는 철학자[4][5]는 감히 이렇게 주장했다. 만약 어떤 현상이든 그것이 일어날 방법이 하나 이상이라면, 일반적으로 그것은 가장 덜 명백하고 덜 친숙한 원인에서 일어난다고 추정된다. 그러나 우리의

---

4) 퐁트넬(Fontenelle) 씨.
5) (역주) 베르나르 퐁트넬(Bernard Fontenelle, 1657~1757)은 프랑스 백과전서파의 선구적인 계몽주의 사상가이자 문학가이다. 그는 앞서 언급한 피에르 코르네유의 조카로 주로 철학자들과 과학자들에 관한 글을 썼으며, 천문학을 비롯한 과학적 지식을 소설적 스타일로 쉽게 풀어써서 비과학자들이 당시의 과학적 발전을 이해하는 데 이바지했다.

정념과 인간 마음의 내적 작용의 기원에 관한 탐구에서는 항상 반대로 추정된다. 어떤 현상에 대입할 수 있는 가장 단순하고 명백한 원인이 아마도 참된 원인일 것이다. 어떤 철학자가 자신의 학설을 설명하면서 매우 복잡하고 정교한 반성들에 의지하고 그것들이 어떤 정념이나 정서의 산출에 본질적이라고 가정할 수밖에 없을 때, 우리는 당연히 이러한 거짓 가설을 극히 경계해야 한다. 감정은 이성이나 상상의 세밀한 구별들로부터 어떠한 인상도 받아들일 수 없다. 인간 마음의 협소한 용량 때문에 후자의 기능들의 [즉 이성과 상상의] 강력한 발휘는 필연적으로 전자에서의 [즉 감정에서의] 모든 활동을 말살한다는 것을 항상 볼 수 있다. 사실 우리의 주된 동기나 의도는, 우리의 마음이 허영심이나 자만심 때문에 더 지배적이라고 가정하고 싶어 하는 다른 동기들과 뒤섞이고 혼동될 때, 종종 우리 자신에게 숨겨진다. 그러나 이렇게 [자신의 동기를] 숨기는 사례는 그 동기가 난해하고 복잡해서 일어나는 일이 아니다. 친구이자 후원자를 잃은 어떤 사람은 [죽은 자에 대한] 자신의 애도가 편협한 생각이나 이익과 관련된 생각과는 전혀 엮이지 않은 순전히 고결한 감정들에서 나온 것이라고 자처할 수도 있다. 그런데 만약 어떤 사람이 자신의 후원과 보호가 필요했던 소중한 친구의 죽음을 애도한다면, 어떻게 우리는 그의 열정적인 다정함이 근거도 없고 존재도 없는 자기 이익과의 어떤 형이상학적 관계에서 나온다고 가정할 수 있겠는가? 우리는 이렇게 난해한 반성들에서 정념의 기원을 설명하기보다는 시계에 들어가는 것만큼 작은 톱니바퀴들과 용수철들이 짐을 잔뜩 실은 마차를 움직인다고 상상하는 편이 더 나을 것이다.

동물들은 자기와 같은 종과 우리와 같은 종 모두에게 다정할 수 있는 것으로 보인다. 이 경우에 거기에는 아무런 속임수나 계략의 낌새가 없다. 우리는 자기 이익의 정교한 추론을 통해 **그것들의** [즉 동물들의] 모든 감정을 설명할 것인가? 만약 우리가 열등한 종에게서 사심 없는 자비심의 존재를 인정한다면, 우리는 어떤 유추의 규칙으로 우월한 종에게서 [자비심의 존재를] 부정할 수 있겠는가?

이성 간의 사랑은 욕구의 만족과는 아주 다른 만족감과 호의를 낳는다. 모든 느낄 수 있는 존재들의 자기 자식에 대한 다정함은 흔히 그것만으로 가장 강력한 자기애의 동기들을 상쇄할 수 있고, 그 다정함은 그 애정에 [즉 자기애에] 전혀 의존하지 않는다. 자신의 아픈 아이를 부지런히 돌보느라 건강을 잃고, 아이의 죽음으로 돌봄의 고역에서 풀려난 후에도 비통함 때문에 쇠약해져 죽어가는 다정한 어머니가 무슨 이익을 염두에 두겠는가?

감사는 인간 마음의 애정이 아닌가, 혹은 그것은 아무런 의미도 실재도 없는 낱말일 뿐인가? 우리는 다른 사람보다 어떤 한 사람과 함께 있는 것에서 만족을 느끼고, 곁에 없거나 죽었기 때문에 우리가 전혀 관여할 수 없더라도 우리 친구의 복지를 바라지 않겠는가? 살아서 함께하는 동안에도, 일반적으로 우리가 그의 복지에 관여하는 것은 그에 대한 우리의 애정과 관심이지 않은가?

이것들뿐만 아니라 수많은 다른 사례들은 인간의 본성 안에 있는 일반적 자비심의 표시들이고, 여기서는 어떤 **실재적** 이익도 우리를 그 대상에 속박하지 않는다. 그리고 어떻게 **상상적인** 이익, 그러함을 [즉 상상적임을] 우리가 알고 있고 그러함을 솔직히 인정하는 이익이 우리의 정념 혹은 정서의 기원일 수 있는지는 설명하기 어려울 듯하다. 이러한 종류의 만족할 만한 가설은 아직 발견되지 않았고, 사람들의 미래의 노력으로도 더 나은 [가설이] 발견될 개연성은 매우 낮다.

SB 301

더 나아가 만약 우리가 문제를 올바르게 숙고한다면, 우리는 자기애와 뚜렷이 구별되는 사심 없는 자비심의 존재를 인정하는 가설이 실제로 더 **단순**하고, 감히 모든 우정과 인간애를 자기애로 환원하는 가설보다 더 자연적인 유추에 부합한다는 것을 깨달을 것이다. 모든 사람이 인정하는 육체적 필요들 혹은 욕구들이 있다. 이것들은 필연적으로 모든 감각적 즐거움에 선

228

행하고, 곧바로 우리가 그 대상을 소유하려고 노력하게 한다. 그래서 배고픔과 목마름은 먹고 마심을 그 목적으로 삼는다. 이러한 일차적 욕구들의 만족에서 쾌락이 생기고, 이 쾌락은 이차적이고 [자신에게] 이익이 되는 다른 종류의 욕망이나 경향성의 대상이 될 수 있다. 마찬가지로 명성이나 권력 혹은 [자기] 이익과 무관한 복수처럼, 우리가 즉각적으로 특수한 대상들을 추구하게 하는 정신적 정념들이 있다. 이 대상들이 성취될 때, 우리의 충족된 감정의 결과로 유쾌한 즐거움이 따른다. 명성의 획득으로 어떤 쾌락을 얻거나, 혹은 자기애의 동기와 행복에 대한 욕망에서 명성을 추구하기 전에, 인간 마음의 내적 구조와 구성으로 인해 [우리는] 자연히 명성에 대한 원초적 성향을 지닌다. 만약 나에게 허영심이 없다면, 나는 칭찬을 받아도 아무런 기쁨을 얻지 못할 것이다. 만약 나에게 야심이 없다면, 권력은 나에게 아무런 즐거움도 주지 못할 것이다. 만약 나에게 분노가 없다면, 적의 처벌은 나에게 전혀 아무렇지도 않을 것이다. 이 모든 경우에 그 대상을 즉각적으로 가르쳐주고, 그것을 우리의 좋음이나 행복이 되게 해주는 정념이 있다. 그리고 나중에 생기는 다른 이차적 정념들이 있는데, 일단 그 대상이 우리의 원초적인 감정에 의해 우리의 행복의 일부가 되면, 이 [이차적인] 정념들도 그것을 그러한 것으로 [즉 우리의 행복의 일부로] 추구한다. 만약 자기애에 선행하는 어떤 종류의 욕구도 없다면, 그 경향은 [즉 자기애는] 결코 발휘될 수 없을 것이다. 왜냐하면 그 경우에 우리가 느낄 고통과 쾌락은 얼마 안 되거나 빈약하고, 우리가 피하려는 불행도 추구하려는 행복도 거의 없을 것이기 때문이다.

그런데 자비심과 우정의 경우에도 사정이 이와 같으리라 상상하는 것이 어려울 리가 있겠는가? 우리의 기질의 원초적인 구조로 인해 우리는 다른 사람의 행복이나 좋음에 대한 욕망을 느낄 수 있어서, 그 감정에 의해 결국 그의 좋음이 우리 자신의 좋음이 되고, 나중에는 자비심과 자기 즐거움이 결합된 동기에서 그것을 [즉 그의 좋음을] 추구하게 된다고 상상하는 것이 어려울 리가 있겠는가? 복수는 정념의 힘만으로도 아주 간절하게 추구될 수 있기에, 우리가 알면서도 편안함이나 이익이나 안전에 대한 고려를 모두 무시하게 만들고, 앙심을 품은 동물들처럼 적에게 줄 상처에 곧장 우리의 영혼을 불어넣게 된다는 것을 누군들 모르겠는가.[6] 적의와 원한처럼 더 어두운 정념에는 논란의 여지없이 인정하는 특권을 인간애와 우정에는 허락하지 않는 것은 얼마나 해로운 철학인가? 이러한 철학은 인간의 본성에 대한 참

---

6) "오직 자신의 적에게 상처를 주기 위해 생명을 버린다." — 베르길리우스, 『농경시(*Georgica*)』, 4권. "다른 사람에게 상처를 준다면, 자신은 전혀 개의치 않는다." — 세네카, 『분노에 대하여』, 1권, 1장.

된 묘사나 기술이라기보다는 풍자(satyr)[7]에 더 가깝다. 그리고 그것은 역설적인 재치와 농담을 위한 좋은 토대일 수는 있지만, 진지한 논증이나 추론을 위해서는 매우 나쁜 토대이다.

---

7) (역주) 어쩌면 여기서 satyr는 고대 그리스 신화에 나오는 반인반수의 정령인, 남자의 얼굴과 몸에 염소 다리와 뿔을 가진 모습을 지녔다고 이야기되는 사티로스를 의미할 수도 있다. 사티로스극(satyr play)은 고대 그리스의 디오니소스 제례에서 마지막에 상영된 소극(笑劇)으로, 신들의 업적 따위를 우스꽝스럽게 설명한다. satyr는 흔히 '풍자'로 번역되는 영어 satire와 어원상의 직접적인 연관은 없다고 한다. 그런데도 유베날리스의 『풍자』의 경우에서처럼 satyr는 영어로 satire, 또한 우리말로는 '풍자'로 번역되기도 한다.

부록 3

정의에 관한 추가적 고찰

이 부록의 의도는 정의의 기원과 본성을 더 자세히 설명하고, 그것과 다른 덕들 사이의 몇몇 차이를 보여주려는 것이다. SB 303

인간애와 자비심이라는 사회적 덕들은 어떤 직접적 경향이나 본능에 의해 즉각적으로 그것들의 영향력을 발휘한다. 그런데 이러한 경향이나 본능은 주로 그 감정들을 [즉 인간애와 자비심을] 불러일으키는 단순한 대상에 초점을 맞출 뿐 어떤 도식이나 체계를 포함하지도 않고, 다른 사람들이 [인간애와 자비심에 따른 행동을] 찬성하거나 모방하거나 본보기로 삼음으로써 일어나는 결과도 포함하지 않는다. 부모는 자식을 구하기 위해 달려간다. 그는 그를 행동하게 하는, 또한 비슷한 상황에 놓인 다른 사람들의 감정이나 행위에 대해서는 전혀 돌아볼 여유를 주지 않는, 자연적 공감에 의해 움직이게 된다. 관대한 사람은 친구에

233

게 봉사할 기회를 기꺼이 받아들인다. 왜냐하면 그는 그 순간에 자신이 유익한 감정에 지배된다고 느끼기 때문이다. 그는 이전에 세상의 다른 누군가가 이렇게 고결한 동기로 행동했을지, 혹은 이후에 [다른 누군가가] 이러한 동기의 영향력을 드러낼지에 대해서는 관심이 없다. 이 모든 경우에 사회적 정념들은 단일한 개별 대상을 염두에 두고, 사랑하고 존경하는 사람의 안전이나 행복만을 구한다. 그 정념들은 이것으로 만족하고, 이것에 묵묵히 따른다. 그리고 그 정념들의 양성의 영향력에서 나오는 좋음은 그 자체로 완전무결한 것이기에, 그것은 추가적인 결과에 대한 반성 없이도, 또한 다른 사회 구성원들의 동조나 모방에 대한 더 광범위한 관찰 없이도, 승인의 도덕 감정을 일으킨다. 이와 반대로, 만약 관대한 친구나 사심 없는 애국자가 홀로 선행을 실천하고 있다면, 이러한 선행은 오히려 우리의 눈에 그의 가치를 높였을 것이고, 그의 다른 더 고상한 장점들에 희소성과 신선함에 대한 칭찬을 더했을 것이다.

SB 304

정의와 신의라는 사회적 덕들의 경우에는 사정이 같지 않다. 그것들은 매우 유용하거나, 실로 인간의 복리에 절대적으로 필요하다. 그러나 그것들에서 나오는 이득은 모든 개인의 단독 행위의 결과가 아니라, 사회의 전부 혹은 대부분이 동조하는 전체적 계획이나 체계에서 나온다. 사회 전반의 평화와 질서는 정의 혹은 일반적으로 다른 사람들의 소유물을 탐하지 않는 것에 수반된다. 그러나 한 개별 시민의 특수한 권리에 대한 특별한 존중은 종종 그 자체로만 보면 해로운 결과를 낳을 수도 있다. 여기에서 그 개인의 행위에서 나온 결과는 많은 사례에서 전체 행동의 체계에서 나온 결과와 정반대이다. 그리고 후자는 최고로 이로운 반면에, 전자는 극히 해로울 수 있다. 부모한테 물려받은 부는 나쁜 사람의 손에 들어가면 해악의 도구가 된다. 상속권은 어떤 경우에는 해로울 수 있다. 상속권의 이득은 오직 일반적인 규칙을 준수할 때만 생겨난다. 그리고 만약 그 이득에 의해 특수한 성품들과 상황들에서 나오는 온갖 해악과 불편이 상쇄될 수 있다면, 그것은 [즉 상속권은] 충분히 받아들일 만하다.

　어리고 경험이 없었던 키루스(Cyrus)가 키가 큰 소년에게는 긴 코트를 주고 몸집이 작은 다른 소년에게는 짧은 코트를 주었을 때, 그는 자기 눈앞의 개별적 경우만을 고려했고 제한된 적합성과 편의만을 반영했다.[1] 그의 스승은 그가 더 잘하도록 가르치 SB 305

---

1) (역주) 키루스 2세(Cyrus, 기원전 600~530)는 페르시아 지도자로 서남아시아와 중앙아시아로부터 인도에 이르는 대제국을 건설했다. 크세노폰의 저서 『키루스의 교육(Cyropaedia)』은 키루스 2세의 일대기로서, 알렉산더 대왕도 읽었던 리더십 관련 저서로 유명하다. 이 문장은 키루스의 어릴 적 에피소드를 이야기하고 있다. 작은 코트를 입은 몸집이 큰 소년이 몸집이 작은 소년

면서 더 광범위한 관점과 결과를 지적해주었고, 사회 전반의 평화와 질서의 유지에 필요한 일반적이고 불변하는 규칙들을 제자에게 알려주었다.

자비심이라는 사회적 덕과 그 변형들에서 생기는 인간의 행복과 번영은 여러 사람의 손으로 쌓은 벽과 비교될 수 있다. 이 벽은 그것 위에 쌓이는 각각의 벽돌로 계속 올라가고, 각 노동자의 근면과 돌봄에 비례해 커진다. 정의라는 사회적 덕과 그것의 변형들에서 얻어지는 행복은 아치형 천장을 짓는 것과 비교될 수 있다. 여기서 모든 개별 벽돌은 혼자서는 바닥으로 떨어질 것이다. 전체 구조물은 맞물리는 부분들 사이의 상호 보조와 결합에 의해서만 지탱된다.

모든 민법뿐만 아니라 재산을 규제하는 모든 자연법은 일반적이다. 그리고 그것들은 관련자의 성품도 상황도 관계도 고려하지 않고, 일어난 특수한 경우에 이 법들의 판결에서 기인하는 특수한 결과도 고려하지 않고, 오직 그 경우의 몇몇 본질적인 여건들만 고려한다. 만약 아무리 선행을 하는 사람이라도 그

이 입고 있던 큰 코트를 빼앗아 자신이 입고 자기 코트는 몸집이 작은 소년에게 입혔는데, 키루스는 이 사건을 재판하면서 각자 자신에게 맞는 코트를 입게 되었으니 모두에게 좋다고 판결했다. 이 판결에 대해, 키루스의 스승은 그를 혼내면서, 그 결과를 떠나서 몸집이 큰 아이가 강제로 몸집이 작은 아이의 옷을 빼앗은 것 자체가 잘못이라고 가르친다.

가 모든 소유물을 법적 소유권 없이 잘못 획득했다면, 이 법들은 그로부터 그것을 주저 없이 **빼앗는다**. 설령 그것이 이미 쓸데없이 막대한 부를 쌓은 이기적 구두쇠한테 돌아가더라도 말이다. 공적 효용은 재산을 불변의 일반적인 규칙들로 규제할 것을 요구한다. 이 규칙들은 공적 효용의 그 같은 목적에 가장 도움이 되는 규칙들로 채택되지만, 그것들이 모든 특수한 고충을 방지하거나 모든 개별적 경우에 유익한 결과를 가져올 수는 없다. 만약 [이 법들의] 전체적인 계획이나 도식이 시민사회의 유지에 필수적이라면, 그리고 그것에 의해 좋음의 잔여가 대체로 악의 잔여보다 훨씬 더 크다면, 그것으로 충분하다. 심지어 [신의] 무한한 지혜로 계획된 우주의 일반적인 법칙들도 모든 특수한 작용에서 악이나 불편을 모두 제거할 수는 없다.

어떤 사람들은 정의가 인간의 협정들(conventions)로부터 생겨 SB 306나 사람들의 자발적인 선택이나 동의나 연합에 의해 지속된다고 주장했다. 만약 여기서 **협정**이 (그 낱말의 가장 평범한 의미인) **약속**을 뜻한다면, 이보다 더 어리석은 입장은 없을 것이다. 약속의 준수 자체가 정의의 가장 중요한 부분 중 하나이지만, 지키겠다고 약속했다고 해서 우리가 확실히 그 약속을 지키게 되는 것은 아니다. 그러나 만약 협정이 공동의 이익에 대한 감각을 뜻한다면, 각 사람이 자신의 마음에서 이러한 감각을 느끼고 자기 동료한테서 그것을 감지한다면, 그리고 그것이 그를 다른 사람들과 함께 공적 효용에 이로운 행동들의 일반적인 계획이나 체계를 따르게 한다면, 정의는 이러한 의미에서의 인간의 협정들에서 나온다는 것을 인정하지 않을 수 없다. 왜냐하면 정의의 특수한 작용의 특수한 결과들이 개인뿐만 아니라 대중에게도 해로울 수 있다는 점을 (실로 명백한 점을) 인정한다면, 이 덕을 받아들이면서 모든 사람은 전체적인 계획이나 체계에 주목해야 하고, 자기 동료들도 같은 행위와 행태를 보여줄 것이라고 기대해야 한다는 결론에 이르기 때문이다. 만약 그가 자신의 각 행위의 결과만을 보는 데서 그친다면, 그의 자기애뿐만 아니라 그의 자비심과 인간애는 종종 옳음과 정의의 엄격한 규칙들에 부합하는 척도와는 매우 다른 행위의 척도를 그에게 지시할 수도 있다.

이리하여 두 사람은 공동의 이익을 위해 공동의 협정에 따라 보트의 노를 젓는다. 이리하여 금과 은은 교환의 척도가 된다. 이리하여 말하기와 낱말과 언어는 인간의 협정과 합의로 정해진다. 무엇이든 둘 이상의 사람들이 자신의 역할을 다하면 그들 모두에게 이익이 되지만, 한 사람만 자신의 역할을 다하면 모든 이익을 잃어버리게 하는 것은 다른 원리로부터는 나올 수 없다.
다른 상황에서라면, 그들 중 누구도 이러한 행위의 계획에 참여할 동기가 없다.[2]

자연적이라는 낱말은 흔히 아주 다양한 의미들로 이해되고 아주 느슨한 어의를 가지고 있다. 그래서 정의가 자연적인가 아닌가 하는 논쟁은 부질없는 일인 듯하다. 만약 자기애와 자비심이 사람에게 자연적이라면, 또한 이성과 사전숙고가 자연적이라면, 정의, 질서, 신의, 재산, 사회에도 그 같은 형용사를 적용할 수 있다. 사람들의 경향성과 필요는 그들을 단합하게 한다. 그들의 지성과 경험은 각자가 아무런 규칙 없이 자신을 다스리고 다른 사람들의 소유물을 존중하지 않는 곳에서는 이러한 단합

---

2) 재산의 기원에 관한, 따라서 정의의 기원에 관한 이 이론은 대부분 흐로티위스가 암시하고 채택했던 이론과 같다. "여기서 우리는 처음에는 이동할 수 있는 물건, 그다음에는 이동할 수 없는 물건에 대한 원시적 공동 소유권이 사라진 원인을 알게 된다. 그 이유는 사람들이 땅에서 저절로 나는 것을 먹는 것, 동굴에 거주하는 것, 벌거벗거나 나무껍질 혹은 야생동물 가죽을 입는 것에 만족하지 않고, 더 세련된 방식의 삶을 택했기 때문이다. 이것이 제각각의 것들이 각각 적용되는 산업을 일으켰다. 게다가 땅에서 나온 산물을 공동 저장소에 모으는 일은 처음에는 사람들이 가야 하는 장소가 멀어, 그다음에는 정의와 사랑이 부족해 중단되었다. 이러한 [정의와 사랑의] 부족으로 인해 배분의 바람직한 공정성은 노동과 관련해서든 과실의 소비와 관련해서든 지켜지지 않았다. 동시에 우리는 어떻게 사물들이 사적 소유권의 대상이 되는지 알게 된다. 우리는 다른 사람들이 어떤 것들을 가지고 싶어 하는지 알 수 없기에, 이것은 [즉 사적 소유권은] 그것들을 [즉 다른 사람들이 가지고 싶어 하는 것들을] 자제하려는 단순한 의지의 작용으로 일어나지 않는다. 게다가 여러 사람이 같은 것을 원할 수도 있다. 이것은 어떤 배분을 통해 명시되는 혹은 어떤 점유를 통해 암시되는 일종의 합의로 일어난다." 『전쟁과 평화의 법』, 2권, 2장, 2절, 4와 5 조항.

이 불가능하다는 것을 그들에게 말해준다. 그리고 이러한 정념들과 반성들의 결합을 통해, 또한 우리가 다른 사람들한테서 이와 유사한 정념들과 반성들을 관찰하는 순간, 어느 정도의 정의감이 모든 시대에 걸쳐 인간 종의 모든 개인에게 필시 확실하게 생겨났을 것이다. [인간처럼] 아주 영리한 동물한테서 그의 지적인 기능들의 발휘로 필연적으로 생겨나는 것은 당연히 자연적이라고 생각될 수 있다.[3]

모든 문명화된 나라는 재산의 결정에서 임의적이고 편파적인 것을 모두 제거하고, 사회 구성원 모두에게 평등하게 적용할 수 있는 일반적 관점과 고려사항에 따라서 판사들의 판결을 확정하려고 계속 노력해왔다. 왜냐하면 아주 사소한 사례라도 판사들이 사적 교우나 원한을 참작하는 것에 익숙해지는 것만큼 위

---

3) 자연적은 **비범한**(unusual)이나 **기적적**(miraculous)이나 **인위적**(artificial)의 반대말일 수 있다. 처음 두 가지 의미에서, 정의와 재산은 확실히 자연적이다. 그러나 그것들은 이성, 사전숙고, 계획 그리고 사람들 사이의 사회적 연합과 동맹을 상정하기에, 어쩌면 엄밀하게 말해서 [인위적이지 않다는] 마지막 의미에서 이 형용사는 [즉 자연적은] 그것들에 [즉 정의와 재산에] 적용될 수 없다. 만약 사람들이 사회 없이 살았다면, 그들은 재산을 몰랐을 것이고, 정의나 부정의도 존재하지 않았을 것이다. 그러나 인간 사회는 이성과 사전숙고 없이는 존재할 수 없었다. 결합하는 열등한 동물들은 이성을 대신하는 본능의 인도를 받는다. 그러나 이러한 모든 논쟁은 그저 말에 관한 것일 뿐이다.

험한 일은 없기 때문이다. 게다가 사람들이 행정관과 판사가 개인적으로 편애하기 때문에 그들의 적의 편을 들어준다고 상상할 경우, 그들은 행정관과 판사에게 아주 강렬한 악의를 품을 것이기 때문이다. 따라서 자연 이성(natural reason)이 재산에 관한 논란을 해결할 수 있는 공적 효용의 확고한 관점을 지시해주지 못할 때, 흔히 실정법이 자연 이성을 대신하게 되고 모든 법원의 절차를 지휘하게 된다. 종종 일어나듯이 이것마저도 실패할 경우, 판례들이 요구된다. 충분한 이유 없이 내려졌더라도, 이전의 결정은 정당하게 새로운 결정을 위한 충분한 근거가 된다. 만약 직접적인 법률과 판례가 없다면, 불완전하거나 간접적인 법률과 판례가 도입된다. 논란의 사례는 유추와 예시에 의해, 또한 흔히 실재적이 아니라 상상적인 유사성과 관련성에 의해, 그것들에 [즉 간접적인 법률과 판례에] 배정된다. 일반적으로 법학은 이러한 점에서 모든 과학과 다르다고 말해도 무방할 것이다. 법학의 미묘한 문제들에서는 어느 쪽도 정확히 참이나 거짓이라고 말할 수 없는 경우가 많다. 만약 한쪽 변호사가 정교한 유추나 예시로 그 사건을 이전의 법률이나 판례에 포함시킨다면, 반대쪽 변호사도 어렵지 않게 정반대의 유추나 예시를 찾아낸다. 그리고 판사의 선택은 종종 탄탄한 논증보다는 취미와 SB 309 상상에 기반을 두기도 한다. 공적 효용은 모든 법원의 일반적인 목적이다. 이러한 효용은 모든 논란에서 안정적인 규칙도 요구한다. 그러나 거의 동등하고 별로 다르지 않은 여러 규칙을 제시할 경우, 어느 한쪽 당사자에게 유리한 결정을 내리게 하는 것은 아주 사소한 생각의 전환이다.[4]

---

4) 소유물들의 분리나 구별이 있다는 것, 그리고 이러한 분리가 안정적이고 지속적이라는 것은 사회의 이익에 의해, 따라서 정의와 재산의 기원에 의해 절대적으로 요구되는 바이다. 특정한 사람들에게 어떤 소유물들이 할당되는가는 일반적으로 말해서 그다지 문제가 되지 않는다. 이러한 문제는 흔히 사소한 견해들과 고려사항들로 결정된다. 우리는 몇 가지 사항들을 언급할 것이다.

만약 몇몇 독립적 구성원들이 사회를 형성한다면, 그들이 합의할 가장 분명한 규칙은 **현재의** 소유자에게 재산권을 부여하고, 모든 사람에게 자신이 현재 누리는 것에 대한 권리를 맡기는 규칙일 것이다. 그 사람과 대상 사이에 발생하는 소유 관계는 자연히 재산 관계를 끌어낸다.

비슷한 이유로, 점유 혹은 최초의 소유는 재산의 토대가 된다.

만약 어떤 사람이 전에는 아무에게도 속하지 않았던 대상에 노동과 노력을 들인다면, 예컨대 나무를 자르고 다듬거나 들판을 경작하는 일처럼, 그가 일으킨 변화는 그와 그 대상 사이에 어떤 관계를 낳고, 자연히 우리는 새로운 재산 관계로 그것을 그에게 부여하기로 [즉 그의 재산으로] 결정하게 된다. 여기서 이러한 결정은 노력과 노동을 고무함으로써 나오는 공적 효용에 부합한다.

어쩌면 이러한 사례에서 그 소유자를 향한 사적 인간애는 다른 동기들과 일치하고, 우리는 그가 자신의 땀과 노력으로 얻은 것과 자신이 계속 누릴 것이라 희망했던 것을 그에게 맡기기로 결정하게 된다. 그러나 사적 인간애는 결코 정의의 기원일 수 없다. 왜냐하면 후자의 덕은 아주 흔히 전자와 대립하기 때문이다. 그런데도 일단 사회의 불가피한 필요로 독립된 지속적 소유의 규칙이 만들어지면, 사적 인간애와 다른 사람을 고생시키는 것에 대한 반감은 어떤 특수한 사례에서 어떤 특수한 재산의 규칙을 낳을 수도 있다.

나 자신이 생각하기에는, 승계권과 상속권은 이러한 상상의 연결들에 크게 의존한다. 그리고 [승계나 상속] 대상과의 관계를 초래한 [어떤 사람과 그 대상의] 이전 소유자와의 관계가 그의 친척이 죽은 후에 그 재산이 그에게 양도되는 원인이다. 그것은 사실이다. 근면은 자녀나 가까운 친척에게 소유물을 양도함으로써 더욱 고무된다. 그러나 이러한 고려는 오직 개화된 사회에서만 존재할 여지가 있다. 반면에 승계권은 가장 야만적인 사람들 사이에서도 존중된다.

취득에 의한 재산의 획득은 오직 상상의 관계들과 연결들에 의존해서만 설명될 수 있다.

대다수 국가의 법에서, 또한 우리 생각의 자연적 방향에 따르면, 라인강이나 다뉴브강처럼 어마어마한 크기의 강들을 제외하고, 강의 재산권은 그 강둑의 소유자에게 돌아간다. 라인강이나 다뉴브강은 너무 커서 인접한 지역의 소유에 의한 취득물로 따라올 수 없을 듯하다. 그러나 이러한 강들도 어느 나라의 영토를 관통해 흐르는지에 따라 그 나라의 재산으로 간주된다. 나라라는 관념은 그 강들에 대응하고 그것들과 상상적으로 이러한 [재산] 관계를 맺기에 적합한 크기를 가진다.

민법에서 말하기를, 강에 접한 땅에서 나온 취득물들은, 만약 그것들이 민법에서 [강의 범람으로 인한] **신생지**라는 것으로, 즉 부지불식간에 만들어졌다면, 그 땅을 따라간다. 이러한 취득물들은 [땅들의] 결합에서 상상력을 돕는 여건들이다.

한쪽 강둑에서 상당 부분이 씻겨나가 다른 쪽 강둑에 쌓인 경우, 그 부분이 그의 땅과 합쳐지고 나무와 식물이 양쪽에 [즉 그의 원래의 땅과 새로 불어난 땅에] 그 뿌리를 내릴 때까지, 그 부분은 그것이 쌓인 쪽 땅의 주인인 **그의** 재산이 아니게 된다. 그렇게 되기 전에는, 우리의 생각은 그것들을 [즉 그 땅들을] 충분히 합칠 수 없다.

요컨대 사람들의 소유에서 구분과 지속의 필요성과 특정한 사람에게 특정한 대상을 양도하는 규칙들을 구별해야 한다. 전자의 필요성은 분명하고 강력하고 확고하다. 후자는 더 가볍고 하찮은 공적 효용에, 사적 인간애라는 감정과 사적 고충에 대한 반감에, 실정법에, 판례와 유추에, 그리고 상상의 아주 미세한 연결들과 전환들에 달려 있을 수 있다.

　　이 주제를 마무리하기 전에, 우리는 정의의 법들이 일반적인 효용을 고려해 정해진 후에는 그것들을 위반함으로써 어떤 개인에게 발생하는 손해와 고충과 해악이 매우 중대한 고려사항이 되고, 그것들이 모든 악행과 부정행위에 따르는 보편적 비난의 중대한 원천이라는 것을 바로 관찰할 수 있다. 사회의 법들로 이 외투와 이 말은 나의 것이고, 영원히 나의 소유물로 남아 **야 한다.** 나는 그것을 안전하게 누릴 것을 기대한다. 그것을 나한테서 **빼앗음**으로써 당신은 나의 기대를 좌절시키고, 나를 두 배로 불쾌하게 만들고, 목격자들의 기분을 상하게 한다. 만약 형평의 규칙들이 위반된다면, 그것은 공적 악행이다. 만약 한 개인이 손해를 입는다면, 그것은 사적 해악이다. 만약 전자가 먼저 제정되지 않았다면, 이 두 번째 고려사항은 존재할 수도

　없었을 것이다. 그렇지 않으면 사회에서 **나의 것**과 **당신의 것** 사이의 구별은 없었을 것이기 때문이다. 그렇지만 일반적인 좋음에 대한 존중이 개별적인 좋음에 대한 존중을 통해 크게 강화된다는 것은 의문의 여지가 없다. 어떤 개인에게도 해를 끼치지 않으면서 공동체에 해를 끼치는 것은 흔히 더 가볍게 생각한다. 그러나 아주 중대한 공적 악행이 무시하지 못할 사적 악행과 결합할 경우, 이렇게 사악한 행태에는 가장 격한 불승인이 따른다는 것은 당연한 일이다.

부록 4

몇몇 언쟁들에 대하여[1]

철학자들이 문법학자의 영역에 침범해 낱말들에 관한 논쟁
을 벌이면서 자신들이 가장 중요하고 심각한 논란을 다루고 있
다고 상상하는 것은 아주 흔한 일이다. 하찮고 끝없는 언쟁들을
피하고자, 나는 현재의 탐구 대상에 관해 극히 조심스럽게 진술
했다. 한편으로 사랑이나 존경의 대상이면서 개인의 장점을 구
성하는 정신적 성질들의 목록을, 다른 한편으로 비난이나 힐책
의 대상이면서 그것들을 소유한 사람의 성품을 훼손하는 성질
들의 목록을 모아보자고만 제안했다. 그리고 이러한 칭찬이나
비난의 감정의 기원에 관한 몇몇 의견들을 덧붙였다. 조금이라
도 망설여지면, 나는 **덕**과 **악덕**이라는 용어를 사용하지 않았다.

---

1) (역주)『인간 본성에 관한 논고』, 3권, 3부, 4절을 참고하시오.

왜냐하면 내가 칭찬의 대상으로 분류한 성질들 가운데 일부는 영어에서 덕보다는 **재능**(talents)이라고 부르기 때문이다. 비난받을 만한 혹은 책망을 들을 만한 성질들 가운데 일부는 악덕보다는 **결점**(defects)이라고 부르기 때문이다. 이 도덕적 탐구를 끝내기 전에, 이제 우리는 어쩌면 전자와 후자를 정확히 구별할 수 있고, 덕과 재능 사이와 악덕과 결점 사이의 정확한 경계선들을 표시할 수 있으며, 이러한 구별의 이유와 기원을 설명할 SB 313 수 있을 것으로 기대할 수도 있다. 그러나 결국 문법학적 탐구일뿐이라고 밝혀질 이러한 작업에서 손을 떼고자, 나는 현재의 탐구주제에 관해 내가 말하려는 모든 것을 포괄할 다음 네 가지 의견들을 보충하고자 한다.

첫째로, 나는 영어에서든 다른 어떤 근대 언어에서든 덕과 재능 사이와 악덕과 결점 사이의 정확한 경계선들이 정해져 있다거나, 혹은 후자와 대조해 구별되는 것으로서 전자에 대한 정확한 정의를 내릴 수 있다고 생각하지 않는다. 예컨대 만약 우리가 자발적인 성질들만이 덕이라고 불릴 자격이 있는 존경할 만한 성질들이라고 한다면, 우리는 이내 용기, 침착, 참을성, 자제 등의 성질들을 생각해낼 수 있다. 비록 거의 혹은 전혀 우리의 선택에 의존하지 않지만 거의 모든 언어에서 이러한 이름으로 분류되는 여러 다른 성질들도 생각해낼 수 있다. 만약 우리가 사회에서 자신의 역할을 다하도록 자극하는 성질들만이 이러한 명예로운 이름으로 [즉 '덕'으로] 불릴 만한 자격이 있다고 단언한다면, 우리는 즉각적으로 이것들이 실로 가장 귀중한 성질들이고, 보통 **사회적** 덕이라고 불린다고 생각해야 한다. 그러나 바로 이 형용사는 [즉 '사회적'은] 다른 종류의 [즉 사회적이지 않은] 덕들도 있음을 가정한다. 만약 우리가 **지적** 자질과 **도덕적** 자질을 구분하면서 후자만이 행동으로 이어지기 때문에 그것만이 실로 진짜 덕이라고 단언하려 한다면, 우리는 사려, 통찰, 분별, 신중처럼 보통 지적 덕이라고 불리는 성질들도 행위에 상당한 영향을 미친다는 것을 깨달을 수 있다. **심장**과 **머리** 사이의 구별도 채용할 수 있다. 전자의 성질들은 그것들의 즉각적인 발휘에서 어떤 느낌이나 감정을 동반한다고 정의될 수 있다. 그리고 이것들만이 진짜 덕이라고 불릴 수도 있다. 그러나 근면, 검소, 절제, 비밀엄수, 인내 그리고 일반적으로 덕이라고 불리는 여러 다른 칭찬할 만한 능력이나 습관은 그것을 소유한 사람에게 즉각적인 감정을 일으키지 않고도 발휘되며, 그것의 효과를 통해서만 그에게 알려진다. 이 온갖 외견상의 혼란 가운데서, 그 문 SB 314
제는 순전히 말에 관한 것일 뿐이지 결코 중요한 문제일 수 없다는 것은 다행이다. 도덕적, 철학적 담론은 이 모든 언어의 변덕들에 관여할 필요가 없다. 이러한 변덕들은 서로 다른 방언들에서뿐만 아니라, 같은 방언을 쓰는 서로 다른 세대들에서도 매우 가변적이다. 그러나 내가 보기에 서로 다른 여러 종류의 덕들이 있다는 것은 항상 받아들여지지만, 어떤 사람을 **유덕한** 혹은 덕을 지닌 사람이라고 부를 때 우리는 주로 그의 실로 가장 귀중한 사회적 성질들을 고려한다. 동시에 용기, 절제, 절약, 근면, 지성과 마음의 품위에서의 현저한 결점은 분명히 매우 착하고 정직한 사람한테서도 이 명예로운 [즉 유덕한 사람이라는] 이름을 박탈할 것이다. 비꼬는 말이 아니라면, 지금껏 누가 이러한 사람을 지독한 멍청이가 아니라 큰 덕을 지닌 사람이라고 불렀겠는가?

   둘째로, 언어가 덕과 재능, 악덕과 결점을 구별할 만큼 그리 정밀하지 못하다는 것이 놀랄 일은 아니다. 왜냐하면 그것들에 대한 우리의 내적 평가에는 별다른 차이가 없기 때문이다. 의식적인 가치에 대한 **감정**, 즉 자신의 행위와 성품에 대한 회고에서 기인하는 어떤 사람의 자기만족은 모든 다른 감정들 가운데 가장 흔하면서도 우리의 언어에서[2) 3)] 적절한 명칭을 가지지 못

---

2) 자부심이라는 용어는 흔히 나쁜 의미로 받아들여진다. 그러나 이 감정은 [즉 자기만족은] 약간 다르게 보인다. 그것은 충분한 근거가 있느냐 없느냐에 따라서, 또한 그것과 동반하는 다른 여건들에 따라서, 좋거나 나쁠 수 있다. 프랑스인은 이 감정을 **아무르 프로프르**(amour propre)라는 용어로 표현했다. 그러나 그들은 같은 용어로 허영뿐만 아니라 자기애를 표현하므로,

했다. 그런데 이러한 감정이 다른 정신적 탁월성에서뿐만 아니라 용기와 역량, 근면과 창의력 같은 자질들에서 나온다는 것은 실로 확실한 듯하다. 어리석거나 무례하게 행동한 과거의 사건이 기억날 때마다, 자신의 어리석음과 방종을 돌아보면서 깊은 굴욕감을 느끼지 않거나 은밀한 찔림이나 후회를 느끼지 않을 사람이 누가 있겠는가? 비겁함이나 뻔뻔함으로 인해 일어난 어떤 사람의 어리석은 행위나 무례한 언동에 대한 끔찍한 관념들은 시간이 지나도 지워지지 않는다. 그것들은 그가 홀로 있는 시간에도 계속 따라다니면서, 그의 가장 큰 포부를 담은 생각들에 찬물을 끼얹고, 그를 자신에게조차 상상할 수 있는 가장 경멸스럽고 추악한 모습으로 보여준다. SB 315

우리에게 큰 실수와 결점과 비열함보다 다른 사람들에게 더 숨기고 싶은 것, 혹은 [그들한테] 놀림이나 비꼼을 당하는 것보다 더 두려운 것이 무엇이겠는가? 그리고 우리의 용기나 학식, 재치나 예의범절, 웅변술이나 말솜씨, 취미나 능력은 허영심의 주

거기서 라로슈푸코(Rochefoucauld)를 비롯한 여러 프랑스 근대 저술가들에게 큰 혼란이 일어난다.

3) (역주) 프랑수아 드 라로슈푸코(François de La Rochefoucauld, 1613~1680)는 프랑스의 저명한 작가로, 대표작으로 『막심(*Maxims*)』과 『회상록(*Memoirs*)』 등이 있다. 그는 『막심』에서 인간 심리의 심층에 담긴 자기애를 날카롭게 그려낸다.

된 대상이 아니던가? 과시하려는 것이 아니라면, 우리는 이러한 것들을 조심스럽게 드러낸다. 그리고 보통 우리는 실제로 더 높은 탁월성을 지닌 사회적 덕들보다는 바로 이러한 것들에서 더 뛰어나고 싶은 야심을 보인다. 착함과 정직은, 특히 후자는 반드시 요구된다. 비록 이 의무들의 위반에 대해서는 아주 큰 비난이 따르지만, 인간 사회의 유지에 필수적이라고 보이는 그것들의 [즉 이 의무들을 수행하는] 평범한 사례들에 대해서는 전혀 높게 칭찬하지 않는다. 그래서 내 견해로는 사람들이 흔히 자기 마음의 성질들에 대해서는 아주 후하게 칭찬하지만 자기 머리의 자질들에 대해서는 칭찬하기를 수줍어하는 이유는 후자의 덕들이 더 진귀하고 대단한 것으로 생각되지만 더 흔히 그것들은 자부심과 자만심의 대상들로 보이기 때문이다. [누군가 그것들을] 자랑했을 때, 그것들은 [즉 후자의 덕들은] 이러한 감정들에 [즉 자부심과 자만심에] 대한 강한 의혹을 초래하기 때문이다.

당신이 어떤 사람을 악당이나 겁쟁이라고 부름으로써 그의 성품에 아주 큰 상처를 입힐지, 또한 짐승 같은 대식가나 술고래는 이기적이고 인색한 구두쇠만큼이나 혐오스럽고 경멸스럽지 않을지는 확실히 말하기 어렵다. 만약 내가 선택할 수 있다면, 나는 데모스테네스와 필리포스 5세의 이런저런 덕들을 모두 합친 것보다는, 나 자신의 행복과 즐거움을 위해 친절하고 인도적인 마음을 가지고 싶다. 그러나 나는 세상 사람들에게는 차라리 엄청난 천재성과 대담한 용기를 타고난 사람으로 인정받고 싶고, 거기서 어쩌면 더 많은 사람의 열렬한 박수갈채와 감탄을 기대할 것이다. 어떤 사람이 살면서 만든 풍모, 그가 모임에서 받는 대접, 그가 지인한테서 받는 존경, 이러한 이점들은 모두 그의 성품의 다른 부분들만큼 그의 양식과 판단력에 달려 있다. 어떤 사람이 세상에서 가장 선한 의도를 지니고 있고 부정의와 폭력을 아주 많이 멀리하더라도, 만약 그가 적당한 몫의 재능과 지성을 지니고 있지 않으면, 그는 결코 큰 존중을 받지 못할 것이다.

그렇다면 우리가 여기서 논쟁할 수 있는 것은 무엇인가? 만약 분별과 용기, 절제와 근면, 지혜와 지식이 의심할 여지없이 **개인의 장점**의 상당 부분을 형성한다면, 또한 이러한 성질들을 지닌 사람이 자신을 더 만족스럽게 여길 뿐만 아니라 이러한 성질들이 전혀 없는 사람보다 다른 사람들의 호의와 존경과 봉사를 더 많이 받을 만한 자격을 가진다면, 요컨대 이러한 자질들에서 나오는 감정과 사회적 덕들에서 나오는 **감정**이 서로 비슷하다면, 어떤 **낱말**에 대해 심히 꼼꼼하게 따지거나, 그것들이 [즉 이러한 자질들이] 덕이라 불릴 만한지를 논쟁할 필요가 있을까? 이러한 기량들이 낳는 승인의 감정은 **열등할** 뿐만 아니라 정의와 인간애의 덕에 수반되는 감정과는 다소 **다르다**. 그러나 이 점이 그 것들을 전혀 다른 종류와 이름으로 분류할 충분한 이유는 아닌 듯하다. 살루스티우스가 그린 것처럼, 카이사르의 성품과 카토 (Cato)[4]의 성품은 가장 엄밀하고 가장 좁은 의미에서 모두 유덕 하다. 그러나 서로 다른 방식으로 그러하다. 그리고 그들의 성 품들에서 나오는 감정들이 완전히 같지는 않다. 한쪽은 사랑을 낳고, 다른 쪽은 존경심을 낳는다. 한쪽은 사랑스럽고, 다른 쪽 은 경외심을 불러일으킨다. 아마도 우리는 친구에게서 전자의 성품을 바랄 것이다. 아마도 우리는 우리 자신에게는 후자의 성
품을 갈망할 것이다. 마찬가지로 절제나 근면이나 검소에 대한 승인은 사회적 덕들에 대한 승인과는 약간 다르지만, 그것들을 완전히 다른 종류로 구별할 정도로 다르지는 않다. 사실 우리는 이러한 자질들이 다른 덕들 이상으로 모두 같은 종류의 승인을 불러일으키는 것은 아니라는 사실을 관찰할 수 있다. 양식과 천재성은 존경과 존중을 낳는다. 재치와 유머는 사랑과 애정을

SB 317

---

4) (역주) 마르쿠스 포르키우스 카토(Marcus Porcius Cato Uticensis, 기원전
   95~46)는 소(小) 카토라고도 불리는 로마 공화정 말기의 정치인이다. 그는
   강직하고 청렴결백한 인물로 유명했고, 카이사르에게 맞서 로마 공화정을
   지키려고 항전하다 자살한다. 여기서 흄은 실제로 서로 대립한, 성품 면에서
   도 서로 달랐던 두 사람을 비교하면서, '유덕함'이 매우 포괄적으로 적용될
   수 있음을 지적하려는 듯하다.

불러일으킨다.[5]

내가 생각하기에, 대다수 사람들은 즉흥적으로 우아하고 현명한 시인의 다음과 같은 정의에 자연스럽게 동의할 것이다.

덕은 (왜냐하면 단순히 착한 사람은 바보이기 때문에)

인간애를 지닌 분별과 정신이다.[6][7]

---

5) 사랑과 존경은 거의 같은 정념이고 유사한 원인에서 생긴다. 양자를 낳는 성질들은 쾌락을 전달하는 성질들이다. 그러나 만약 이러한 쾌락이 엄격하고 진지하다면, 혹은 그것의 대상이 크면서 강한 인상을 준다면, 혹은 그것이 어느 정도든 인간애와 경외심을 낳는다면, 이 모든 경우에 그 쾌락에서 발생하는 정념은 사랑보다는 존경이라 부르는 편이 더 적절할 것이다. 자비심은 양자 모두에 수반된다. 그러나 그것은 사랑과 더 두드러지게 연결된다. 게다가 존경 속에 겸손이 섞인 것보다 경멸 속에 자부심이 섞인 것이 더 뚜렷하게 보인다. 그 이유는 그 정념들을 정밀하게 연구한 사람에게는 어렵지 않을 것이다. 감정의 이 다양한 혼합들과 구성들과 현상들은 매우 흥미로운 사색의 주제이지만 우리의 현재 목적에서 벗어나 있다. 이 탐구 전체에 걸쳐 우리는 줄곧 어떤 성질들이 자극하는 감정의 모든 미세한 차이들은 다루지 않고, 그것들이 일반적으로 칭찬이나 비난의 대상인가를 고찰한다. 무엇이든 경멸당하는 것은 미움받는 것일 뿐만 아니라 [사람들이] 싫어하는 것임이 명백하다. 그리고 여기서 우리는 대상들을 그것들의 가장 단순한 광경과 현상에 따라서 이해하려고 노력한다. 이러한 학문들은 불필요한 사변에서 벗어나 모든 역량을 발휘하기 위해 우리가 기울일 수 있는 모든 주의를 기울여도, 유감스럽게 일반 독자에게는 너무나 추상적인 것으로 보일 수 있다.

6) 『건강을 지키는 기술(*The Art of Preserving Health*)』, 4권.

7) (역주) 이 책은 영국의 의사이자 시인이자 비평가인 존 암스트롱(John Armstrong, 1709~1779)이 1744년에 출판한 전원시 스타일의 시집으로, 18세기

과다한 지출, 무의미한 허영, 비현실적인 사업, 무절제한 쾌락, 혹은 지나친 도박으로 자신의 부를 탕진한 사람이 우리에게 관대한 도움이나 알선을 요구할 권리가 있는가? 이러한 악덕들은 (우리는 그것들을 그렇게 [즉 악덕이라] 부르기를 주저하지 않기에) 그것들에 빠진 모든 사람에게 동정받지 못할 불행과 경멸을 가져다준다.

SB 318

현명하고 신중한 군주였던 아카이오스(Achaeus)[8]는 모든 합당한 주의를 기울였음에도 자신의 왕권과 목숨을 앗아갈 치명적인 덫에 빠졌다. 역사가가 말하기를, 이러한 이유로 그는 정당하게 존중과 동정을 받을 만한 대상이다. 증오와 경멸을 당할 대상은 오직 그를 배신한 자들이다.[9]

내전이 시작되자 폼페이우스의 느닷없는 패주와 경솔한 부주의는 키케로한테는 그 위대한 사람과의 우정을 완전히 시들게

문학과 의학의 가장 대중적인 작품 중 하나이다.

8) (역주) 아카이오스(Achaeus, 기원전 ?~213)는 그리스 셀레우코스 제국의 6대 군주인 안티오코스(Antiochos) 3세 때 소아시아 지역의 군을 지휘한 장군이다. 그는 본래 제국에 충성한 가문 출신이었지만, 반란을 도모한다는 간신 헤르미아스의 거짓 간언으로 궁지에 몰리자 제국으로부터의 분리를 선언하고 소아시아 지역의 왕을 자칭했다. 그는 안티오코스의 군대와 2년간 공성전을 펼치며 저항했지만, 그의 안전을 약속했던 이집트 프톨레마이오스 왕의 신하 볼리스의 배신으로 안티오코스에게 붙잡혀 처형당했다.

9) 폴리비오스, 『역사』, 8권, 2장.

할 만한 엄청난 실책으로 보였다.[10] 그가 말하기를, **마찬가지로 연인의 청결하지 않음이나 점잖지 않음이나 입이 무겁지 않음은 우리의 애정을 멀어지게 하는 것으로 드러난다.** 그는 철학자로서가 아니라 정치인이자 세상 물정에 밝은 사람으로서 자신의 친구 아티쿠스에게 자신의 의견을 그렇게 표현한 것이다.[11]

그러나 바로 그 키케로가 철학자로서 추론할 때, 그는 고대 윤리학자들을 모방해 덕에 대한 자신의 관념들을 아주 크게 확대해 마음의 칭찬할 만한 성질들이나 자질들을 모두 이 명예로운 이름에 [즉 '덕'에] 포함시킨다. 이것은 우리가 하자고 했던 **세 번째** 반성으로 이어진다. 더 정확히 말해서, 최상의 본보기인 고대 윤리학자들은 상이한 종류의 정신적 자질들과 결함들을 실질적으로 구별하지 않았고, 그것들을 덕과 악덕이라는 이름으로 모두 똑같이 취급했다. 그들은 그것들을 차별 없이 도덕적

---

10) (역주) 기원전 49년 폼페이우스와 카이사르 사이에 벌어진 로마 공화정의 내전에서 키케로는 고민 끝에 폼페이우스 진영에 가담했다. 폼페이우스는 젊어서 높은 전공을 쌓아 마그누스(Magnus), 즉 위대한 자로 불리던 인물이다. 그러나 카이사르와의 충돌에서 월등히 많은 병력을 가졌음에도 폼페이우스는 너무 서둘러 로마를 버리고 남쪽으로 퇴각했고, 기원전 48년 파르살루스 전투에서 카이사르에게 완패해 이집트로 도망갔다. 키케로는 카이사르의 선처로 목숨을 보전했다.

11) 키케로, 『아티쿠스에게(*Ad Atticum*)』, 9권, 서한 10.

추론의 대상으로 삼았다. 키케로가 『의무론』에서 설명한[12] **사려**는
우리를 진리의 발견으로 인도하고 오류와 실수로부터 보호하는
현명함(sagacity)이다. **넓은 도량, 절제, 점잖음**도 거기서 전체적
으로 이야기된다. 그리고 이 말솜씨 좋은 윤리학자는 통상적으
로 받아들이는 사주덕(四主德)의 구분을 따랐기에,[13] 우리의 사회
적 의무들은 그의 일반적인 주제 분류에서 [즉 사주덕 가운데] 단
지 하나의 항목을 구성한다.[14] [15]

---

12) 『의무론』, 1권, 6장.

13) (역주) 주지하다시피 여기서 말하는 '사주덕(four cardinal virtues)'은 플라톤
   이 제시한 4가지 중심 덕목, 즉 지혜(phrónēsis; sophia), 정의(dikaiosýnē),
   용기(andreía), 절제(sōphrosýnē)를 가리킨다. 사려는 지혜에 해당한다.

14) 키케로의 다음 구절은, 무엇이든 [덕으로] 여길 수 있다는 우리의 논점을
   가장 선명하고 명시적으로 드러내는 것으로서, 인용할 가치가 있다. 그리
   고 이 구절은 저자의 [명성] 때문에 주로 말에 관한 논쟁에서 저항할 수 없
   는 권위를 지닐 것이다.
     "덕은 자연히 칭찬받을 만하고 그것 없이는 아무것도 칭찬받을 자격이
   없지만, 그것 역시 여러 종류로 구분되고 어떤 것은 마땅히 다른 것들보
   다 더 찬사를 받을 만하다. 왜냐하면 어떤 덕들은 인간의 관습에서 눈에
   잘 띄고 다소는 상냥함과 친절함에 있는데, 다른 덕들은 어떤 특이한 선천
   적 천재성이나 마음의 우월한 위대함과 힘에 달려 있기 때문이다. 자비, 정
   의, 호의, 신의 그리고 일반적인 위험에서의 용기는 찬사에서 청중의 마음
   에 드는 주제들이다. 왜냐하면 이러한 덕들은 모두 그것들을 지닌 사람보
   다 인간 전체에게 더 유익하다고 생각되기 때문이다. 반면에 지혜, 모든 인
   간사를 보잘것없고 사소하다고 생각하게 만드는 영혼의 위대함, 탁월한 사
   고력과 능변 자체는 실로 적잖은 찬사를 일으키지만 똑같은 유쾌함을 일으
   키지는 않는다. 왜냐하면 그것들은 그것들에 대한 우리의 칭찬을 경청하는

아리스토텔레스가 정의와 우정만이 아니라 용기, 절제, 관후, 넓은 도량, 겸손, 사려, 남자다운 솔직함도 덕으로 분류한다는 것을 깨달으려면, 그의 『윤리학』의 장제목들만 살펴보면 된다.

일부 고대인들에게는 **견디는** 것과 **삼가는** 것, 즉 참는 것과 자제하는 것이 모든 도덕을 집약하는 것으로 보였다.

에픽테토스는 인간애와 연민의 감정을 경계하게 하려는 경우를 제외하고는 자신의 제자들에게 그 감정을 거의 언급하지 않았다. 스토아학파 철학자들의 덕은 주로 안정된 기질과 건전한 지성에 있는 듯하다. 솔로몬과 동양 윤리학자들에게처럼, 그들 SB 320 에게 어리석음과 지혜는 각각 악덕과 덕에 해당한다.

사람들보다 우리가 칭찬하는 사람들 자신의 장식물이자 그들에게 도움을 주는 것으로 보이기 때문이다. 그렇지만 찬사에서 이 두 종류의 덕들은 필시 합쳐진다. 왜냐하면 사람들의 귀는 덕의 기쁨을 주거나 유쾌한 부분만이 아니라 감탄을 자아내는 부분에 대한 칭찬도 받아들이기 때문이다." 키케로, 『연설가에 대하여(*De Oratore*)』, 2권, 84장.

내가 상상하기로는, 만약 키케로가 지금 살아 있다면, 그의 도덕 감정들을 편협한 학설들에 가두는 것은 어려워 보일 것이다. 혹은 『인간의 모든 의무(*The Whole Duty of Man*)』에서 권하는 것 외에는 어떤 성질도 덕으로 받아들일 수 없다거나 개인의 장점의 일부로 인정할 수 없다고 그를 설득하는 것은 어려워 보일 것이다.

15) (역주) 『인간의 모든 의무』는 대략 1658년경에 익명으로 출판된 신앙서로 기독교인의 의무에 관한 책이다. 따라서 원저자에 관한 논란이 없지 않다. 핵심 내용은 하느님을 두려워하고 그의 계명을 지키는 것이 인간의 모든 의무라는 것이다.

다윗이 말하기를[16], 당신이 스스로 번영할 때, 사람들은 당신을 칭찬할 것이다.[17] 그리스 시인 [에우리피데스]가 말하기를, 나는 스스로에게 지혜롭지 않은 현인을 싫어한다.[18]

플루타르코스는 역사학에서처럼 그의 철학에서도 [도덕] 학설들의 방해를 받지 않는다. 그리스와 로마의 위인들을 비교하는 곳에서, 그는 어떤 종류든 그들의 모든 결점과 업적을 공정하게 비교하고, 그들의 성품을 낮추거나 높일 중요한 무엇도 빠뜨리지 않는다. 그의 도덕적 담론은 사람들과 몸가짐에 대한 이처럼 자유롭고 자연스러운 견해를 포함한다.

리비우스(Livy)가 묘사한 것처럼[19] [20], 한니발의 성품은 불완전하다고 평가되지만, 그에게 여러 탁월한 덕들을 준다. 이 역사가가 말하기를, [그 이전에는] 명령과 복종이라는 정반대의 임

---

16) 『시편』, 49장.

17) (역주) 이 구절은 『시편』 49장 18절인데, 흄은 이 구절을 다윗이 말하려는 것과 전혀 다른 의미로 사용한 듯하다. 바로 다음 구절들에 따르면, 이 구절이 본래 말하려는 것은, 설령 어떤 사람이 스스로 성공해 사람들 사이에서 칭찬을 받더라도, 그도 죽으면 결국 망자들 사이로 돌아간다는 것이다.

18) 에우리피데스의 그리스어 원문.

19) 『로마사』, 21권, 4장.

20) (역주) 티투스 리비우스(Titus Livius Patavinus, 기원전 59~기원후 17)는 고대 로마의 역사가로, 로마의 초창기 전설에서부터 아우구스투스의 통치에 이르는 역사에 관한 방대한 분량의 『로마사(Ad Urbe Contra Libri)』를 저술했다.

무에 이렇게 똑같이 적합한 천재는 아무도 없었다. 그래서 그가 [자신이 복종한] 장군과 [자신이 지휘한] 군대 중에서 누구에게 **더 소중한 사람**이었는지를 확정하기 어렵다. 하스드루발 (Hasdrubal)[21]이 위험한 계획의 실행을 기꺼이 맡길 사람은 [한니발 외에는] 아무도 없었고, 군사들에게 더 큰 용기와 자신감을 불어넣을 사람도 없었다. 위험에 맞서는 엄청난 대담함과 위험의 한복판에서 보여주는 엄청난 신중함. 어떤 노고도 그의 몸을 지치게 하거나 그의 마음을 굴복시킬 수 없었다. 추위와 더위는 그에게 대수롭지 않았다. 그는 향락적인 욕구의 만족이 아니라 자연적인 필요의 충족을 위해서만 고기와 음료를 찾았다. 밤낮을 가리지 않고 깨어 있거나 휴식을 취하는 것이 그의 습관이었다. 이 대단한 덕들은 [그의] 대단한 악덕들로 인해 상쇄되었다. 그 악덕들은 비인간적인 잔인함, 카르타고인(punic)치고도 극심한 배신행위,[22] 맹세나 약속이나 종교에 대해 전혀 진실성

---

21) (역주) 하스드루발(Hasdrubal the Fair, 기원전 270~221)은 카르타고의 지도자 하밀카르 바르카의 사위로, 하밀카르 바르카의 사후에 이베리아 반도 카르타고 군대의 지도자로 등극했다. 하밀카르 바르카의 아들인 한니발 바르카와는 처남, 매부 사이였다.

22) (역주) punic은 흔히 카르타고인(Carthaginian)을 뜻하고, 고대 카르타고인은 속임수나 간계에 능해 신뢰할 수 없는 사람의 대명사였다. 여기서 리비우스는 한니발을 여느 카르타고인보다 훨씬 더 그러한 사람으로 묘사하는 듯하다.

도 신뢰도 존중도 없었던 점이다.

구이치아르디니의 글에서 발견되는[23] 교황 알렉산데르 6세의

성품은 [한니발의 성품과] 상당히 비슷했으나 더 공정했다. 그리

고 이것은 근대인들도 자연스럽게 이야기할 때는 고대인들과 같

은 [도덕] 언어를 사용한다는 증거이다. 그가 말하기를, 이 교황

에게는 남다른 역량과 판단력이 있었다. 그것들은 칭찬할 만한

사려, 훌륭한 설득력, 모든 중대한 계획의 실행에서 굉장한 근면

성과 능숙함이다. 그러나 이러한 **덕들**은 그의 **악덕들**로 인해 한

없이 뒤집혔다. 그 악덕들은 신뢰 없음, 신앙심 없음, 만족할 줄

모르는 탐욕, 터무니없는 야심, 야만인보다 더한 잔인함이다.

폴리비오스[24] 자신은 아가토클레스(Agathocles)를 폭군들 가운

데 가장 잔인하고 불경한 자로 인정하지만, 티마이오스(Timaeus)

의 편파성을 나무라면서 다음과 같이 말한다.[25] 만약 [티마이오스]

---

23) 『이탈리아사』, 1권.

24) 『역사』, 12권.

25) (역주) 티마이오스(Timaeos, 기원전 345~250)는 고대 그리스의 역사가
로 시칠리아에서 태어났으나 시칠리아의 왕 아가토클레스에 의해 추방당
해 아테네로 이주했다. 그는 그리스 초창기부터 제1차 포에니 전쟁까지의
시대를 다룬 대략 40권에 이르는 역사서 『역사(Histories)』를 저술했다. 그
는 이 저술의 38권에서 아가토클레스의 생애를 다루고 있다. 아가토클레스
(Agathokles, 기원전 361~289)는 시라쿠사의 그리스 독재자였고 자칭 시
칠리아의 왕이었다. 그는 본디 시라쿠사로 이주한 도공의 아들이었지만
시라쿠사의 과두정을 무너뜨리려는 반역죄로 두 번이나 추방당했다가,

가 주장한 것처럼 [아가토클레스]가 도공(陶工)이라는 이전 직업의 먼지와 연기와 노역에서 달아나 시라쿠사로 피난을 왔다면, 또한 이렇게 빈약하게 시작해 얼마 안 되어 시칠리아 전체의 주인이 되었고, 카르타고를 극도의 위험에 빠트렸으며, 마침내 나이 들어 군주의 위엄을 지닌 채로 죽었다면, 그는 경이적이고 비범한 인물이자 직무와 행동에서 대단한 재능과 역량을 지녔다고 인정해야 하지 않을까? 따라서 [티마이오스]는 [아가토클레스]에 대한 책망과 악평에 이르는 것만이 아니라, 그에게 칭찬과 명예를 가져올 수 있는 것도 들려주었어야 한다.

고대인들은 그들의 도덕적 추론에서 자발적인 것과 비자발적인 것의 구분에 별로 주의를 기울이지 않았고, 이 경우에 그들은 종종 **덕을 가르칠 수 있는 것인가 아닌가**[26) 27)] 하는 물음을 매우

기원전 317년에 용병을 끌고 들어와 도시를 점령하고 스스로 통치자가 되었다. 이때 그는 시라쿠사의 과두정 수뇌들과 부자들을 모두 학살했다.

26) 플라톤의 『메논(Menone)』과 세네카의 『여가에 대하여』, 31장을 참고하시오. 그리고 호라티우스, "덕은 배워서 보이게 되는 것인가, 자연적으로 부여되는 것인가." 『서한집』, 1권, 서한 18과 아이스키네스 소크라티코스(Aeschines Socraticus)의 대화편 1을 보시오.

27) (역주) 아이스키네스 소크라티코스(Aeschines Socraticus, 기원전 425~350)는 아테네 주변인 스페투스(Sphettus) 출신으로 젊은 시절에 소크라테스를 따랐던 철학자이다. 그는 소크라테스의 재판과 처형장에 있었고, 플라톤이 그랬던 것처럼 소크라테스를 주화자로 삼은 철학적 대화편을 저술했다.

불확실한 문제로 간주했다는 것을 일반적으로 관찰할 수 있다. 그들은 비겁함, 비굴함, 경박함, 불안함, 성급함, 어리석음을 비롯한 마음의 여러 다른 성질들이 의지와 무관하더라도 우스꽝스럽고 추한 것으로, 경멸스럽고 혐오스러운 것으로 보일 수 있다는 점을 당연하게 생각했다. 모든 사람이 모든 종류의 외적 아름다움을 얻을 수 없듯이, 결코 모든 사람이 모든 종류의 정신적 아름다움을 성취할 능력을 지니고 있다고 가정할 수 없다.

내가 하고자 했던 **네 번째** 반성은 근대 철학자들이 도덕 탐구에서 고대인들과 아주 다른 진로를 따른 이유를 제시하는 것에 있다. 후대에 모든 종류의 철학, 특히 윤리학은 지금까지 이교도들 사이에서 관찰된 것보다 더 긴밀하게 신학과 결합했다. 이 후자의 학문은 [즉 신학은] 어떠한 타협 조건도 받아들이지 않고, 자연현상이나 마음의 편견 없는 감정에도 별로 개의치 않고, 모든 부문의 지식을 그것의 목적에 맞게 왜곡한다. 그래서 추론과 심지어 언어조차도 그것들의 자연적인 진로에서 벗어나게 되었고, 대상들의 차이를 거의 감지할 수 없는 경우에도 그것은 [즉 신학은] 그것들을 구별하려 했다. 철학자들, 아니 더 정확히 말하면 철학자를 가장한 신학자들은 모든 도덕을 상벌의 제재로 지켜지는 민법과 비슷한 관계에 있는 것으로 취급하면서, 필연적으로 **자발적** 혹은 **비자발적**이라는 여건을 그들의 전체 이론의 토대로 삼게 되었다. 모든 사람은 **용어들**을 자기 마음에 드는 의미로 사용할 수 있다. 그러나 그동안에도 [사람들은] 의지나 선택의 영역을 넘어선 대상들을 가진, 또한 윤리학자는 아니더라도 적어도 사변적 철학자로서 우리가 어떤 만족할 만한 이론과 설명을 제공해야 할, 비난과 칭찬의 **감정들**을 매일 경험한다는 사실을 인정해야 한다.

흠, 잘못, 악덕, 범죄, 이러한 표현들은 서로 다른 정도의 비난과 불승인을 나타내는 듯하다. 하지만 그것들은 모두 근본적으로 거의 같은 유나 종의 표현들이다. [이 표현들 가운데] 한 가지에 대한 해설은 우리를 다른 [표현]들에 대한 올바른 개념으로 쉽게 인도할 것이다. 그리고 언어적 명칭들보다는 대상들에 주목하는 것이 훨씬 더 중요하다. 가장 통속적인 도덕 학설도 우리에게 자기 자신에 대한 의무가 있다는 것을 인정한다. 그리고 그 의무가 사회에 대한 우리의 의무와 어떤 연관성을 지니는지를 알려면, 그 의무를 검토하는 것이 필시 중요할 것이다. 양자의 [의무들의] 준수에 수반되는 승인은 아마도 유사한 본성을 지니는 것 같고, 이 탁월성들에 어떤 명칭을 부여하든 그 승인은 유사한 원리들에서 나오는 것 같다.

데이비드 흄(David Hume, 1711~1776)은 도덕, 정치, 경제, 종교, 역사를 포괄하는 다양한 주제로 글을 썼지만, 그의 주된 관심사는 도덕 영역에 있었다. 그에게 인간은 단지 생각하는 존재가 아니라 사회적이고 활동하는 존재이다. 도덕은 모든 인간 활동의 배후에서 작동한다. 이것이 그가 도덕 원리들의 기원과 본성에 관한 탐구를 지속한 이유였고, 도덕은 그가 출판한 저술의 모든 논제와 긴밀히 연결된다. 그가 20대에 저술한 『인간 본성에 관한 논고(A Treatise of Human Nature)』(1739~40)[1]는 인간 지성(understanding)에 관한 분석으로 시작한다. 그런데 이러한 분석

---

1) D. Hume, *A Treatise of Human Nature*, edited by P. H. Nidditch, 2nd edition(Clarendon Press, 1978). 이하 THN.

의 궁극적 목적은 인간의 도덕적 믿음에 대한 더 타당한 해석을 위한 토대를 제공하는 것에 있다고 말할 수 있다. 50대가 되어서야 완결한 『영국사(*The History of England*)』(1754~1762)에서도, 그는 한 나라의 운명을 좌우하는 가장 결정적인 요소는 그 나라의 도덕성에 있음을 보여주는 여러 예시를 제시하려고 했다. 실로 지난 세기 후반부터 그의 철학사적 위상은 『인간 본성에 관한 논고』와 『도덕 원리에 관한 탐구』[2]에서 전개한 도덕 이론을 통해 한층 더 높아졌다.

흄의 도덕철학의 특성들 가운데 가장 주목받은 것은 논리의 영역과 도덕의 영역을 구분한 것이다. 논리는 생각하는 존재로서의 인간의 활동에 관여하고, 도덕은 사회적 존재로서의 인간의 활동에 관여한다. 논리는 추론의 문제이고, 그것의 기능은 사실의 확인이다. 이에 비해 도덕은 가치의 영역에 관여하고 단지 사실들의 진술로부터 도출될 수 없다. 물론 추론은 논리와 도덕 모두에 관여하고, 논리는 이성의 본성에서 도출되지만, 도덕은 그렇지 않다. 아무리 많은 사실적 정보도 우리가 무

---

2) D. Hume, *Enquiries Concerning the Human Understanding and Concerning the Principles of Morals*, edited by P. H. Nidditch, 3rd edition(Clarendon Press, 1975). 이하 EHP.

엇을 행해야 하는지를 말해줄 수 없다. 요컨대 우리는 존재에서 당위를 도출할 수 없다. 우리가 가치를 구별할 수 있는 것은, 또한 이러한 구별이 우리에게 무엇을 행해야 하는지를 지시해줄 수 있는 것은, 우리가 생각하는 존재일 뿐만 아니라, 느끼는 존재이기 때문이다. 흄이 관찰한 바로, 사실/존재의 영역과 가치/당위의 영역 사이의 이러한 구분에 주목하지 못한 것이 기존 도덕철학에서의 혼란과 오류의 주된 원천이었다. 도덕 판단의 근원은 지성이 아니라 느낌 혹은 감정에 있음을 밝힘으로써, 그는 이 불행한 상황을 정비하고자 했다.

도덕 판단은 지성이 아니라 감정에 기초한다는 주장의 주된 근거는 단순한 사실 인식은 우리를 행동하게 만들 힘이 없다는 것이다. 사람은 자신의 느낌과 욕망의 결과로 행동하게 된다. 물론 그의 느낌과 욕망은 자신이 사실로 믿는 바에서 영향을 받을 수 있지만, 사실 인식만으로는 그의 행동 의지를 움직일 수도 멈출 수도 없다. "내 손가락에 생채기를 내기보다 세계의 파멸을 택하는 것이 이성에 반하는 것은 아니다"(THN, 416쪽). 이 잘 알려진 구절은 모든 도덕적 책무처럼 인간의 선택 혹은 선호는 느낌에서 나오는 것이며, 단순한 사실 인식에서 도출될 수 없다는 것을 강조한다.

흄은 모든 저술에서 이른바 실험과 관찰에 기초한 경험주의적 방법(empirical method)을 적용한다. 베이컨, 로크, 버클리 등이 수립한 주도적 경향과 뉴턴 과학의 영향으로, 그는 인간이 자기 자신이나 자신이 사는 세계에 대해 알 수 있는 모든 것은 경험적 사실에서 나온다고 역설한다. 경험의 세계를 넘어선 존재의 본성을 결정할 방법은 전혀 없으며, 이러한 지식의 가능성에 대한 믿음은 교조주의의 원천이다. 인간 지성의 분석에서, 흄은 관념들의 형성 방식에 대한 설명을 찾기 위해 경험주의적 방법을 채용한다. 이전의 여느 경험주의자처럼, 그는 모든 관념은 감각 인상에서 나온다고 가정하고, 이러한 가정에서 감각적 정보를 초월한 대상에 대한 인식 가능성을 전면 부정하기에 이른다. 이것은 외부세계, 물질적 혹은 정신적 실체, 자아, 신 등에 대한 인식 가능성을 부정하는 것이자, 이러한 대상들의 실재에 대한 믿음에는 아무런 논리적 근거가 없음을 역설하는 것으로 읽힌다.

그러나 이러한 방법이 이른바 과학적 지식의 가능성을 파괴하지는 않는다. 비록 과거에 일어난 일과 미래에도 유사한 경험이 일어나리라는 예상에 근거해 인간 마음에서 형성된 습관일 뿐이지만, 이른바 자연법칙은 어느 정도는 신뢰할 수 있는 것이다. 흄은 과학적 탐구 과정에서 사용되는 개념들의 유용성을 부정하지 않으며, 이러한 개념들의 형성 방식에 대한 새로운 설명을 제공한다. 그 설명에 따르면, 과학적 탐구 과정에 포함된 원리들은 인간 마음의 구성물일 뿐이며, 그것들은 인간 경험의 정리에 성공적으로 적용되는 한에서는 신뢰할 만하다.

이제 도덕 영역에서의 경험주의적 방법의 적용은 옳은 행동과 그른 행동에 관한 관념들이 어떻게 생겨났는가를 보여주는 것이다. 이 물음에 관한 흄의 결론은 도덕적 책무의 원천을 신의 의지나 이성의 본성에 두는 학설들에 일격을 가했다. 그의 견해로는 이러한 학설들은 단지 정당화되지 못할 뿐만 아니라, 더 중요하게 인간 복지에 유해하다. 도덕 원리들은 외부적 권위에서 나오는 것이 아니라 사람들의 경험에서 나오는 것임을 밝힘으로써, 그는 그 원리들의 기원과 존재에 대한 더 정확하고 만족할 만한 설명을 제시할 수 있다고 믿었다.

도덕 혹은 그 원리들의 기원에 대한 적합한 설명은 사실의 영역과 도덕의 영역 사이의 차이를 인정해야 한다. 감각 경험은 사실에 관한 모든 지식의 원천이다. 그러나 모든 종류의 가치는 느낌을 통해서만 알려질 뿐이다. 어떠한 감각 경험이든 일반적으로 모든 사람에게 같은 의미를 지닌다고 생각되기에, 사실에 관한 어떤 사람의 결론은 다른 사람들의 결론으로 검증될 수 있다. 그러나 느낌은 사적이고 개별적이다. 어떤 일정한 유형의 행동에 대해 한 사람이 느끼는 방식은 같은 유형의 행동에 대해 다른 사람이 느끼는 방식과 반드시 같지는 않다. 이러한 주장으로 사람들 일부는 흄을 도덕적 회의론자로 보았다.

그러나 이것은 잘못된 인식이다. 이러한 인식은 일정한 유형의 행동에 대해 사람들이 느끼는 방식에 아무런 공통적 요소가 없다는 가정에 기초한다. 그러나 흄은 사람들이 감각기관을 통해 경험하는 것에 공통적인 요소가 존재하듯이 사람들의 느낌에도 공통적인 요소가 있다고 믿는다. 예컨대 모든 혹은 거의 모든 정상적 인간은 인간애의 감정을 가진다. 그리고 이러한 감정은 우리가 다른 사람들의 행복과 고통에 대해 느끼는 공감에서 표출된다. 우리가 도덕 원리들에 대해 정확히 이야기할 수 있는 것은 사람들의 느낌에 있는 이러한 공통적 요소 때문이다. 만약 도덕이 어떠한 공통적 요소도 인정할 수 없는 개별적 느낌의 문제라면, 거기에는 어떠한 원리도 존재하지 않을 것이다. 오직 인간의 마음에만 존재할 수 있지만, 도덕 원리들은 계속 존재한다. 그리고 그것들은 사람들 일반에게 적용될 수 있기에, 개별적 느낌 이상의 무엇이다.

도덕에 대한 탐구에서 경험주의적 접근방식이란 대다수 사람이 승인하는 활동들에 대한 관찰로부터 시작하는 것이다. 그래서 그것은 자비심(benevolence)과 정의(justice)에 대한 분석에서 시작한다. 왜냐하면 자비로운 행동과 정의로운 행동이 사람들이 가장 광범위하게 승인하는 유형의 행동들이기 때문이다. 역으로 다른 사람의 복지에 해를 끼치면서까지 자기 이익을 맹목적으로 추구하는 행동과 불의한 행동에는 보편적 불승인이 동반된다. 이러한 승인과 불승인의 근원을 파고 들어가 우리가 발견하게 될 사실은 유용성(usefulness)이 이 정반대의 태도들에ー즉 승인과 불승인에ー대한 유일한 설명이라는 점이다. 승인된 행동들은 사람들의 행복을 증진하거나 그들의 기본적인 필요를 만족시키는 행동들이다. 이에 비해 불승인된 행동들은 이러한 목적들의 실현을 방해하는 경향을 보인다. 그렇다면 우리의 태도를 결정짓는 것은 우리 자신의 행복과 복지만이 아니라 다른 사람들의 행복과 복지이기도 하다.

공동체 전체의 행복과 복지를 가져올 수단으로써, 우리의 행동들의 공리(utility)[3]는 좋음(善)의 근본적인 기준이다. 흄의 도덕철학을 특징짓는 개념 중 하나인 '공리'에 대한 강조는 일부 학자들이 그를 공리주의 전통의 주목할 만한 여러 선구자 중 한 사람으로 인식하게 했다. 그런데 이러한 인식이 적절한가 하는 물음은 우리가 그 용어, 즉 '공리주의(utilitarianism)'에 부여하는 의미 혹은 정의에 달려 있을 것이다. 뒤에서 살펴보겠지만, 흄의 이론은 여러 대목에서 최대 다수의 최대 행복을 최고의 좋음

---

3) 이 해제에서는 흄과 벤담의 비교를 위해, 편의상 'utility'를 '효용'이 아니라 '공리'로 번역한다.

이자 옳음의 근본 기준으로 삼은 제러미 벤담(J. Bentham)이나 존 스튜어트 밀(J. S. Mill)의 학설과 놀랄 만한 유사성을 가진다. 그러나 유독 두드러지는 한 가지 차이점이 있다. 한편으로 흄은 확실히 행복을 좋음의 일부로—필시 가장 중요한 일부로—간주하지만, 벤담이나 밀과는 달리 행복을 유일하게 좋은 것으로 선언하지는 않는다. 인간은 복잡한 생명체이고, 이러한 인간 복지의 총합은 행복의 만족 이상을 포함한다.

『도덕 원리에 관한 탐구』에서 또 하나의 주요 논점은 인간 본성에 대한 이기설(selfish theory)을 반박하는 것이다. 흄은 인간의 모든 행동은 이기적이고 어떠한 이타적 행태도 결국 자신의 이기성을 감추기 위한 위장일 뿐이라는 견해를 결코 옹호할 수 없다고 역설한다. 어떤 사람이 자신에게 이익이 되는 행동들을 승인하고 이와 반대되는 행동들을 불승인하는 것이 완벽히 본성적이라는 견해를 부정할 여지는 없다. 흄이 부정하려 한 것은 어떤 사람이 자신에게 전혀 이익이 되지 않는데도, 심지어 자신의 이익에 반하는데도, 다른 사람의 복지를 염려하는 것은 불가능하다는 견해이다. 정상적인 사람은 사람들 일반의 복지를—심지어 그것이 자신의 적들의 복지일지라도—증진하는 행동들을 승인하지 않을 수 없다. 인간 본성은 그렇게 만들어져 있다.

또 흄이 여러 역사적 인물의 사례들에서 말해주듯이, 우리는 누가 피해자이든 잔인한 행위와 악의적 파괴를 불승인하지 않을 수 없다. 우리가 다른 인간에게 느끼는 이러한 관심과 염려는 인간애(humanity)의 감정이며 모든 인간에게 특징적인 공감의 느낌이다. 인간 본성 속의 이러한 요소의 실존이 순전한 이기설로부터 도덕을 구원한다. 그리고 그것은 일반적으로 칭찬받을 만한 것으로 생각되는 행동이 다른 사람들의 복지를 증진하기 위해 자발적으로 자신의 사적 이익을 포기하는 행동이라는 사실을 설명한다.

흄의 도덕 이론은 흔히 감정주의(sentimentalism)로 규정되지만, 그는 결코 이성의 기능을 업신여기지는 않는다. 다만 그가 선대의 이성주의자들과 달랐던 점은 도덕 원리들의 기원과 존재의 주관적 성격에 관한 것이다. 이성은 홀로 누군가에게 그가 무엇을 행해야 할지를 말해줄 수 없다. 실로 이성은 인간의 삶에서 중요한 기능을 수행하지만, 그것의 기능은 정합성과 사실의 문제에만 관여한다. 느낌을 떠나서는 어떤 책무감도 있을 수 없다. 한 사람의 느낌은 스스로 그 상황에서 사실이라고 믿는 바에 의해 영향을 받을 수 있고, 이러한 맥락에서 이성은 도덕과 연관된다. 그러나 이러한 점에서도 결국 우리의 도덕 판단의 토대는 사실적 정보가 아니라 느낌이다.

흄의 도덕 이론은 경험주의와 주관주의를 비롯한 복잡한 요소들로 구성되지만, 그것을 공리주의의 한 유형으로 간주하는 견해도 오래전부터 꾸준히 제기되었다.[4] 헨리 시지윅(H. Sidgwick) 등의 학자들로부터 공리주의 전통의 선구자로 추존되는 리처드 컴벌랜드(R. Cumberland)[5]와 프랜시스 허치슨(F. Hutcheson) 등의 저술에서도 '공리'나 '유용성'이라는 낱말은 등장한다. 그러나 그 빈도가 극히 낮을 뿐만 아니라, 무엇보다 현대 학자들이 논하는 공리주의의 전범인 벤담과 밀 등의 고전 공리주의에서의 '공리' 개념과의 연관성 내지 유사성은 아주 희박하다. 이에 비해 흄의 도덕 이론에서의 '공리'나 '유용성'은 그것의 중심 개념인 동시에, 특히 '공리주의'라 하면 누구나 떠올리는 벤담에게 직접적이고 막대한 영향을 미쳤다. 그런데 이렇게 직접적이고 막대한 영향을 미친 만큼, 흄의 '공리' 개념과 벤담의 그것 사이의 엄밀한 관계, 즉 그것들의 유사성과 차이점에 대한 논란도 실로 분분하다.

---

4) 예컨대 R. Glossop, "The Nature of Hume's Ethics", *Philosophy and Phenomenological Research* 27(1967), 527~536쪽.

5) H. Sidgwick, *The Methods of Ethics*, Hackett edition(Hackett Publishing Company, 1981), 423쪽. 헨리 시지윅은 컴벌랜드를 '공리주의의 창시자'로 보는 견해를 제시한다. 그리고 Ernest Albee, "The Ethical System of Richard Cumberland I", *The Philosophical Review* 4(1895)를 보시오. 영국 윤리학사 연구의 권위자인 어니스트 올비도 컴벌랜드를 "정당하게 공리주의자라고 부를 수 있는 영국 최초의 윤리학자"라고 평한다(277쪽).

흄의 중심 주장에 따르면, 도덕적 승인(moral approbation)의 감정은 우리 자신이나 다른 사람들에게 유용한(useful) 혹은 유쾌한(agreeable) 성품 혹은 마음의 성질에 대한 지각으로부터 일어난다. 우리 자신에게 호감을 주는 성질들의 예로는 쾌활함, 자부심, 자존감, 취미 등이 있고, 다른 사람들에게 호감을 주는 성질들의 예로는 예의, 재치, 능변, 겸손 등이 있다. 그러나 우리의 도덕 감정의 대부분은 이러한 성질들의 유용성에 대한 지각, 말하자면 "인류의 행복과 특정한 사람들의 행복에 그 성질이 공헌하는 바에 대한 숙고로부터" 나온다.(THN, 598쪽) 여기서 어떤 성질을 유용한 것으로 지각하게 하는 것은 자기 이익이 아니다. 왜냐하면 우리는 모든 도덕적 승인을 자기 이익과 결부시킬 수 없기 때문이다. 예컨대 우리는 우리의 이익을 좌절시키는 적이나 경쟁자의 용기를 칭찬하기도 하고, 심지어 유덕하다고 칭송하기도 한다. 또 다른 예로, 이렇게 모든 도덕적 승인을 자기 이익과 결부시키는 것은 "아무리 섬세한 상상력으로도 거기서 자기 이익의 징후를 전혀 발견할 수 없는 경우에도, 우리는 종종 아주 먼 옛날과 멀리 떨어진 나라에서 일어난 유덕한 행동을 칭찬하기도 한다"라는 현상을 설명할 수 없다.(EHP, 215~216쪽)

요컨대 우리는 현재의 자기 이익과 무관하거나 심지어 그것에 반하는 다른 사람의 성품 특성에 대해서도 '유용하다'는 판단을 내릴 수 있다. 만약 이렇게 어떤 성질을 승인하게 하는 것이 자기 이익이 아니라면, "우리는 더 공적인 감정(public affection)을 채택해야 하고, 사회의 이익이 … 우리에게 전혀 중요하지 않은 것이 아니라는 점을 인정해야" 한다.(EHP, 219쪽) 요컨대 우리는 ―설령 그들이 우리와 같은 공동체에 속한 사람이 아니어도― 다른 사람들의 행복 혹은 복지를 증진하는 성질을 승인한다. 왜냐하면 우리는 그들의 행복 혹은 복리에 대해 본성적인 관심을 지니고 있기 때문이다. "일반적으로 우리가 어디를 가든 무엇을 숙고하거나 이야기하든, 모든 것은 늘 우리에게 인간의 행복이나 불행의 광경을 보여주고, 우리의 마음에 쾌락 혹은 불쾌의 공감적 움직임을 일으킨다."(EHP, 221쪽) 그래서 유용한 성질에 대한 승인은 그 성질을 가진 사람 자신뿐만 아니라 그것에 의해 영향을 받는 사람들의 행복을 증진하는 경향에 달려 있다. 이것은 흄 철학의 또 다른 중심 개념인 '공감(sympathy)', 즉 정념의 소통에 달려 있다. 공감에 의해 우리는 다른 사람들의 행복에 대해서는 기쁨을, 그리고 그들의 불행에 대해서는 슬픔을 느끼게 된다.

비록 성품의 성질이 가진 공리 혹은 유용성이 우리의 도덕적 승인의 유일한 원천은 아니지만, 가장 광범위하고 주된 원천이다. 이러한 맥락에서 흄은 다음과 같이 적는다. "모든 주제에서 공리라는 여건이 칭찬과 승인의 원천이다. 행동의 장단점에 대한 모든 도덕적 결정은 항상 그것에 의존한다. 그것은 정의, 신의, 명예, 충성, 정조에 대한 높은 존경의 유일한 원천이다. 그것은 다른 모든 사회적 덕으로부터 분리될 수 없다. … 한마디로 그것은 인류와 우리 동료들과 관련된 **도덕의 주요 부분의 토대이다**."(EHP, 231쪽. 필자의 강조) 그런데 그는 '공리' 혹은 '유용성'을 인간의 성품이나 행동의 성질에만 적용하는 것은 아니다.

> 사람만이 아니라 무생물 대상도 유용할 수 있기에, 우리는 그것도 … 필시 유덕하다고 불릴 만하다고 상상할 필요는 없다. 공리에 의해 자극된 감정은 그 두 가지 경우에서 매우 다르다. 하나는 애정, 존중, 승인과 섞이지만, 다른 하나는 그렇지 않다. 마찬가지로 무생물 대상은 사람의 모습처럼 좋은 색과 비례를 가질 수 있다. 그러나 우리는 과연 전자와 사랑에 빠질 수 있을까? 생각하는 이성적 존재는 타고난 본래적 구성에 의해 일련의 수많은 정념과 감정에 적합한 유일한 대상이다.(EHP, 213쪽)

인간의 성품 혹은 행동의 성질이든 어떤 무생물의 성질이든, 유용한 성질 일반에 대한 지각은 우리에게 승인의 감정을 일으킨다. 예컨대 건축물의 구조에서 공리 혹은 유용성의 지각은 우리에게 '아름다움의 감각(sense of beauty)'을 일으킬 수 있다. 그래서 우리는 그 건물을 칭찬할 수도 있지만, 그것과 ─ 우리가 다른 인간에게 느끼는 것과 같은 성질의─사랑에 빠지지는 않는다. 그리고 우리는 그것을 승인할 수 있지만, 이러한 승인이 도덕적 승인과 정확히 같은 종류의 감정은 아니다. 다시 말해서 공리 혹은 유용성의 지각과 승인의 감정은 무생물과 인간의 성품을 가리지 않고 적용될 수 있지만, 도덕적 승인과 '유덕하다'라는 말은 인간의 성품 혹은 행동에만 적용될 수 있다.

공리주의 전통 혹은 고전 공리주의와의 연관성의 측면에서 주목할 만한 부분은 흄의 '공리' 개념은 아주 명시적으로 쾌락주의적(hedonistic) 의미를 지닌다는 점이다.[6] 덕은 공리 혹은 쾌락과 별개의 좋음이 아니다. 프레데릭 로젠(F. Rosen)의 견해에 따르면,[7] 공리 개념과 관련해 흄과 벤담 사이에는 두 가지의 의미 심장한 유사성이 있다. 첫째로 그들은 쾌락은 좋은 것이고, 고

---

6) H. Sidgwick, *The Methods of Ethics*, 423쪽. 여기서 시지윅은 자신이 공리 주의의 창시자로 추존한 컴벌랜드는 "인간이 좋음에 대해 쾌락주의적 해석을 채택하지" 않은 데 비해, 그 이후로 새프츠베리와 흄을 거치면서 "점진적이고 반쯤 무의식적인 과정을 통해 '좋음'은 명확히 쾌락주의적 의미를 띠게 되었다"라고 논한다.

7) F. Rosen, *Classical Utilitarianism from Hume to Mill*(Routledge, 2003), 48~49쪽. 흔히 벤담을 그 중심에 놓는 고전 공리주의는 쾌락주의적 공리주의로 이해된다. 그런데 이러한 고전 공리주의의 시초를 흄에게서 발견하려는 명시적 의도로부터, 로젠은 흄의 '공리' 개념과 벤담의 그것 사이의 유사성을 강조하려 한다.

통은 나쁜 것이라는 명확한 구분을 공유한다. 쾌락은 좋은 것일 뿐이지, 좋은 쾌락이나 나쁜 쾌락은 없다. 마찬가지로 고통은 나쁜 것일 뿐이지, 좋은 고통이나 나쁜 고통은 없다. 따라서 공리가 좋은 것인 이유는 오로지 그것이 쾌락을 산출하기 때문이다.

둘째로 흄과 벤담에게는 공리가 바로 덕의 기준이다. 『인간 본성에 관한 논고』보다는 『도덕 원리에 관한 탐구』에서 덕의 원천이자 기준으로서 공리의 역할이 더 선명하게 부각된다. 『인간 본성에 관한 논고』에서의 흄은 자연적(natural) 덕과 인위적(artificial) 덕을 구분하면서, 자비심의 덕을 전자에 정의의 덕을 후자에 속하는 것으로 간주한다. 후자에 속하는 덕들은 ─ 즉 인위적 덕들은 ─ 그 존재와 도덕적 가치에서 공공선을 위한 관습적 규칙들의 존재에 의존한다. 이에 비해 인간 감정의 더 정교하고 완성된 형태로서 전자에 속하는 덕들은 ─ 즉 자연적 덕들은 ─ 그 존재와 도덕적 가치에서 이러한 규칙들에 의존하지 않는다. 그래서 자연적 덕들의 존재는 본능적이고 그것들의 도덕적 가치는 그것들에서 발생하는 공리에 달려 있지 않다. 그런데 『도덕 원리에 관한 탐구』에서의 흄은 자연적 덕과 인위적 덕의 구분을 명시적으로 언급하지 않으며, 자비심의 덕과 정의의 덕을 "인간 종의 이익을 증진하고 인간 사회에 행복을 가져다주는 경향", 즉 사회적 이익 혹은 공적 효용을 그 도덕적 가치의 원천으로 삼는 사회적 덕들로 엮는다.(EHP, 181쪽)

벤담에 따르면, 어떠한 행동의 동기도 그 자체로 좋은 것이거나 나쁜 것, 달리 표현해서 유덕하거나 악덕한 것이 아니다. 어떤 동기가 좋거나 나쁘다, 혹은 유덕하거나 악덕하다고 말할 수 있는 기준은 오직 그것이 행동을 통해 일으키는 결과, 즉 쾌락과 고통에 달려 있다. 그는 특별히 흄을 지목하면서, "공리가 모든 덕의 기준이자 척도"라는 점을 흄한테서 배웠다고 말한다.[8] 흄 자신의 명제에서도 쾌락과 고통이 덕과 악덕을 구분하는 근본적 기준이라는 관념은 다소 분명하게 드러난다. "쾌락을 주는 마음의 모든 성질은 유덕하다고 일컬어지고, … 마찬가지로 고통을 산출하는 모든 성질은 악덕하다고 불린다."(THN, 591쪽)

그런데 두 번째 유사성과 관련해 의문의 여지가 없지 않다. 만약 쾌락과 고통이 덕과 악덕을 구분하는 기준이라면, 어떻게 우리는 우리를 위협하는 적의 용기를 덕이라고 말할 수 있는가? 만약 이렇게 말하려면, 아무 쾌락이나 고통이 덕과 악덕의 판단을 정당화한다고 말할 수 없다. 적의 용맹은 생각할수록 우리에게 두려운―말하자면 고통스러운―것임에도 불구하고 그것을 덕이라고 말하려면, 우리는 그것을 바라볼 때 우리의 내적 혹은

---

8) J. Bentham, *A Fragment on Government*(1776), in *The Works of Jeremy Bentham*, vol. 1, edited by J. Bowring(Edinburg, 1838~1843), 269쪽.

순전히 주관적인 관점에만 의존할 수 없다. 그래서 어떤 성품의 성질이 유덕한가를 판단할 때, 우리에게 필요한 것은 이른바 "일반적인 관점(general point of view)"이다.(THN, 591쪽) 그것은 "사람들이 일관성 있는 도덕 판단을 내릴 수 있는 안정된 고정적 관점"을 가리킨다.[9] 그러므로 지속적인 모순을 피하고 사물에 대한 보다 더 안정적인 판단에 도달하기 위해, 우리는 어떤 안정적이고 일반적인 관점을 정하고, 당장 우리 앞에 놓인 상황이 어떠하든 우리의 도덕 판단에서 우리 자신을 이러한 관점 위에 둘 수 있어야 한다.

이러한 일반적 관점은 우리의 도덕 판단의 대부분을 지배하는 일반적 규칙들로도 나타난다. 이 규칙들은 어떤 성품 특성이나 행태의 공리 혹은 유용성에 대한 오랜 세월에 걸쳐 누적된 경험을 통해 수립된 것들이다. 어떤 성품이나 행동의 성질에 대해 우리가 느끼는 승인이나 불승인의 감정, 즉 쾌락이나 고통은 우리의 특수한 관점을 넘어서 이러한 일반적 관점 혹은 일반적 규칙들에 따라서 교정되어야 한다. 그리하여 우리는 적의 것일지라도, 그것이 우리의 특수한 관점이나 현재 상황에서는 두려움 혹은 고통을 낳을지라도, 용기라는 성질 혹은 덕에 대해 승인의

---

9) J. Driver, "Pleasures as the Standard of Virtue in Hume's Moral Philosophy", *Pacific Philosophical Quarterly* 85(2004), 176쪽.

감정을 품을 수 있어야 한다. 흄에게 쾌락은 단순히 긍정적인 감각 혹은 흥분이지만, 이러한 일반적 관점으로부터 쾌락은 어떤 상황에서는 "적절하거나 부적절할 수 있다."[10] 덕의 기준으로서의 쾌락은 당연히 적절한 종류의 쾌락이다.

그런데 어떤 쾌락의 적절함과 부적절함을 구별하는 기준은 다시 쾌락이다. 더 정확히 말하면, 그것은 개인이 아니라 사회의 쾌락 혹은 행복이다. 이러한 맥락에서 흄은 어떻게 이성이 폭군살해나 사치나 자비로운 왕이나 자선 행위에 대한 우리의 통속적 관념을 교정하는지 설명한다.[11] 이러한 사례들은 한편으로 쾌락을 주지만 그것들이 산출할 수 있는 더 큰 고통스러운 결과를 제거함으로써 더 큰 쾌락이 산출된다. 요컨대 이성은 우리가 당장 사소한 쾌락에 현혹되지 않게 돕는다. 벤담 역시 이러한 합리성의 명제에 확실한 힘을 보탠다. 만약 어떤 관행이 쾌락을 줄 수도 있으나 그것을 개혁하는 편이 더 큰 쾌락을 산출할 수 있다면, 이러한 개혁을 추구하는 것이 마땅한 방침이다. 흄과 벤담 모두에게 공리는 공익을 의미하고,[12] 그래서 궁극적인 기준

---

10) *ibid.*, 182쪽.

11) 예컨대 폭군살해에 대해서는, D. Hume, *Essays, Moral, Political, and Literary*(1742), edited by E. F. Miller(Liberty Fund Inc., 1987), Part II, Essay XIII를 참고하시오.

12) F. Rosen, *Classical Utilitarianism from Hume to Mill*, 52쪽.

은 사회의 쾌락 혹은 행복이다.

　시지윅의 정의에 따르면, 공리주의의 근본 원칙은 유일하게
바람직한 목적으로서 행복 혹은 쾌락을 도모해야 한다는 쾌락
주의의 명제와 전체 사회 혹은 모든 인간의 행복 혹은 쾌락을
도모해야 한다는 보편주의의 명제로 구성된다.[13] 이러한 정의에
비추어, 공리를 공익으로 간주하고 모든 덕의 기준으로 간주함
으로써, 흄의 공리 개념은 보편주의의 명제에 부합한다. 요컨대
인류 혹은 전체 사회의 행복 혹은 쾌락을 증진하는 경향을 가진
성질이 유덕하다거나 도덕적으로 승인될 만하다는 판단의 기준
을 제시한다. 게다가 앞서 언급한 것처럼, 그는 '공리'에 명시적
으로 쾌락주의적 의미를 부여한다. 이러한 점들로 미루어볼 때,
그를 공리주의 전통에 합류시키는 작업은 무난히 정당화될 수
있을 것으로 보인다.

　그러나 흄은 "전혀 공리주의자가 아니라는" 반론도 만만찮다.[14]
이러한 반론의 전형적인 사례는 『인간 본성에 관한 논고』에서

---

13) H. Sidgwick, *The Methods of Ethics*, 411쪽. 그래서 시지윅은 공리주의를
　　'보편주의적 쾌락주의(universalistic hedonism)'라고 규정하는데, 후자의
　　정의에 따르면 공리주의는 "주어진 어떤 상황에서든 객관적으로 옳은 행위
　　는 **전체적으로**, 즉 그 행위의 영향을 받는 **모두**를 고려하여 행복의 **최대량**
　　을 산출할 행위"라고 선언하는 윤리이론이다. 필자의 강조.

자연적 덕과 인위적 덕의 구분과 더불어 우리의 자연적, 사회적 의무에 관한 그의 견해들은 엄밀히 말해서 공리주의적이라고 간주하기 어렵다는 주장이다. 예컨대 자녀를 돌볼 부모의 의무와 관련해 자기 자녀를 향한 부모의 태도와 행동은 철저히 편애적인 그들의 자연적 감정에 의해 결정된다. 그들의 행동의 동기는 본능적이고 자연적이다. 그리고 그들의 행동의 정당화는 어떠한 의미에서도 공리에 의지하지 않는다. 흄에 따르면, 우리가 자기 자녀를 돌보지 않는 부모를 비난하는 이유는 그들이 자기 자녀를 향한 "자연적 감정의 결핍을 보이기" 때문이다.(THN, 478쪽) 또 다른 예로, 자신의 은인(恩人)에게 감사하는 마음의 결핍도 같은 이유로 비난을 받는다.(THN, 479쪽) 자기 자녀에 대한 부모의 돌봄은 자연적 의무이고 자신의 은인에게 감사하는 마음을 가짐은 사회적 의무라고 말할 수 있는데, 이러한 자연적, 사회적 의무들의 불이행에 대한 비난이 모두 같은 근거에 의존하고 있는 듯하다. 자기 자녀이든 은인이든 "우리가 다른 사람들에게 부도덕(immorality)을 범했는지는 그들을 향한 이러한 감정들의 자연적이고 통상적인 힘을 숙고함으로써 쉽게 알 수 있다"(THN, 488쪽). 여기서 '자연적이고 통상적인 힘'이란 문

---

14) M. A. Martin, "Utility and Morality: Adam Smith's Critique of Hume", *Hume Studies* 16(1990), 119쪽.

구의 의미가 다소 불명확하지만, 이러한 의무들과 관련된 행동의 도덕적 평가에서 그 행동의 결과에 대한 고려는 별다른 역할을 담당하지 않는다.

물론 흄의 이러한 견해는 『도덕 원리에 관한 탐구』에서 다소 주목할 만한 변화를 보여주는 것처럼 보일 수 있다. 예컨대 『도덕 원리에 관한 탐구』에서 감사(gratitude)는 이제 그것의 유익한 결과라는 견지에서 도덕적으로 정당화된다. 『도덕 원리에 관한 탐구』에서는 『인간 본성에 관한 논고』에서의 자연적 덕과 인위적 덕의 구분이 단지 공리를 획득하는 방식들의 구분으로 변한다고 볼 수도 있다. 그러나 여전히 자녀를 돌봄이 부모의 의무가 되는 것은 그것이 어떤 유익한 결과를 낳기 때문이 아니라, 그것이 부모와 자식 사이에 독특한 성질의 관계를 낳기 때문인 듯하다.(EHP, 178쪽)[15] 흄은 이러한 독특한 관계, 즉 사랑의 유대관계가 혈연의 경계를 넘어 확장될 수 있고 주변인들과 더 나아가 인류 전체에게 공리를 산출할 수 있다는 상상을 펼치면서, 공리가 적어도 이러한 사회적 의무 혹은 덕의 가치를 설명할 수 있는 여건이라는 것은 의심할 수 없다고 주장한다.(EHP, 178~179쪽)

그러나 흄에게는 어떤 마음의 성질이나 행동이 최대 좋음을

---

15) B. Wand, "Hume's Non-Utilitarianism", *Ethics* 72(1962), 194쪽.

산출한다거나 공익을 위한 것이라거나 행복을 최대로 증진한다
는 사실이 그 성질이나 행동을 유덕하게 만드는 것은 아니다.[16)
어떤 성질이나 행동을 유덕하게 만드는 것은 엄밀히 말해서 그
것이 우리에게 특정한 종류의 감정을 일으킨다는 사실이다. 공
리가 덕의 주된 원천이자 기준이라는 말은 필연적으로 그것이
하나의 목적임을 뜻하지는 않는다. 공리의 산출은 차라리 어떤
성질이나 행동의 유덕함을 확인하는 하나의 수단에 불과하고,
우리에게 도덕적 당위를 부여하는 궁극적 목적은 아니다. 어떤
마음의 성질이나 행동이 유익한 결과를 산출하는 경향을 보인
다는 것은 그 성질이나 행동을 유용하거나 유덕하다고 말할 수
있는—부분적인—근거가 될 수 있지만, 이러한 경향이 특정한
성질을 가져야 한다거나 특정한 행동을 수행해야 한다고 요구
할 수 있는 근거는 아닌 듯하다.

---

16) 다시 엄밀히 말해서 흄에게 도덕적 평가의 기본적인 대상은 '마음의 성질',
즉 성품 특성이다. 일반적인 도덕적 판단은 어떤 성품 특성 x가 덕이거나
악덕이라는 것이다. 이에 반해, 벤담에게는 어떤 사람의 성품 특성은 전혀
도덕적 판단의 대상이 아니다. 그에게는 오직 행동만이 도덕적 판단의 대
상이다. 만약 어떤 성품 특성이 유덕하거나 악덕하다고 말한다면, 그것은
오직 그 성품 특성이 어떤 특정한 결과, 즉 쾌락이나 고통을 산출하는 행동
을 일관적으로 유발할 때뿐인데, 이러한 경우에도 그 성품 특성 자체가 아
니라 그로부터 유발된 행동에 대해서만 그것의 결과에 따라 옳거나 그르다
고 판단한다.

이와 유사한 맥락에서, 적잖은 학자들은 흄의 이론이 벤담식의 공리주의와는 근본적으로 다르다고 주장했다. 지난 세기의 대표적인 벤담 전문가인 하트(H. L. A. Hart)의 견해에 따르면, 벤담은 공리의 **극대화**를 강조하고 공리의 원칙을 성품보다는 행동, 법, 제도 등의 가치를 평가하는 비판적 기준으로 사용한 데 비해, 흄은 "공리에 주목하지만 그것의 극대화에는 주목하지 않고, 그것을 **비판적** 기준이라고 하지도 않는다."[17] 흄은 공리를 주로 "인간 행동에 제약을 가하는 기존의 관습과 규칙이 어떻게 생겨나서 유지되는가를 증명하는" 방편으로 사용했던 데 비해, 벤담은 "공리의 원칙을 전반적 개혁 운동을 뒷받침하는 **비판적** 원칙으로 활용한다."[18] 말하자면 전자는 공리를 우리가 의식적으로 증진해야 할 도덕적 목적으로 상정하지 않았다.

이와 유사한 논지는 또 다른 벤담 전문가인 포스테마(G. J. Postema)의 해석에서도 발견된다. 그의 해석에 따르면, 벤담식의 공리주의는 공리의 총량의 **극대화**에 관심을 집중하는 반면

---

17) H. L. A. Hart, "Bentham's Principle of Utility", in Jeremy Bentham, *An Introduction to the Principles of Morals and Legislation*, edited by J. H. Burns and H. L. A. Hart(Clarendon Press, 1996), lxxxvii-lxxxviii. 필자의 강조. 실로 벤담의 경우에는 대표작 『도덕과 입법의 원칙에 대한 서론』에서 '성품'과 '덕'에 해당하는 'character'와 'virtue'라는 낱말을 거의 사용하지 않는다.

18) *ibid*. 필자의 강조.

에, 흄의 이론은 일반적 규칙들의 준수에 수반되는 이른바 "상호 기대이득(mutual expected advantage)"에 의존한다. "흄의 견해에 의하면, 어떤 규칙들의 체계에 지배를 받는 집단의 각 당사자가 대체로 그 체계를 따름으로써 합리적으로 이득을 기대할 수 있을 때만 그 체계는 공익을 산출한다."[19] 이러한 해석은 흄의 이론을 일종의 규칙 공리주의(rule utilitarianism)로 간주하는 것처럼 보일 수도 있다. 그러나 포스테마의 주장은 하트의 논지와 크게 다르지 않다. 흄의 공리 혹은 공익 개념은 사람들이 일반적인 규칙들을 따르게 된 배경을 **설명하는** 원리일 뿐이지, 사람들이 이러한 규칙들을 준수할 규범적인 이유(normative reason)를 제공하는 원리는 아니다.

오늘날 우리에게 친숙한—동시에 험악한 비난의 대상이 된—공리주의는 쾌락이든 욕망이든 선호이든 일정한 형태의 좋음을 인간이 마땅히 추구해야 할 궁극적 목적으로 설정하고, 이러한 목적의 추구에—극대화에—이바지하는 일체의 행동을 도덕적 당위로 요구하는 규범적 학설이다. 이러한 학설의 전형인 고전 공리주의는 고통과 쾌락이 인간의 **모든** 생각과 말과 행동을 지배한다고 선언하고, 인간을 고통과 쾌락을 산출하는 일체의

---

19) G. J. Postema, *Bentham and the Common Law Tradition*(Oxford, 1986), 107~109쪽.

것들에 대해 절대 무관심할 수 없는, 아니 이러한 것들에 대한 반성에 따라 생각하고 말하고 행동할 수밖에 없는 존재로 설정한다. 그래서 인간에게 고통과 쾌락을 낳는 것들, 말하자면 해로운 것과 유용한 것에 관한 이성적 판단은 — 전자를 피하고 후자를 구하려는 — 일정한 행동을 수행해야 할 규범적 이유를 제공한다.

이에 비해 흄에게는 이러한 이성적 판단, 즉 어떤 성품이나 행위로부터 나오는 결과로서 공리나 반공리(inutility)에 대한 판단이 그 성품이나 행위를 유덕하거나 악덕하다고 판단할 하나의 수단일 뿐이지, 직접적으로 이러저러한 성품을 가져야 하거나 이러저러한 행위를 수행해야 할 규범적 이유를 제공하는 것으로 보이지 않는다. 그래서 맥키(J. L. Mackie)를 비롯한 적어도 몇몇 벤담 전문가들의 눈에는, 흄의 이론이 규범적 학설을 제공하기보다는 도덕적 태도와 감정과 믿음 등과 같은 "도덕적 현상들(moral phenomena)"에 대한 경험적 탐구와 설명일 뿐이다.[20] 물론 이러한 해석은 논란의 여지가 많다. 설령 이러한 해석이 옳더라도, 공리 개념에 대한 흄의 조명은 우리의 현실적인 도덕적 평가들의 다양성을 해소할 수 있는 단일한 설명 원리를 발견

---

20) J. L. Mackie, *Hume's Moral Theory*(Routlege & Kegan Paul Ltd, 1980), 6쪽.

하려는 시도이자, 공리주의 전통의 전개와 특히 고전 공리주의의 토대에 공헌한 바가 결코 사소하지 않다.

■ 찾아보기

데이비드 흄(David Hume, 1711-1776)

1711년 스코틀랜드 에든버러에서 둘째 아들로 출생하여 나인웰스라는 지역에서 유년을 보냈다. 형을 따라 이른 나이에 에든버러 대학에 입학한 그는 역사, 문학, 철학과 더불어 자연과학에 관한 지식을 두루 섭렵했다. 이후 법조계로 나가리라는 가족들의 기대를 저버리고, 키케로 등 고대 작가들의 작품을 읽으면서 학자의 길을 걷겠다는 목표를 세웠다. 1734년 프랑스로 떠나 1735년 오래전 데카르트 등이 수학했던 예수회 대학으로 잘 알려진 프랑스 서부의 라플레슈에 정착했다. 그곳에서 그는 주로 프랑스와 대륙 사상가들의 작품을 읽으면서, 자신의 첫 대작인 『인간 본성에 관한 논고』(전 3권)를 집필했다. 영국으로 돌아와 1739년에 첫 두 권을, 1740년에 마지막 권을 출판했지만, 반응은 극도로 차가웠다. 이듬해 출판한 『도덕과 정치에 관한 논문』은 어느 정도 반향을 불러일으켰다. 1745년 공석이 된 에든버러 대학의 윤리학 및 정신철학 교수직에 지원했으나, 무신론자이자 회의론자라는 평판이 그의 발목을 잡았다.

흄은 『인간 본성에 관한 논고』의 실패 원인이 내용보다는 스타일에 있다고 판단하여, 그것의 중심 사상을 재구성한 『인간 지성에 관한 철학적 논문』(1748)과 『도덕 원리에 관한 탐구』(1751)를 차례로 출판했다. 1752년 글래스고 대학의 논리학 교수직에도 지원했으나 결국 낙방했고, 평생 교수직을 얻는 데는 실패했다. 대신 그는 에든버러에 있는 변호사 도서관의 사서로 임용되어 비로소 독서와 집필에 전념할 시간을 얻었는데, 이때 집필한 것이 『영국사』이다. 이 책은 1754년부터 1762년까지 총 6권으로 출간되어 큰 성공을 거두었다. 1763년에는 하트퍼드 프랑스 주재 영국대사의 보좌관이 되어 프랑스로 다시 건너가 여러 유럽 지식인과 교류하면서 파리 살롱가의 유명 인사가 되기도 했고, 임기가 끝나 1766년에 영국으로 돌아와 런던 북부의 국무차관으로 임명되기도 했다. 모든 공직을 내려놓고 1769년 고향인 에든버러로 낙향하여 자신의 기존 저서들을 교정하거나 개작하고 자서전을 저술하다가, 1776년 장암으로 사망하였다.

강준호

경희대학교 후마니타스칼리지 부교수. 경희대학교 철학과에서 문학사, 미국 펜실베이니아 대학교 철학과에서 문학석사, 퍼듀 대학교 철학과에서 철학박사 학위를 받았다. 공리주의와 존 롤스를 전공했으며 관련 논문을 여러 편 출판했다. 지은 책으로 『제러미 벤담과 현대』(2019)가 있으며, 옮긴 책으로 『윤리학입문』(2005), 『인종: 철학적 입문』(2006), 『분배적 정의의 소사』(2007), 『생명의학 연구윤리의 사례연구』(2008), 『도덕과 입법의 원칙에 대한 서론』(2013), 『윤리학의 방법』(2018) 외 다수가 있다.

이 책은 대우재단의 지원을 받아 연구 및 출간되었습니다.

도덕 원리에 관한 탐구

대우고전총서 056

1판 1쇄 펴냄 ┊ 2022년 10월 21일
1판 2쇄 펴냄 ┊ 2024년 2월 23일

지은이 ┊ 데이비드 흄
옮긴이 ┊ 강준호
펴낸이 ┊ 김정호

책임편집 ┊ 박수용
디자인 ┊ 이대응

펴낸곳 ┊ 아카넷
출판등록 ┊ 2000년 1월 24일(제406-2000-000012호)
주소 ┊ 10881 경기도 파주시 회동길 445-3
전화 ┊ 031-955-9510(편집) 031-955-9514(주문)
팩시밀리 ┊ 031-955-9519
www.acanet.co.kr

ⓒ 강준호, 2022

Printed in Paju, Korea

ISBN 978-89-5733-820-9 94160
ISBN 978-89-89103-56-1 (세트)